曾巩诗歌研究

夏汉宁 等 著
Xia Hanning

曾巩文化丛书

江西人民出版社
Jiangxi People's Publishing House
全国百佳出版社

图书在版编目（CIP）数据

曾巩诗歌研究 / 夏汉宁等著. -- 南昌 ： 江西人民出版社，2019.6

（曾巩文化丛书）

ISBN 978-7-210-11401-7

Ⅰ. ①曾… Ⅱ. ①夏… Ⅲ. ①曾巩（1019-1083）—宋诗—诗歌研究 Ⅳ. ①I207.22

中国版本图书馆CIP数据核字（2019）第122129号

曾巩诗歌研究

ZENGGONG SHIGE YANJIU

夏汉宁 等著

策划编辑：王一木

责任编辑：王一木 聂柳娟 曹 骏

出　　版：江西人民出版社

发　　行：各地新华书店

承 印 厂：南昌市红星印刷有限公司

地　　址：江西省南昌市三经路47号附1号

编辑部电话：0791-88612505

发行部电话：0791-86898815

邮　　编：330006

网　　址：www.jxpph.com

E-mail：942867919@qq.com web@jxpph.com

2019年6月第 1 版 2019年6月第1 次印刷

开　　本：787毫米 × 1092毫米 1/16

印　　张：14.25

字　　数：210千字

ISBN 978-7-210-11401-7

赣版权登字—01—2019—240

定　　价：55.00元

总序：向来一瓣香，敬为曾南丰

王水照

宋代的江西是文化辉煌、群星璀璨的地区，所谓“两宋文人半江西”。其时人文鼎盛，堪与汉唐比肩，给后世留下丰厚的精神遗产，江西的才俊们做出很大的贡献。唐宋八大家，宋占其六，而江西又占宋之半壁。在这些熠熠群星间，曾巩是炫人眼目的存在，用朱熹的评价就是：“公之文高矣，自孟、韩以来，作者之盛未有至于斯。”

曾巩早年求学期间，家庭频遭变故，以致他以单弱之身“经营食众口，四方走遑遑”，但“艰难困苦，玉汝于成”，终于进士及第，走上仕途。在馆阁九年，校勘、编定了多种史书。馆阁之后自求外放，转徙七州，政务处理精敏清廉，政声流芳千古。在曾巩的著述生涯中，于文学、理学、史学、金石学等文化领域均有重大的建树，王安石对他的成就推崇备至：“曾子文章众无有，水之江汉星之斗。”这是曾巩的生前之名。

从南宋朱熹的崇奉开始，历元、历明、历清，数百年间，他的声望一日高于一日。明初的朱右创《八先生文集》，嗣后就形成了绵延不绝的“八大家”选本系统。到清初被誉为“天下清官第一”的张伯行编《唐宋八大家文钞》，此书共选曾巩文章 128 篇，几等于同书其余宋五大家选文的总和。曾巩的声誉到达顶点，几乎无人可以颉颃。也就是说，在八九百年的时间内，曾巩在文学上的声望是不亚于欧、苏、王的，甚至某些方面、某个时期还受到过特别的褒扬。作为中国文学史两宋期间承上启下的代表性人物，曾巩被誉为“上续孟子，下启濂洛”，也因此，他被视为“千古醇儒”。

后世对曾巩这样的尊奉，可用陈师道的诗来形容：“向来一瓣香，敬为曾南丰。”这是曾巩的身后之名。

五四狂飙突起，曾巩的历史命运遭遇重大转折。提倡科学、民主，高呼“打倒孔家店”口号的新文化运动，对于素以“醇儒”面世的曾巩，自然处在横扫之列；他的“古文”以说理为主，提供了我国古典散文审美体系中别具一格的类型，但与其时新文学运动提倡文学革命、张扬以抒情性、形象性为核心的西方“纯文学”观念，发生严重冲突，曾巩和其他文学先贤一起，跌落到被冷落、被贬抑的低谷。虽有不同的声音，但甚为微弱。这不仅是对历史人物的不公，更是不利于深刻认识曾巩遗产对于当下社会的精神价值，不利于文化选择的多样性，不利于民族性的坚守。我们不能自弃取径，自毁宝藏。

1983 年，江西省在曾巩故里南丰县举办了曾巩逝世 900 周年的纪念活动。学界重新审视曾巩，对曾巩的文学、史学的存在致以相当隆重的敬意。从此曾巩重新进入现代人的视野，他的文本被重新阅读，重新评价。曾巩自然是经得起重新阅读和重新评价的。

2019 年是曾巩诞辰 1000 周年，江西各地举行隆重的纪念活动。这是一次盛会，也是一股东风，我们要借此更深入地研究曾巩，拿出更多的成果来，以慰藉这位曾一度备受冷落的大家。曾巩诞辰千年之际，江西省及曾巩故里南丰及早谋划，推出这套《曾巩文化丛书》，一共 8 册，从曾巩的诗、文、传记、家族、年谱、生平事迹、仕历等方面着手研究，力图全方位展示曾巩整体的完满形象。丛书作者既有省内外曾巩资深研究学者、专家，也有本地新的研究人员，《曾巩文化丛书》墨香浓郁，琳琅满目，深耕细作，推广了曾巩文化，又培养了后继人才，可谓一举数得。

传承中华优秀的传统文化，探寻两宋江右文化繁荣兴盛的原因，必须以深刻分析研究人物个案为切入点。这套《曾巩文化丛书》便是一次很好的践行，值得细读精研。

是为序。

（王水照，复旦大学首席教授，博士生导师，中国宋代文学学会原会长）

目录

第一章

曾巩诗歌在历代的接受与传播

第二章

曾巩的诗歌理论

|第三章|

曾巩诗歌题材内容与体裁分析

|第四章|

曾巩诗歌的艺术特色

第一章

曾巩诗歌在历代的接受与传播

经典作家，他的创作一定会被当时文坛和读者所关注，也会被历代文坛和读者所持续关注。当然，在关注的过程中，由于创作主张和观念的不同，因而，即使对同一位作家，甚至同一部作品，都会产生不同的观点和不同的看法，这种“纷争”的局面，既反映了批评者（读者）价值判断的标准体系的差异，也反映出这位作家创作的复杂性。曾巩是北宋时期著名的古文家，也是北宋诗文革新运动的积极参与者和践行者，由于古文创作成就突出，他被后人列入“唐宋古文八大家”之中。然而，正是这样一位文学大家，却在中国古代文坛上，引发了一场旷日持久的争论，这一争论主要是围绕曾巩诗歌创作而展开的。在曾巩诗歌接受历程中的这场论争，有人认为是因为曾巩古文创作名声太大，所以“屏蔽”了他的诗歌创作成就，清代一位叫姚莹的学者，就曾对此大发感慨：“文掩诗名曾子固，论才合与亚欧王。南丰《类稿》从头读，遗恨何人比海棠。”①

第一节　宋代对曾巩诗歌的接受与传播

宋代文坛曾因对曾巩的诗歌创作的不同评价而引起了三场风波，对曾巩

① 姚莹：《论诗绝句》六十首之二十七，《后湘诗集》卷九，清中复堂全集本。

诗歌的接受也主要是围绕这三场风波而展开的。

一、关于曾巩诗歌接受历史进程中的第一场风波

曾巩诗歌接受历史进程中的第一场风波，是由当时文坛一位著名文学家说了两句评论唐、宋两位著名作家的话而引起的，其话如下：

> 秦少游云："人才各有分限，杜子美诗冠古今，而无韵者殆不可读；曾子固以文名天下，而有韵者辄不工。此未易以理推之也。"[①]

说这段话的人就是秦观。秦观（1049—1100），江苏省高邮市人，字少游，号太虚，人称淮海居士，又称邗沟居士。苏轼曾戏呼其为"山抹微云君"。宋人把他与黄庭坚、晁补之、张耒放在一块，合称为"苏门四学士"。后又把他与黄庭坚、张耒、晁补之、陈师道、李廌等人放在一块，合称为"苏门六君子"[②]。

秦观是北宋时期一位著名诗人，颇得苏轼赏识，《宋史》言："秦观，字少游，一字太虚，扬州高邮人。少豪隽，慷慨溢于文词。举进士不中，强志盛气，好大而见奇，读兵家书与己意合。见苏轼于徐，为赋黄楼，轼以为有屈、宋才。又介其诗于王安石，安石亦谓清新似鲍、谢。轼勉以应举为亲养，始登第。"[③]据有关文献统计，秦观的《淮海集》（前后集）共四十九卷，其中词三卷，赋一卷，诗十四卷，文三十卷。从秦观创作的主要文体看，诗的数量最多，共十四卷430多首，文三十卷共250多篇，词三卷100多首。其实，在当时，秦观的诗影响是比较大的。明胡应麟在《诗薮杂编》卷五中评曰："秦观当时自以诗文重，今被乐府家推做渠帅，世遂寡称。"秦观的这个评语，在宋代即引起了诗坛"动荡"，例如：

---

① 苏轼著，李之亮笺注：《苏轼文集编年笺注》诗词附·九，巴蜀书社2011年版，第338页。

② 王十朋：《喻叔奇采坡诗一联云今谁主文字公合把旌旄为韵作十诗见寄某惧不敢和酬以四十韵》："斯文韩欧苏，千载三大老。苏门六君子，如籍是郊岛……"见《梅溪先生后集》卷第十九，《四部丛刊》影明正统刻本。

③ 脱脱等：《宋史》卷四百四十四，"列传"第二百三，清乾隆武英殿刻本。

秦少游云："曾子固文章妙绝古今，而有韵者辄不工。"此语一出，天下遂以为口实。南丰作《李白引》，以谓闳肆瑰玮，非近世骚人所可及，而连类引义中法度者寡。荆公屡称郭功父诗，而南丰不谓然，功父疑之。荆公曰："岂非子固所谓功父天才超逸，更当约以古诗之法乎？"南丰论诗如此。如《兵间》一诗，指徐得占；《论交》一诗，指召吉甫；又有《黄金》《颜扬》诸诗，皆卓然有济世之用。而世人便谓不能诗，某所以不喻其言也。①

觌学迂才下，为世畸人，区区小技，如腊鼠然不敢出郑国尺寸之地。比读新著，而私意粗亦有合者。秦少游云："曾子固文章妙绝古今，而有韵者辄不工。"此语一出，天下遂以为口实。南丰作《李白诗引》，以谓闳肆瑰伟，非近世骚人所可及，而连类引义，中法度者寡。荆公屡称郭功父诗，而南丰不谓然，功父疑之。荆公曰："岂非子固以谓功父天才超逸，更当约以古诗之法乎？"南丰论诗如此。如《兵间》一诗，指徐德占；《论交》一诗，指吕吉甫；又有《黄金》《颜扬》诸诗，皆卓然有济世之用。而世人便谓不能诗，觌所以不喻其言也。②

秦少游云："人才各有分限，杜子美诗冠古今，而无韵者殆不可读；曾子固以文名天下，而有韵者辄不工。此未易以理推之也。"③

关于秦观对曾巩诗歌的这个评语，在宋代接受和传播过程中还有一个有趣的"插曲"：宋人胡仔在《苕溪渔隐丛话·前集》卷九中载："秦少游云：人才各有分限，杜子美诗冠古今，而无韵者殆不可读；曾子固以文名天下，而有韵者辄不工，此未易以理推之也。"而在《苕溪渔隐丛话·后集》卷五中又转引了《艺苑雌黄》的记载："《艺苑雌黄》云：'东坡尝言，曾子固文章妙天下，而有韵者辄不工；杜子美长于歌诗，而无韵者几不可读。'比观《西清诗话》乃不然此说，云：杜少陵文自古奥，如'九天之云下垂，四海之水皆立'，'忽翳日而翻万象，却浮空而留六龙'，万舞凌乱，又似乎春风壮而

① 孙觌：《鸿庆居士集》卷十二书，清文渊阁《四库全书》本。
② 赵与时：《宾退录》卷六，宋刻本。
③ 胡仔：《苕溪渔隐丛话·前集》卷九，清乾隆刻本。

江海波。其语磊落惊人。或言无韵者不可读，是大不然。予谓此数语乃出杜陵三赋，谓之无韵可乎？窃意东坡所谓无韵者，盖若《课伐木诗序》之类是也。苕溪渔隐曰：少游尝有此语，《艺苑》以为东坡，误矣。”[①]这两段记载透露了一个事实，就是对曾巩诗歌的这段评语，在北宋文坛流传时是有误传的，即有的文献著作把这个评语套在了苏东坡的头上，如《艺苑雌黄》之类，胡仔对此做了辨证和厘清。

秦观之所以会这样评价曾巩的诗歌创作，应该与他的诗歌创作风格和诗歌创作理念有着密切的关系。

从诗歌理论来讲，秦观虽然没有专门著作和文章来叙述自己的诗歌观，但在一些诗文中，我们还是可以寻找到他的诗歌主张的。在北宋诗文革新运动中，诗歌创作以杜甫为学习榜样，古文创作以韩愈为楷模，这是一种普遍现象，秦观自然也是顺势而行。如，他以“不为儿女姿，颇形四方风”[②]传递自己对诗歌创作所要遵循的原则；“心知不得载行事，俛首刻意追风骚”[③]是作者所要倡导的诗歌精神；“扬马操宏纲，韩柳激颓浪。建安妙讴吟，风概亦超放”[④]则是秦观对建安文人及唐代韩柳对文学贡献的致敬。然而，他对诗歌创作的功能，除了关注社会效应之外，更对艺术效应给予很多的关注：

务华藻者以穷经为迂阔，尚义理者以缀文为轻浮，好为高世之论者，则又以经术文辞皆言而已矣，未尝以为德行。德行者，道也。是三者各有所见而不能相通，臣请原其本末而备论之，则贡举之议决矣。古者诸侯卿大夫交接邻国，以微言相感动，当周旋进退之时，必称诗以喻其志，盖以别贤不肖而观盛衰焉。其后聘问不行于列国，学诗之士逸于布衣，于是贤人失志之赋兴，屈原《离骚》之词作矣。此文词之习所由起也。及其衰也，雕篆相夸，组绘

① 胡仔：《苕溪渔隐丛话·后集》卷五，清乾隆刻本。

② 秦观：《次韵邢敦夫秋怀十首以微云淡河汉疏雨滴梧桐为韵》（之十），《淮海集》卷之二，《四部丛刊》影明嘉靖小字本。

③ 秦观：《漫郎分韵得桃字》，《淮海集》卷之二，《四部丛刊》影明嘉靖小字本。

④ 秦观：《春日杂兴十首》（之十），《淮海集》卷之三，《四部丛刊》影明嘉靖小字本。

相侈。苟以哗世取宠而不适于用，故孝武好神仙，相如作《大人赋》以风其上，乃飘飘然有凌云之志，此文辞之弊也。昔孔子患易道之不明，乃作彖、象、系、辞、文、言、说、序、杂、卦十篇，以发天人之奥；而左氏亦以春秋之法，弟子传失其真，于是论本事作传，以记善恶之实，此经术之学所由起也。①

这段文字集中体现了秦观对文学功能的看法，在秦观的眼中，班固关于文学的产生以及文学的社会功能的认识，都是他所认同的，在此基础上，秦观还特别强调了文学的言志抒情功能。

臣闻先王之时，一道德，同风俗，士大夫无意于为文，故六艺之文事，词相称始终，本末如出一人之手。后世道术为天下裂，士大夫始有意于为文，故自周衰以来，作者班班相望而起奋其私，知各自名家。然总而论之，未有如韩愈者也。何则？夫所谓文者，有论理之文，有论事之文，有叙事之文，有托词之文，有成体之文，探道德之理，述性命之精，发天人之奥，明死生之变，此论理之文，如列御寇、庄周之所作是也；别白黑阴阳、要其归宿，决其嫌疑，此论事之文，如苏秦、张仪之所作是也。考同异，次旧闻，不虚美，不隐恶，人以为实录，此叙事之文，如司马迁、班固之作是也。原本山川，极命草木，比物属事，骇耳目，变心意，此托词之文，如屈原、宋玉之作是也……犹杜子美之于诗，实积众家之长，适当其时而已。昔苏武、李陵之诗，长于高妙；曹植、刘公干之诗，长于豪逸；陶潜、阮籍之诗，长于冲澹；谢灵运、鲍昭之诗，长于峻洁；徐陵、庾信之诗，长于藻丽。于是，杜子美者，穷高妙之格，极豪逸之气，包冲澹之趣，兼峻洁之姿，备藻丽之态，而诸家之作所不及焉。然不集诸家之长，杜氏亦不能独至于斯也，岂非适当其时故耶？孟子曰：伯夷，圣之清者也；伊尹，圣之任者也；柳下惠，圣之和者也；孔子，圣之时者也。孔子之谓集大成。呜呼，杜氏、韩氏亦集诗文

① 秦观：《论议下》，《淮海集》卷之十四“进策”，《四部丛刊》影明嘉靖小字本。

之大成者欤！[①]

在《韩愈论》一文中，秦观在评述诸家诗文风格时，强调的是对作家个性的重视，他所提倡的“各自名家”，就是对文学个性的张扬，而他自己的诗歌创作实践，也正是遵循了这一原则，他婉丽和高古的诗歌风格，正是陶渊明古朴平淡和二谢精雕细琢的结晶。就其本质而言，其实都是崇尚自然的审美趣味的体现。正如陈师道所言：

文章从古不同时，诗语惊人笔益奇。
过与阿平应绝倒，世间能有几人知。[②]

关于秦观的诗，前人作过不少评价，而最有影响最生动的评价，当属元好问的那首论秦观诗的绝句：“有情芍药含春泪，无力蔷薇卧晚枝。拈出退之山石句，始知渠是女郎诗。”[③] 秦观的诗作当然不全是“女郎诗”。只是，秦观现存诗作共有400多首，在这400多首诗作当中，真正带有“女郎诗”味的作品，大概占了作品总数的四分之一，也就是说有百余首。其实，一个诗人创作了百余首“女郎诗”，这也不是个小数字了。因而元好问称其诗歌为“女郎诗”也不无道理。

另外，秦观的诗很注重修辞，据元人方回记载：

《九月八日夜大风雨寄王定国》：“长年身外事都捐，节序惊心一怅然。正是山川秋入梦，可堪风雨夜连天。桐梢摵摵增凄断，灯烬飞飞落小圆。湔洗此情须痛饮，明朝试访酒中仙。”少游诗文自谓秤停轻重，铢两不差，故其古诗多学三谢，而流丽之中有澹泊。律诗亦敲点匀净，无偏枯突兀生涩之态。然以其善作词也，多有句近乎词。此诗下“凄断”“小圆”字，亦三谢

① 秦观：《韩愈论》，《淮海集》卷之二十二，《四部丛刊》影明嘉靖小字本。
② 陈师道：《赠秦觏兼简苏迨二首》，《后山居士文集》卷第一，宋刻本。
③ 元好问：《论诗三十首》，《遗山先生文集》卷第十一，《四部丛刊》影明弘治本。

余味。别有《秋日》绝句三首，尾句云“菰蒲深处疑无地，忽有人家笑语声”；“风定小轩无落叶，青虫相对吐秋丝”；“安得万妆相向舞，酒酣聊把作缠头”。此谓虹霓，皆极怪丽。①

由此可见，像秦观这样的诗人，他的诗歌风格，显然只能是“悲愁”“凄婉”“怪丽”“婉弱”“清新”“婉丽”之类。在此我们不妨欣赏秦观的几首诗作，如他的《赠女冠畅师》诗：

瞳人剪水腰如束，一幅乌纱裹寒玉。
飘然自有姑射姿，回看粉黛皆尘俗。
雾阁云窗人莫窥，门前车马任东西。
礼罢晓坛春日静，落红满地乳鸦啼。②

这首诗是秦观诗题赠一位畅姓道姑的作品，诗歌刻画了年轻女道士清丽脱俗、志行高洁的形象，此诗格调高雅清新。宋人胡仔在《苕溪渔隐丛话前集》卷五十中，曾引《桐江诗话》关于此诗创作动机的记载：“畅姓惟汝南有之，其族尤奉道。男女为黄冠者，十之八九。时有女冠畅道姑，姿色妍丽，神仙中人也。少游挑之不得，乃作诗云。”再如，《秋日三首》：

其一

霜落邗沟积水清，寒星无数傍船明。
菰蒲深处疑无地，忽有人家笑语声。③

---

① 方回：《瀛奎律髓》卷十二“秋日”类，清文渊阁《四库全书》补配清文津阁《四库全书》本。

② 秦观：《淮海集》卷之六，《四部丛刊》影明嘉靖小字本。

③ 秦观：《秋日三首》，见《淮海集》卷之十“绝句”，《四部丛刊》影明嘉靖小字本。此诗蔡正孙《诗林广记·后集》卷八（清文渊阁《四库全书》本）题作《邗沟》，并有按语：“邗沟，在淮东路高邮军。少游又有《寄东坡》诗云：‘鲜鲫经年渍醽醁，团脐紫蟹脂填腹。后春莼茁滑于酥，先社姜芽肥胜肉。’亦形容高邮风物也。”“《庚溪诗话》云：白道猷有诗曰：‘连峰数千里，修林带平津。茅茨隐不见，鸡鸣知有人。’后秦少游云：‘菰蒲深处疑无地，忽有人家笑语声。’僧道潜云：‘隔林仿佛闻机杼，知有人家住翠微。’其源乃出于道猷而更加锻炼，亦可谓善夺胎者也。”

其二

月团新碾沦花瓷，饮罢呼儿课楚词。
风定小轩无落叶，青虫相对吐秋丝。①

其三

连卷雌蜺挂西楼，逐雨追晴意未休。
安得万妆相向舞。酒酣聊把作缠头。

组诗其一，由于作者构思巧妙，诗意含蓄深邃，特别是动静结合，创造出清幽寂寥而又不乏生气的艺术境界。组诗其二，语言朴素清新，画面静谧却也生动，极富生活气息，闲雅而有情致。组诗其三，构思巧妙，表现手法新颖，全诗景象绚丽，想象奇特，具有浓郁的浪漫色彩。

再如秦观的《纳凉》诗：

携杖来追柳外凉，画桥南畔倚胡床。
月明船笛参差起，风定池莲自在香。②

这是秦观的七言绝句，作品以纳凉为题，诗人着力表现的了自己欲逃离这种烦热境地而寻觅一处清凉之境，后果然发现了一个清凉静谧之所。秦观以“纳凉”这一微小题材，既真实描写了客观之境——燥热繁杂，又隐含了诗人的主观愿望——向往清谧幽静。宋人吕本中曾言：“少游此诗闲雅

① 蔡正孙：《诗林广记·后集》卷八（清文渊阁《四库全书》本）题作《秋意题邢敦夫扇》。并引诸文献：“《雪浪斋日记》云：‘少游诗甚丽，如青虫相对吐秋丝之句是也。’《王直方诗话》云：‘少游尝以真字题此绝于邢敦夫扇上，黄山谷见之，乃于扇背复作《小草》题一绝，皆自所作也。’附山谷《题邢敦夫扇》：‘黄叶委庭观九州，小虫催女献功裘。金钱满地无人费，百斛明珠薏苡秋。’少游后见此诗云：逼我太甚！”

② 潘德舆：《养一斋诗话》卷四（清道光十六年徐宝善刻本）载：“‘君恩已尽欲何归’七绝，或云赵嘏作，或云孟迟作，皆两集并刻，而有一误，非相袭也。此如秦少游‘携杖来追柳外凉，画桥南畔倚胡床。月明船笛参差起，风定池莲自在香’。本是七绝，放翁七律以此为前四句，殆秦集误入耳。”

严重。”[①]

关于秦观的诗歌风格，宋、元诗评家都曾发表过不少的评语，如：

秦子善文章而工为诗。其言清丽刻深，三反九复，一章乃成。大抵悲愁凄婉，郁塞无聊者之言也。其于物也，秋蛩寒螀，鹎鵊猿狖之号鸣也；霜竹之风，冰谷之水，楚囚之弦，越羁之呻吟也。嘻，秦子内有事亲之喜，外有朋友之乐，冬裘而夏絺，甘食而清饮，其中宁有介然者而顾为是耶。世之文章多出于穷人，故后之为文者，喜为穷人之词，秦子无忧而为忧者之词，殆出此耶？[②]

《王直方诗话云》：东坡尝以所作小词示无咎、文潜，曰：“何如少游？”二人皆对云：“少游诗似小词，先生小词似诗。”[③]

《高斋诗话》云：“少游在蔡州，与营妓娄婉字东玉者甚密，赠之词云‘小楼连苑横空’；又云‘玉佩丁东别后’者是也。又《赠陶心儿词》云：‘天外一钩横月带三星。’谓心字也。叶致远屡对荆公称秦少游诗，公尝有别纸云：‘秦君之诗清新婉丽，鲍、谢似之。’又云：‘公爱秦君数口之，今得其诗，手之而不释；然闻秦君尝学至言妙道，无乃笑吾二人嗜好异乎？’盖少游尝为道士书符咒水，故公有是语。”苕溪渔隐曰：“东坡尝有书荐少游于荆公云：‘向屡言高邮进士秦观太虚，公亦粗知其人，今得其诗文数十首拜呈，词格高下，固已无逃于左右；此外博综史传，通晓佛书，若此类未易一一数也。’荆公答书云：‘示及秦君诗，适叶致远一见，亦以谓清新妩丽，鲍、谢似之。公奇秦君，口之而不置，我得其诗，手之而不释。又闻秦君尝学至言妙道，无乃笑我与公嗜好异乎？’二书所云如此，《高斋》以谓叶致远屡对荆公称秦少游诗，尝有别纸，真误也。东坡谓少游通晓佛书，故荆公有‘秦君尝学至

---

① 蔡正孙：《诗林广记》后集卷八（清文渊阁《四库全书》本）载：“《纳凉》‘携杖来追柳外凉，画桥南畔倚胡床。月明船笛参差起，风定池莲自在香。’《吕氏童蒙训》云：‘少游此诗闲雅严重。’”

② 张耒：《送秦观从苏杭州为学序》，《张右史文集》卷五十一，《四部丛刊》影旧钞本。

③ 胡仔：《苕溪渔隐丛话·前集》卷四十二，清乾隆刻本。

言妙道’之语，《高斋》以谓‘少游尝为道士书符咒水’，又诬也。”[①]

予尝从先生学，问作诗究竟当如何？先生举秦少游《春雨》诗云：“有情芍药含春泪，无力蔷薇卧晚枝。”此诗非不工，若以退之“芭蕉叶大栀子肥”之句校之，则《春雨》为妇人语矣！破却工夫，何至学妇人？[②]

敖陶孙诗评，秦少游如时女游春，终伤婉弱。[③]

就是这样一位以婉约、柔媚风致见长的诗人，对曾巩评价不高，似乎也在情理之中。而作为北宋文学史上的一位重要作家，他对曾巩诗歌的意见，自然会引起当时文坛的关注，并影响后代诗坛。秦观对曾巩诗歌的评语，因苏轼《题跋》所记而流传甚广。后世诗话、诗论常转引此段评论，如赵与时《宾退录》、胡仔《苕溪渔隐丛话》、刘远可《璧水群英待问会元》、仇兆鳌《杜诗详注》等，但均未对之作更多的阐述。

秦观关于曾巩诗歌这段评语的出现，在两宋诗坛引起了一场旷日持久的论争。对于秦观的评语，很多人是不认同的，辩驳之声不绝于耳。如，宋人孙觌在《与曾端伯书》中就曾说：“秦少游云：‘曾子固文章妙绝古今，而有韵者辄不工。’此语一出，天下遂以为口实。南丰作《李白引》，以谓‘闳肆瑰玮，非近世骚人所可及’，而‘连类引义，中法度者寡’。荆公屡称郭功父诗，而南丰不谓然，功父疑之。荆公曰：‘岂非子固所谓功父天才超逸，更当约以古诗之法乎？’南丰论诗如此。如《兵间》一诗，指徐德占；《论交》一诗，指吕吉甫；又有《黄金》《颜扬》诸诗，皆卓然有济世之用，而世人便谓不能诗，某所以不喻其言也。”[④] 由于秦观诗歌创作理念及其诗歌风格都与曾巩有着很大的不同，从他对诗歌创作的理解角度去考察曾巩的诗歌创作，

① 胡仔：《苕溪渔隐丛话·前集》卷五十，清乾隆刻本。
② 元好问：《拟栩先生王中立》，《中州集》第九，《四部丛刊》影元刊本。
③ 厉鹗：《宋诗纪事》卷二十六，清文渊阁《四库全书》本。
④ 孙觌：《鸿庆居士集》卷十二书，清文渊阁《四库全书》本。

从而得出“曾子固以文名天下，而有韵者辄不工”的结论，当不足为怪。秦观对曾巩诗歌的批评，既反映了北宋诗文革新运动中，在革新这一“主旋律”下，还有各种声部起着润色、丰富、烘托、补充的作用。同时，也反映了北宋诗坛“百家争鸣”的态势，即各种声音都能充分传递和发表，正是在这种态势下，秦观的言论掀起了曾巩诗歌在北宋接受过程中的第一波争论高潮。

二、《后山诗话》引发曾巩诗歌接受历史进程中的第二场风波

宋人陈师道在《后山集》卷二十三“诗话”中，转引了这样一段话：“世语云：苏明允不能诗，欧阳永叔不能赋，曾子固短于韵语，黄鲁直短于散语，苏子瞻词如诗，秦少游诗如词。韩诗如《秋怀》《别元协律》《南溪始泛》，皆佳作也。鲍照之诗，华而不弱；陶渊明之诗，切于事情，但不文耳。”①这一转引，又引发了曾巩诗歌在北宋接受过程中的第二场风波。

陈师道（1053—1101），字无己，又字履常，号后山居士，彭城（今江苏徐州）人。陈师道年十六时，以文谒曾巩，巩大器之，遂留受业。熙宁中，王安石经学盛行，师道心非其说，不复仕进。元丰四年（1081），曾巩奉诏修五朝史，荐其入史馆为属，以无官职未果。元祐二年（1087），苏轼等举荐陈师道，起为徐州教授。未几除太学博士，遭论劾在官乞假出南京见苏轼，复罢为徐州教授。绍圣元年（1094），坐苏轼党，谪监海陵酒税。调彭泽令，不赴，家居六年。元符三年（1100），召为秘书省正字。建中靖国元年（1101），扈从南郊，受寒疾而卒。著有《后山集》《后山诗话》《后山谈丛》等。陈师道诗学杜甫，诗风质朴苍老，为“苏门六君子”之一，是江西诗派代表性作家，被元人方回尊为“一祖三宗”之一。方回在陈与义《清明》诗之后，有一段点评文字，言：“三四变体，又颇新异。呜呼，古今诗人当以老杜、山谷、后山、简斋四家为一祖三宗，余可预配飨者有数焉。”②。《四库全书总目》云：“《瀛奎》大旨排西昆而主江西，倡为一祖三宗之说。一祖者，杜甫；三宗者，黄庭坚、陈师道、陈与义也。其说以生硬为健笔，以粗豪

① 陈师道：《后山集》卷二十三“诗话”，清文渊阁《四库全书》补配清文津阁《四库全书》本。
② 方回：《瀛奎律髓》卷二十六“变体类”，清文渊阁《四库全书》补配清文津阁《四库全书》本。

为老境，以炼字为句眼，颇不谐。”① “后山树立甚高，其议论不以一字假借人，然自言其诗师豫章公。或曰黄陈齐名，何师之有？余曰：射较一镞，弈角一着，惟诗亦然。后山地位去豫章不远，故能之若师，同时人晁诸人则不能为此言矣。此惟深于诗者知之。文师南丰，诗师豫章，二师皆极天下之本色，故后山诗文高妙一世。”②

陈师道这段看似很普通的引文，却产生了巨大的反响，在文坛引起了“轰动”，而且转引者代不绝人。然而，大多数转引者只是转引了这样几句话：“苏明允不能诗，欧阳永叔不能赋，曾子固短于韵语，黄鲁直短于散语，苏子瞻词如诗，秦少游诗如词。”更值一提的是，很多转引者都均将这几句话纳入《后山诗话》中（有人甚至将其列入《后山谈丛》中）③。然而，经查，《后山诗话》中所转述的话为：“世语云：苏明允不能诗，欧阳永叔不能赋，曾子开、秦少游诗如词，韩诗如《秋怀》《别元协律》《南溪始泛》皆佳作也。”④ 文中所言是“曾子开”，而非“曾子固”。类似这样的引述还有：

---

① 永瑢：《四库全书总目》卷一百八十八集部四十一“《瀛奎律髓》”，清乾隆武英殿刻本。

② 刘克庄：《后村集》卷九十五“后山”，《四部丛刊》影旧钞本。

③ 据清《四库全书总目》载：“《后山谈丛》四卷（内府藏本），宋陈师道撰……陆游《老学庵笔记》颇疑此书之伪，又以为或其少作。然师道《后山集》前有其门人魏衍附记称《谈丛》《诗话》别自为卷，则是书实出师道手。又第四卷中记苏轼卒时，太学诸生为饭僧。考轼卒于徽宗建中靖国元年六月，师道亦以是年十一月二十九日从祀南郊，感寒疾卒。则末年所作，非少年所作审矣。洪迈《容斋随笔》议其载吕许公恶韩、范、富一条，丁文简陷苏子美以撼杜祁公一条，丁晋公赂中使沮张乖厓一条，张乖厓买田宅自污一条，皆爽其实，今考之良信。然迈称其笔力高简，必传于后世，不云他人所赝托。迈去师道不远，且其考证不草草。知陆游之言未免失之臆断也。”（《四库全书总目》卷一百四十）“《后山诗话》一卷（江苏巡抚采进本）：旧本题宋陈师道撰。师道有《后山丛谈》已著录。是书《文献通考》作二卷，此本一卷，疑后人合并也。陆游《老学庵笔记》深疑《后山丛谈》及此书，且谓《丛谈》或其少作，此书则必非师道所撰。今考其中于苏轼、黄庭坚、秦观俱有不满之词，殊不类师道语。且谓苏轼词如教坊雷大使舞，极天下之工而终非本色。案蔡绦《铁围山丛谈》称：雷万庆，宣和中以善舞隶教坊。轼卒于建中靖国元年六月，师道亦卒于是年十一月，安能预知宣和中有雷大使借为譬况？其出于依托，不问可知矣！至谓陶潜之诗，切于事情而不文；谓韩愈《元和》《圣德》诗，于集中为最下。而裴说《寄边衣》一首，诗格柔靡，殆类小词，乃亟称之，尤为未允。其以王建《望夫石》诗为顾况作，亦间有舛误。疑南渡后旧稿散佚，好事者以意补之耶？然其谓诗文宁拙毋巧，宁朴毋华，宁粗毋弱，宁僻毋俗。又谓善为文者，因事以出奇。江河之行，顺下而已，至其触山赴谷，风抟物激，然后尽天下之变。持论间有可取。其解杜甫《同谷歌》之‘黄独’，《百舌》诗之‘谗人’；解韦应物诗之‘新橘’‘三百’；驳苏轼《戏马台诗》之‘玉钩’‘白鹤’，亦间有考证。流传既久，固不妨存备一家尔。”（《四库全书总目》卷一百九十五）

④ 陈师道：《后山诗话》，清文渊阁《四库全书》本。

《后山词》一卷，宋陈师道撰……其《诗话》谓曾子开、秦少游诗如词，而不自知词如诗，盖人各有能有不能，固不必事事第一也。[①]

世语云：苏明允不能诗，欧阳永叔不能赋，曾子开、秦少游诗如词。韩诗如《秋怀》《别元协律》《南溪始泛》皆佳作也。鲍照之诗，华而不弱；陶渊明之诗，切于事情，但不文耳。子厚谓屈氏《楚辞》如《离骚》，乃效颂，其次效雅。最后如右丞苏州，皆学于陶、王得其自在。[②]

世语云：苏明允不能诗，欧阳永叔不能赋，曾子开、秦少游诗如词，韩诗如《秋怀》《别元协律》《南溪始泛》皆佳作也。[③]

杨学士应之力行苦节，学问赡博，而推致高远，特异流俗。尝题所居壁曰："有竹百竿，有香一炉，有书千卷，有酒一壶，如是足矣。"伊川先生尝以为交游中，惟杨应之有些英气，亦见本中《诗话》。世论"苏明允不能诗，欧阳永叔不能赋，曾子开、秦少游诗如词，人各有所短，不能兼善也"。今按，欧赋、秦诗具在，佳篇多有，非不善者，明允诗如"佳节每从愁里过，壮心时傍醉中来"甚佳。曩阅东坡诗尽三四卷，最爱其"道德无贫贱，风采照里间"为善言潜德。[④]

虽然引文中有"曾子开""曾子固"之区别，但是，更多转述者转引的还是言曾巩"短于韵语"，且是出自《后山诗话》的：

昔人谓："苏明允不工于诗，欧阳永叔不工于赋，曾子固短于韵语，黄

---

① 永瑢：《四库全书总目》卷二百"集部"五十三"词曲类存目"。

② 陶宗仪：《说郛》卷八十二下"后山居士诗话·陈师道"，清文渊阁《四库全书》本。

③ 陈师道：《后山诗话》，明津逮秘书本。

④ 马星翼：《东泉诗话》卷一，清刻本。按，谓子开诗如词的还有清·裘君弘在《西江诗话》卷二（清康熙刻本）中介绍曾肇时引"《居山言语》云：曾子开、秦少游诗如词。"

鲁直短于散句，苏子瞻词如诗，秦少游诗如词。”此数公者，皆以文字显名于世，而人犹得以非之。信矣，作文之难也！夫作文之难，固本于人才之不能纯美，然亦在夫纂集者之不能去取决择，兼收备载，所以致议者之纷纷也。向使略所短而取所长，则数公之文当不容议矣。近世文学视古为最盛，而议论于今犹未平。良金美玉自有定价，岂曰惧天下之议而使之无传哉！若曰聚天下之文必备载而无遗，则泛然而无统。若曰各因其人而为之去取，则尺有所短，寸有所长，尤不可以列论。①

后山居士言："苏明允不能诗，欧阳永叔不能赋，曾子固短于韵语，黄鲁直短于散语，子瞻词如诗，少游诗如词。"此论得今人之短。宋尚书云："老子《道德经》为至言之宗，屈平《离骚》为辞赋之宗，司马迁《史记》为纪传之宗，左丘明工言人事，庄周工言天地。"此论得古人之长。虽然，要不可偏废。论人者无以短而弃其长，亦无以长而护其短。自论则当于长处出奇，短处致功。或问，霍王所长于处士，刘元平答曰："无长论者。"不解。元平曰："人有短所以见其长，若王无所不备，吾何以称之？"此语诚是。然此等人难得。②

《后山诗话》云："世语云：'苏明允不能诗，欧阳永叔不能赋，曾子固短于韵语，黄鲁直短于散语，苏子瞻词如诗，秦少游诗如词。'苕溪渔隐曰：'后山谈何容易，便谓老苏不能诗，何诬之甚！观前二联岂愧作者？'"③

苏明允不能诗，欧永叔不能赋，曾子固短于韵语，黄鲁直短于散语。后山、韩退之不可谓之诗有章韵文也，杜子美不可谓之文无章韵诗也，柳宗元而下两失之矣。蔡君谟言文章而不言政事，欧公言政事而不言文章。④

---

① 叶适：《播芳集序》，见《水心先生文集·前集》卷十三，《四部丛刊》影明刻黑口本。
② 陈善：《扪虱新话》上集卷一"辨前辈论古今人文长短"，民国校刻儒学警悟本。
③ 胡仔：《苕溪渔隐丛话前集》卷三十八，清乾隆刻本。
④ 孙奕：《履斋示儿编》卷之十六，元刘氏学礼堂刻本。

《后山诗话》载 :“世语云 :‘苏明允不能诗，欧阳永叔不能赋，曾子固短于韵语，黄鲁直短于散语，苏子瞻词如诗，秦少游诗如词。’苕溪渔隐引苏明允‘佳节每从愁里过，壮心还傍醉中来’等语，以谓后山谈何容易，便谓老苏不能诗，何诬之甚！仆谓后山盖载当时之语，非自为之说也。所谓明允不能诗者，非谓其真不能，谓非其所长耳。且如欧公不能赋，而《鸣蝉赋》夫不佳邪？鲁直短于散语，而《江西道院记》脍炙人口，何邪？渔隐云尔，所谓痴儿面前不得说梦也。”①

前辈文章各有所短，苏明允不能诗，欧阳永叔不能赋，曾子固短于韵语，黄鲁直短于散语，苏子章词如诗，秦少游诗如词。②

世语云 :“苏明允不能诗，欧阳永叔不能赋，曾子固短于韵语，黄鲁直短于散语，苏子瞻词如诗，秦少游诗如词。”③

《诗法源流》云 :“唐人以诗为诗，宋人以文为诗。唐诗主于达情，故于三百篇为近；宋诗专主议论，故于三百篇为远。”诗注又谓 :“陈后山评人有云 :‘苏明允不能诗，欧阳永叔不能赋，曾子固短于韵语，黄鲁直短于散语，苏子瞻（章）词如诗，秦少游诗如词。’后山评之当矣。然后山亦有短处殊不自知，正如杜与李太白云‘何时一杯酒，重与细论文’，则讥其欠细密也；李与子美云‘借问缘何太瘦生，总为从前作诗苦’，则讥其太沉着也。”④

世语云 :“苏明允不能诗，欧阳永叔不能赋，曾子固短于韵语，黄鲁直短于散语，苏子瞻词如诗，秦少游诗如词。”⑤

---

① 王楙 :《野客丛书》卷六“苏明允不能诗”，明刻本。
② 章如愚 :《山堂考索·续集》卷十七“文章门”，清文渊阁《四库全书》本。
③ 祝穆 :《事文类聚·别集》卷九“文章部”，清文渊阁《四库全书》本。
④ 陈师 :《禅寄笔谈》卷五，明万历二十一年自刻本。
⑤ 卢翰 :《掌中宇宙》卷八“崇道篇”，明万历刻本。

《后山丛谈》世语云："苏明允不能诗，欧阳永叔不能赋，曾子固短于散语，黄鲁直短于韵语，苏子瞻词如诗，秦少游诗如词。"①

然诗文不能兼工，故谓曾子固不能作诗。曾尝云：古之作者，或能文不必工于诗，或长于诗不必有文，有以哉。昔人谓老苏不工于诗，欧阳修不工于赋，曾子固短于韵语，黄鲁直短于散语，东坡词如诗，少游诗如词。数公之文名世，而人犹非之，信矣，作文之难也！②

《后山诗话》载，世语云：苏明允不能诗，欧阳永叔不能赋。所谓明允不能诗者，非谓其真不能，谓非其所长耳。且如欧公不能赋，而《鸣蝉赋》夫不佳邪？（《野客丛书》）③

世语云："苏明允不能诗，欧阳永叔不能赋。"（《后山诗话》）④

《后山丛谈》："世语云苏明允不能诗，欧阳永叔不能赋，曾子固短于散语，黄鲁直短于韵语，苏子瞻词如诗，秦少游诗如词。"⑤

《辨体》曰：祝氏曰，《阿房宫赋》前半篇造句犹是，赋后半篇议论俊发，醒人心目，自是一段好文字。赋之本体，恐不如是。以至宋朝诸家之赋，大抵皆用此格。潘子真载曾南丰曰：牧之之赋，宏壮巨丽，驰骋上下，累数百言至楚人一炬，可怜焦土，其论盛衰之便判于此。盖南丰亦只论其赋之文，而未及论赋之体。《后山丛谈》云：曾子固短于韵语。则其以文论赋，

① 彭大翼：《山堂肆考》卷一百二十八"文学·散语韵语"，清文渊阁《四库全书》本。
② 曹安：《谰言长语》卷上，民国景明宝颜堂秘籍本。
③ 浦铣：《续历代赋话》卷十，清乾隆五十三年刻本。
④ 孙梅：《四六丛话》卷五，清嘉庆三年吴兴旧言堂刻本。
⑤ 张玉书：《御定佩文韵府》卷四之五"诗如词"，清文渊阁《四库全书》本。

毋怪焉。[①]

《后山谈丛》云：曾子固短于韵语。若韵语是其所短，则其以文论赋，而不以赋论赋，毋怪焉。(《古赋辨体》)[②]

以上这些转引文字，大意看似基本相同，然而，细加查看，却发现出其中一些不相同来：

第一，这些文字虽然被转引，但有的转引者却同时记录了时人对陈师道引述的所谓“世语云”观点的评价，这些评价多为否定“世语云”的评价。如陈善《扪虱新话》上集的记载，既照录后山所言，又载录了不同的评语：“此论得今人之短”“此论得古人之长”“虽然，要不可偏废。论人者无以短而弃其长，亦无以长而护其短。自论则当于长处出奇，短处致功。或问，霍王所长于处士，刘元平答曰：‘无长论者。’不解。元平曰：‘人有短所以见其长，若王无所不备，吾何以称之？’此语诚是。然此等人难得。”再如，胡仔《苕溪渔隐丛话前集》卷三十八所引，既有原文的全录，更有自己的主观评价：“后山谈何容易，便谓老苏不能诗，何诬之甚！观前二联岂愧作者？”王楙《野客丛书》卷六也是如此：“苕溪渔隐引苏明允‘佳节每从愁里过，壮心还傍醉中来’等语，以谓后山谈何容易，便谓老苏不能诗，何诬之甚！仆谓后山盖载当时之语，非自为之说也。所谓明允不能诗者，非谓其真不能，谓非其所长耳。且如欧公不能赋，而《鸣蝉赋》夫不佳邪？鲁直短于散语，而《江西道院记》脍炙人口，何邪？渔隐云尔，所谓痴儿面前不得说梦也。”马星翼《东泉诗话》卷一亦云：“今按，欧赋、秦诗具在，佳篇多有，非不善者，明允诗如‘佳节每从愁里过，壮心时傍醉中来’甚佳。曩阅东坡诗尽三、四卷，最爱其‘道德无贫贱，风采照里间’为善言潜德。”在这些论辩文献中，我们发现没有一条直接为曾巩申辩的文献。或

① 王之绩：《铁立文起·前编》卷十一，清康熙刻本。
② 陈鸿墀：《全唐文纪事》卷二，清同治十二年方功惠广州刻本。

许是为其他大家辩诬，足以证明“世语云”之谬误。当然，在这些文献中，除了有否定“世语云”的文献外，其中也有少数赞成“世语云”观点的文献，如章如愚《山堂考索·续集》卷十七“文章门”在转引“苏明允不能诗……”这段话之前，有一句表达转引者观点的话，即“前辈文章各有所短”，在转引者眼中，苏明允、欧阳永叔、曾子固等人在文学创作中的确存在着某些文体创作的短处。再如曹安《谰言长语》卷上所云：“然诗文不能兼工，故谓曾子固不能作诗。曾尝云：古之作者，或能文不必工于诗，或长于诗不必有文，有以哉。昔人谓老苏不工于诗，欧阳修不工于赋，曾子固短于韵语，黄鲁直短于散语，东坡词如诗，少游诗如词。数公之文名世，而人犹非之，信矣，作文之难也！”

第二，由陈师道所引“世语云”生发开去，对唐宋名人文学创作之短长作了“扩大化”评述。如孙奕《履斋示儿编》卷之十六所载，便为后山引语之扩展：“后山、韩退之不可谓之诗有章韵文也，杜子美不可谓之文无章韵诗也，柳宗元而下两失之矣。蔡君谟言文章而不言政事，欧公言政事而不言文章。”再如陈善《扪虱新话》上集将后山之语与宋尚书之语比较，从而将评价对象扩大到了宋之前的一些著名历史人物：“宋尚书云：‘老子《道德经》为至言之宗，屈平《离骚经》为辞赋之宗，司马迁《史记》为纪传之宗，左丘明工言人事，庄周工言天地。’”更有转引者将矛头直指陈师道，如陈师《禅寄笔谈》卷五云：“《诗法源流》云：‘唐人以诗为诗，宋人以文为诗。唐诗主于达情，故于三百篇为近；宋诗专主议论，故于三百篇为远。’”诗注又谓：“陈后山评人有云：‘苏明允不能诗，欧阳永叔不能赋，曾子固短于韵语，黄鲁直短于散语，苏子瞻（章）词如诗，秦少游诗如词。’后山评之当矣。然后山亦有短处殊不自知，正如杜与李太白云‘何时一杯酒，重与细论文’，则讥其欠细密也；李与子美云‘借问缘何太瘦生，总为从前作诗苦’，则讥其太沉着也。”有的甚至“株连”到曾巩对一些经典作品德评论，如王之绩《铁立文起·前编》卷十一云：“《辨体》曰：祝氏曰《阿房宫赋》前半篇造句犹是，赋后半篇议论俊发，醒人心目，自是一段好文字。赋之本体，恐不如是。以至宋朝诸家之赋，大抵皆用此格。潘子真载曾南丰曰：牧之之赋，宏壮巨丽，驰骋上下，累数百言至楚人一炬，可怜焦土，其论盛衰之便判于此。盖南丰亦只论其赋之文，而未及论赋之体。《后山丛谈》云：曾子固短于韵语。则其以文论赋，毋怪焉。”

第三，纯“客观”（即不加任何评述语言）的转引陈师道引述的“世语云”，但其中也有的转述却因为所论重点不同，因而引文也是“残缺”不全的。如孙梅《四六丛话》（卷五），谈的主要是四六文作者，所以仅引录了“苏明允不能诗，欧阳永叔不能赋”二句。但无论是纯“客观”的转引，还是“残缺”的转引，其实在传播效果上都是一样的，这就是苏明允、欧阳永叔、曾子固、黄鲁直、苏子瞻、秦少游等人确实存在文体创作上的“软肋”的。也就是说，这些文坛“大咖”在某些文体的创作上确实很强，但在某些文体创作上又确有短处。如苏明允、欧阳修、曾巩等人，在古文创作方面成就非同凡响，然而，在诗、赋、韵语等文体的创作上，却是各有所短的；黄庭坚在诗的创作上，成就斐然，但是在“散语”这种文体的创作上，确实非其所长；苏轼和秦观在诗、词创作上各有所长，但也正是两人在两个看似很相近的“姐妹”文体上的“各有所长”，从而使得他们忽略了诗、词之间差别，造成了苏轼写词如作诗，秦观作诗如写词的结果。这种看似公允的结论，的确很有“说服”力，因为按常规考量，一个作家不可能做到各体皆擅。然而，在宋代这些文学“大咖”中，就有那么几位在文学创作上是各体皆擅的，如欧阳修、苏轼等。因此，陈师道对“世语云”的转引，以及后人的传播，给文坛留下了一桩“公案”，而曾巩也成了这桩“公案”的主角之一。

陈师道是曾巩的学生，他曾记述了自己如何得以投入曾巩门下的：

吾年如生时，见子曾子于江汉之间，献其说余十万言，高自誉道，子曾子不以为狂，而报书曰持之以厚。吾之不失其身，子曾子之赐也。[①]

① 陈师道：《送邢居实序》，《后山居士文集》卷第十六，宋刻本。

后来，他又以诗表达了自己对老师曾巩的深情。如《妾薄命》二首题下有“为曾南丰作”，可知这两首诗是专为怀念老师曾巩而作。全诗如下：

其一

主家十二楼，一身当三千。
古来妾薄命，事主不尽年。
起舞为主寿，相送南阳阡。
忍着主衣裳，为人作春妍。
有声当彻天，有泪当彻泉。
死者恐无知，妾身长自怜。

其二

叶落风不起，山空花自红。
捐世不待老，惠妾无其终。
一死尚可忍，百岁何当穷？
天地岂不宽？妾身自不容。
死者如有知，杀身以相从。
向来歌舞地，夜雨鸣寒蛩。[①]

在这两首诗中，陈师道以一位侍妾悲悼主人之口吻，抒发了自己对恩师曾巩的怀念，表达了诗人不愿转事他人、誓愿杀身相报之贞心，读来感人至深。《妾薄命》集中体现了陈师道诗的风格，向来被认为是陈师道的代表作之一。

陈师道还有1首诗，同样表达了自己对老师曾巩的敬仰，这就是《观究文忠公家六一堂图书》，诗云：

① 陈师道：《后山居士文集》卷第一，宋刻本。

生世何用早，我已后此翁。
颇识门下士，略已闻其风。
中年见二子，已复岁一终。
呼我过其庐，所得非所蒙。
先朝群玉殿，冠佩环群公。
神文焕王度，喜色见天容。
御榻谁复登，帝书元自工。
黄绢两大字，一览涕无从。
似欲托其子，天意人与同。
历数况有归，敢有贪天功。
《集古》一千卷，明明并群雄。
谁为第一手，未有百世公。
庙器刻科斗，宝樽蟠华虫。
缅怀弁服士，酬献鸣玐瑢。
插架一万轴，遗子以固穷。
素琴久绝弦，棋酒颇阙供。
向来一瓣香，敬为曾南丰。
世虽嫡孙行，名在恶子中。
斯人日已远，千岁幸一逢。
吾老不可待，草露湿寒蛩。①

陈师道这首诗中“向来一瓣香，敬为曾南丰”，明确地表达了诗人敬师之心，而这种心情的表述，也正是陈师道性格的真实写照。宋人任渊在注释这两句诗时写道：

诸方开堂至第三瓣香，推本其得法所自，则云此一瓣香敬为某人云云。

① 陈师道：《后山居士文集》卷第二，宋刻本。

曾巩子固，建昌南丰人。于欧公犹宗门中嫡子，而后山又师南丰，乃其孙也。后山以东坡荐得官，作此诗时，东坡政为郡守，终无少贬阿附之意，可谓特立之士矣。然亦知东坡之大，必能受之也。[①]

宋人蔡正孙在《诗林广记》中也作了文字略有不同的引述：

（任天社）又云："南丰、东坡皆六一门下士。南丰修史荐后山，以布衣入史馆，命未下，而曾去国，后以东坡荐得官。此诗云'向来一瓣香，敬为曾南丰'，后山虽感东坡而不以为知己，作此诗时，东坡正为郡守，终无少贬阿附之意，可谓特立之士矣。然亦知东坡之大，必能受之也。"[②]

陈师道不背弃老师曾巩的做法，深得人们的赞扬：

陈无己与晁以道俱学文于曾子固，子固曰：二人所得不同，当各自成一家。然晁文必以著书名于世，无己晚得诗法于鲁直。他日二人相与论文，以道曰："吾曹不可负曾南丰。"又论诗，无己曰："吾此一瓣香，须为山谷道人烧也。"[③]

陈后山少为曾南丰所知，东坡爱其才，欲牢笼于门下不屈，有"向来一瓣香，敬为曾南丰"之句。又《妾薄命》云："主家十二楼，一身当三千。忍着主衣裳，为人作春妍。"亦为南丰作。然《送东坡》则云："一代不数人，百年能几见？风帆目力尽，江空岁年晚。"推重向慕甚至，特不肯背南丰尔，志节可尚也。一生清苦，妻子寄食外家，《寄外舅郭大夫》云："嫁女不离家，生男已当户。"《得家信》云："深知报消息，不敢问何如？"况味可知也！

---

① 陈师道著，任渊注：《后山诗注》卷第三，《四部丛刊》影高丽活字本。
② 蔡正孙：《诗林广记·后集》卷六，清文渊阁《四库全书》本。
③ 朱弁：《风月堂诗话》卷上，民国影明宝颜堂秘籍本。

诗格极高。吕本中选江西宗派，以嗣山谷，非一时诸人所及。[①]

陈师道作文学曾巩，作诗则学黄庭坚，讲究法度。陈师道以诗歌而闻名的，他在诗歌创作上，虽是投入了苏门，并且被列入“苏门六君子”之中。然而，在苏门诸诗人当中，他最为佩服的是黄庭坚，自豪于“人言我语胜黄句”。[②]

陈师道是北宋时期的重要诗人之一，对他的诗歌创作，历代评者还是持基本肯定态度的，黄庭坚就是力挺陈师道的重要诗人之一，他也是最能把握诗人陈师道特征的人，他曾在《病起荆江即事十首》之八中写出了作为“苦吟”诗人陈师道的特征：

闭门觅句陈无己，对客挥毫秦少游。
正字不知温饱未，西风吹泪古藤州。[③]

在《答王子飞书》一文中，黄庭坚更是表达了自己对陈师道的看重和推崇，他说：

陈履常正字，天下士也，读书如禹之治水，知天下之络脉，有开有塞，

---

① 瞿佑：《归田诗话》中卷“后山不背南丰”，清《知不足斋丛书》本。

② 陈师道：《答魏衍黄预勉余作诗》，见《后山居士文集》卷第四，宋刻本。

③ 黄庭坚：《豫章黄先生文集》卷第七，《四部丛刊》影宋乾道刊本。关于陈师道的“苦吟”，其他文献也有记载，如，元人马端临在《文献通考》卷二百三十七“经籍考”六十四（清浙江书局本）中，曾有一段转引文字，说的就是陈师道“闭门觅句”的情景：“石林叶氏曰：世言陈无已每登览得句，即急归卧一榻，以被蒙首，谓之吟榻。家人知之，即猫犬皆逐去，婴儿稚子亦皆抱持寄邻家。徐待其起，就笔砚即诗，已成，乃敢复常。盖其用意专，不欲闻人声，恐乱其思，故诗中亦时时自有言吟榻者。天下绝艺，信未有不精而能工者也。”除了“苦吟”外，陈师道偶尔也有“清艳”之时，宋人张邦基在《墨庄漫录》卷第三（《四部丛刊》影明钞本）中记载：“晁无咎谪玉山，过徐州时，陈无已废居里中。无咎置酒，出小姬娉娉舞梁州。无已作《减字木兰花》长短句云：‘娉娉袅袅，芍药枝头红玉小。舞袖迟迟，心到郎边客已知。当筵举酒，劝我樽前松柏寿。莫莫休休，白发簪花我自羞。’无咎叹曰：‘人疑宋开府铁石心肠，及为梅花赋，清艳殆不类其为人。无已清通，虽铁石心肠不至于开府，而此词过于梅花赋矣。’”

而至于九川涤源，四海会同者也。其作诗渊源，得老杜句法，今之诗人，不能当也。至于作文，深知古人之关键，其论事救首救尾，如常山之蛇，时辈未见其比。公有意于学者，不可不往扫斯人之门。①

在其他文献中，也能看到黄庭坚对陈师道的赞许，例如：

予问山谷："今之诗人，谁为冠？"曰："无出陈师道无己。"问："其佳句如何？曰：吾见其作温公挽词一联，便知其才不可敌。"曰："政虽随日化，身已要人扶。"②

当然，历代评家更多的还是对陈师道诗歌创作的评论，如：

读陈无己诗，爱之，以咀嚼有味，类唐诗之工者。其子正中进士第，调常州户曹掾具板舆迎君造官。君曰："吾足不出里门三十年矣。"③

任渊谓，读后山诗，似参曹洞禅，不犯正位，切忌死语，非冥搜旁引，莫窥其用意深处，因为作注。盖法严而力劲，学赡而用变，涪翁以后，殆难与敌也。④

章叔度宪云："每下一俗间言语，无一字无来处，此陈无己、黄鲁直作诗法也。"⑤

陈无己先生语余曰："今人爱杜甫诗，一句之内至窃取数字，以仿像之，非善学者。学诗之要，在乎立格命意用字而已。"余曰："如何等是？"曰："《冬

① 黄庭坚：《豫章黄先生文集》第十九，《四部丛刊》影宋乾道刊本。
② 释惠洪：《冷斋夜话》卷二"陈无己挽诗"，明稗海本。
③ 孙觌：《宋故刘府君墓表》，见《鸿庆居士集》卷四十一"墓表"，清文渊阁《四库全书》本。
④ 吴之振：《宋诗钞》卷二十五，清文渊阁《四库全书》本。
⑤ 陈长方：《步里客谈》卷下，清守山阁丛书本。

日谒玄元皇帝庙》诗，叙述功德，反复外意，事核而理长；《阆中歌》，辞致峭丽，语脉新奇，句清而体好，兹非立格之妙乎？《江汉诗》，言乾坤之大，腐儒无所寄其身；《缚鸡行》，言鸡虫得失，不如两忘而寓于道，兹非命意之深乎？《赠蔡希鲁》诗云‘身轻一鸟过’，力在一‘过’字；《徐步》诗云‘蕊粉上蜂须’，功在一‘上’字，兹非用字之精乎？学者体其格，高其意，炼其字，则自然有合矣，何必规规然仿像之乎？”①

对于陈师道的诗，钱锺书先生有一段生动而别有意趣的评语，其云：

陈师道模仿杜甫句法的痕迹比黄庭坚来得显著。他想做到“每下一俗间言语”也“无一字无来处”，可是本钱似乎没有黄庭坚那样雄厚，学问没有他那样博杂。他的情感和心思都比黄庭坚深刻，可惜表达得很勉强，往往格格不吐，可能也是他那种减省字句以求“语简而益工”的理论害了他。假如读《山谷集》好像听异乡人讲他们的方言，听他们讲得滔滔滚滚，只是不大懂，那么读《后山集》就仿佛听口吃的人或病得一丝两气的人说话，瞧着他满肚子的话说不畅快，替他干着急。②

上文之所以“连篇累牍”地说了这么多，根本用意就是想说明，文学曾巩而诗学黄庭坚的陈师道，他在诗歌创作道路上与曾巩是“两股道上跑的车”，所以陈师道不认同曾巩的诗歌创作，并转述所谓的“世语云”，当非意外之事。

三、彭渊材“五恨说”引发曾巩诗歌接受历史进程中的第三场风波

在宋人彭乘的笔下，曾经记录了一个迂阔好怪的人士，这位人士就是彭渊材。彭乘云：

---

① 张表臣：《珊瑚钩诗话》卷二，宋百川学海本。
② 钱锺书：《宋诗纪事补正》，辽宁人民出版社2003版。

渊材迂阔好怪，尝畜两鹤，客至，指以夸曰："此仙禽也。凡禽卵生，此禽胎生。"语未卒，园丁报曰："此鹤夜产一卵，大如梨。"渊材面发赤，呵曰："敢谤鹤耶！"卒去，鹤辄两展其胫伏地，渊材讶之，以杖惊使起，忽诞一卵。渊材咨嗟曰："鹤亦败道，吾乃为刘禹锡《佳话》所误。自今除佛、老子、孔子之语，余皆勘验。"余曰："渊材自信之力，然读《相鹤经》未熟耳！"又曰："吾平生有所恨者五事耳。"人问其故，渊材敛目不言，久之曰："吾论不入时听，恐汝曹轻易之。"问者力请其说，乃答曰："第一恨鲥鱼多骨，第二恨金橘多酸，第三恨莼菜性冷，第四恨海棠无香，第五恨曾子固不能作诗。"闻者大笑，而渊材瞠目曰："诸子果轻易吾论也！"[①]

其后，宋代诗僧惠洪在《冷斋诗话》中，又以"刘渊材迂阔好怪"[②]为题，转录了彭乘的这段记述。

彭渊材"五恨说"在宋代引发了曾巩诗歌接受过程中的第三场风波。风波中的诗人，有"客观"转引的，也有深信彭氏之言而感"遗恨"的，还有驳斥彭氏言论的。如：

不能诗：彭渊材五恨曾子固不能诗。[③]

五恨：彭渊材一恨时鱼多骨，二恨金橘太酸，三恨莼菜性冷，四恨海棠无香，五恨曾子固不能诗。[④]

---

① 彭乘：《续墨客挥犀》卷一"迂阔好怪"，清嘉庆宛委别藏本。清人永瑢在《四库全书总目》卷一百四十一子部五十一（清乾隆武英殿刻本）中记载："《墨客挥犀》十卷，兵部侍郎纪昀家藏本，宋彭乘撰。案，北宋有两彭乘，一为华阳人，真宗时进士，官至翰林学士，宋史有传。其作此书者，则筠州高安人，史不载其仕履，故始末无可考见。"清·瞿镛《铁琴铜剑楼藏书目录》卷十七子部五（清光绪常熟瞿氏家塾刻本）："《续墨客挥犀》十卷，旧钞本，宋彭乘撰。《直斋书录》载：《墨客挥犀》本有续集，亦十卷，后来传本绝稀，各家书目皆谓已佚。此叶石君藏书，卷末有题记云：正德己巳岁夏日，以旧刻本摹于志雅斋……"

② 释惠洪：《冷斋夜话》卷九，明稗海本。永瑢在《四库全书总目》卷一百二十子部三十（清乾隆武英殿刻本）解释《冷斋夜话》时云："又惠洪，本彭氏子，于彭渊材为叔侄，故书中但称渊材，不系以姓，而其标题乃皆改为刘渊材。"

③ 阴时夫：《韵府群玉》卷二上平声，清文渊阁《四库全书》本。

④ 阴时夫：《韵府群玉》卷十五去声，清文渊阁《四库全书》本。

彭渊材家宜丰，宋元丰间人，平生喜游，出入京师贵人之门十余年。父以书呼之归，侍一日，以一黥徒负一布橐而归，一邑聚观，意橐中皆金珠也。渊材曰："吾富可以埒国。"及开橐，止有李廷珪墨一丸，文与可竹一枝，欧阳公《五代史稿》一巨编而已。尝自言平生有五恨："一恨鲥鱼多骨，二恨金橘带酸，三恨莼菜性冷，四恨海棠无香，五恨曾子固不能诗。"晓大乐，尝献乐书得协律郎。时洪觉范奇于诗，邹元佐奇于命，渊材奇于乐，号"新昌三奇"侄觉范为僧名惠洪，有《冷斋夜话》《甘露集》《林间录》行于世。[①]

渊材尝言，平生就死无恨，惟有五事不甘耳，人问其故，渊材曰："第一恨鲥鱼多骨，第二恨金橘太酸，第三恨莼菜性冷，第四恨海棠无香，第五恨曾子固不能诗。"闻者大笑。[②]

师召陈先生，初以《诗经》名天下……昔黄山谷谓坡老曰："有文章名一世，诗不逮古人者。"而彭渊材恨曾子固不能诗。自今观之，子瞻豪雄浩瀚，决不出山谷下。子固集所传诸作，当世亦岂多得？不足信也！[③]

往吾乡有符先生者，捐脱俗尚，独持古格……恨彭渊材病曾子固不能作诗，注解南丰诗集凡二帙。[④]

彭渊材尝自言，平生有五恨："一恨鲥鱼多骨，二恨金橘带酸，三恨莼

① 佚名：《氏族大全》卷十"五恨三奇"，清文渊阁《四库全书》本。
② 冯梦龙：《古今谭概》迂腐部卷一，明刻本。
③ 李东阳：《书愧斋倡和诗序后》，见《怀麓堂集》卷四十一文稿二十一，清文渊阁《四库全书》本。
④ 李万实：《文林郎兴化知县聪褒符先生墓表》，见《崇质堂集》卷十三文，清康熙四十年李长祚刻本。

菜性冷，四恨海棠无香，五恨曾子固不能诗。”晓大乐，尝献乐书，得协律郎。[①]

昔山谷谓东坡，有文章名一世，而诗不逮古人。彭渊材亦恨曾子固不能诗。自今观之，二公诗往往雅逸浩博，大家也。岂短于篇什者，盖甚言诗之难也。[②]

彭渊材五恨：一恨时鱼多骨，二恨金橘带酸，三恨莼菜性冷，四恨海棠无香，五恨曾子固不能诗。[③]

大明湖在济南府历下最胜处也，亦名西湖。曾南丰诗：湖面平随苇岸长，碧天乘影入清光。一川风露荷花晓，六月蓬瀛夜坐凉。彭渊材尝恨子固不能诗，存此一首以当解嘲。其《金山寺》一首中二联亦佳。至咏金线泉诗，界破冰绡一片天，又祖徐凝之句。不知苏长公曾见之否？[④]

曾南丰曰：《津阳门》《长恨歌》《连昌宫》，俱载开元间事，征之之词，不独富丽，至“长官清贫太守好，拣选皆言由相公”，委任责成，治之所由兴也。“禄山宫中养作儿，虢国门前闹如市”，险陂私谒，无所不至，安得不乱耶？微之叙事，远过二子。余按，南丰此谕似属皮相，此彭渊材所以为五恨之一也。[⑤]

如欧九刘原父有不读书之讥，文似南丰，彭渊材以不能诗致憾。[⑥]

《冷斋夜话》彭渊材五恨：一恨鲥鱼多骨，二恨金橘太酸，三恨莼菜性冷，

---

① 凌迪知：《万姓统谱》卷五十四，清文渊阁《四库全书》本。
② 钱琦：《钱临江先生集》卷十二说赞杂著“菊庄诗引”，明万历三十二年钱蕭刻本。
③ 宫梦仁：《读书纪数略》卷二十六人部，清文渊阁《四库全书》本。
④ 宋长白：《柳亭诗话》卷二十三“碧天垂影”，清康熙天苗园刻本。
⑤ 宋长白：《柳亭诗话》卷二十六“连昌宫”，清康熙天苗园刻本。
⑥ 谭莹：《乐志堂文集》卷九，清咸丰十年吏隐园刻本。

四恨海棠无香，五恨曾子固不能诗。[①]

宋廷清诗远过刘庭芝，庭芝落花句甚劣，而宋欲夺之。彭渊材诗不逮子固，而谓子固不能诗，何欤？[②]

彭渊材在文献记载中的形象，更多的是以一种“迂阔好怪”的形象展示于人的，除了上引《续墨客挥犀》《冷斋夜话》所记录的“鹤卵”之事外，其他文献还有不少记载：

彭渊材初见范文正公画像，惊喜再拜。前磬折称：“新昌布衣彭几，幸获拜谒。”既罢，熟视曰：“有奇德者，必有奇形。”乃引镜自照，又捋其须曰：“大略似之矣，但只无耳毫数茎耳。年大，当十相具足也。”又至庐山太平观，见狄梁公像，眉目入鬓。又前再拜，赞曰：“有宋进士彭几谨拜谒。”又熟视久之，呼刀镊者，使剃其眉毛，令作卓枝入鬓之状。家人辈望见惊笑。渊材怒曰：“何笑！吾前见范文正公，恨无耳毫；今见狄梁公，不敢不剃眉；何笑之乎？耳毫未至，天也；剃眉，人也。君子修人事以应天，奈何儿女子以为笑乎？吾每欲行古道，而不见知于人。所谓伤古人之不见，嗟吾道之难行也。”[③]

前辈花诗多用美女比状，如云“若教解语应倾国，任是无情也动人”，俗载山谷《酴醾》诗曰：“露湿何郎试汤饼，日烘荀令炷炉香。”乃是以丈夫比之，若出类。而吾叔彭渊材作《海棠》诗又不然，曰：“雨过温泉浴妃子，露浓汤饼试何郎。”尤工也。[④]

① 吴士玉：《骈字类编》卷九十八数目门二十一，清文渊阁《四库全书》本。
② 严首升：《濑园诗文集》文集卷十九，清顺治十四年刻增修本。
③ 彭乘：《墨客挥犀》卷三，明稗海本。
④ 阮阅：《增修诗话总龟》卷之二十一，《四部丛刊》影明嘉靖本。

海棠丰韵嫣，然于众卉间，骚人墨客吟咏尚矣。至僧慧洪之叔彭渊材，乃以无香为恨，世人未以为然。陆放翁绝句云："蜀地名花擅古今，一枝气可压千林。讥弹更到无香处，尝恨人言太刻深。"盖为海棠解嘲，亦有深意。①

绍圣初，曾子宣在西府，渊材往谒之。论边事，极言官军不可用，用士人为良，子宣喜之。既罢，与其从子、予过兴国寺，和尚食素，分茶甚美。将毕，问奴杨照取钱，奴曰："忘持钱来，奈何？"渊材色窘，予戏曰："兵计将安出。"渊材以手捋须良久，目予，趋自后门出，若将便旋然。予迫之，渊材以手挈帽搴衣，走如飞，予与奴杨照过二相公庙，渊材乃敢回顾，喘立，面无人色，曰："编虎头，撩虎须，几不免虎口哉！"予又戏曰："在兵法何计？"渊材曰："三十六计，走为上计。"②

释惠洪《冷斋夜话》：彭渊材游京师，贵人皆前席。其家在筠之新昌，其贫至饘粥不给，父以书召其归，渊材于是南归，跨一驴，以一鞯挟以布橐，橐、鞯皆斜绊其腋。一邑聚观，亲旧相庆三日，议曰："布橐中必金珠也。"予雅知其迂阔，疑之，乃问："亲旧闻渊材还，相庆曰：'君官爵虽未入手，必使父母妻儿脱冻馁之厄。'橐中所有，可早出以观之。"渊材喜见眉须，曰："吾富可敌国也，汝可拭目以观。"乃开橐，有李廷珪墨一丸，文与可竹一枝，欧公《五代史》草稿一巨编，余无所有。③

正是这样一位"怪人"所发出的"奇谈怪论"，曾巩诗歌在宋代诗坛和后代诗坛又引起了一场"旷日持久"的"骚动"。虽然彭渊材的话有点儿不靠谱，然而，其"第五恨"却也反映了当时文坛部分人对曾巩诗歌接受的真实感受，即，在彭渊材这一类人的眼中，曾巩是不擅长诗歌创作的，这无疑

---

① 赵与虤：《娱书堂诗话》，清文渊阁《四库全书》本。
② 潘永因：《宋稗类钞》卷二十六，清文渊阁《四库全书》本。
③ 吴襄：《子史精华》卷一百五十九器物部五，清文渊阁《四库全书》本。

是一个很大的遗憾。而且这一“遗恨”“流毒甚广”，如“拟裁短句咏嘉禾，郢调忽翻白雪歌。五恨独惭曾子固，诗肠枯涩奈如何。”

四、两宋时期关于曾巩诗歌的接受与传播

两宋时期关于曾巩诗歌的接受，除了上文所提及的三场争论外，对曾巩诗歌的相关评价并不多，这个时期对曾巩诗歌接受，主要体现在以下几个方面：

1. 对曾巩具体诗歌作品的评价，如，王安石曾作《明妃曲》诗，当时诗人多有唱和，如欧阳修、梅尧臣、曾巩等都有庚和之作。对于曾巩的和诗，刘克庄曾有这样的评价：“曾子固《明妃曲》云：‘丹青有迹尚如此，何况无形论是非’，诸家之所未发”。对于曾巩的其他诗作，刘克庄亦有评论，其云：“《哭尹师鲁》公‘悲公尚至千载后，况复悲者同其时’，意甚高；《挽丁元珍》云‘鹏来悲四月，鹤去遂千年’，尤精切；《北归》绝句云‘江海多年似转蓬，白头归拜未央宫。堵墙学士争相问，何处尘埃瘦老翁’，极似半山，谁谓子固不能诗耶？”[①] 另有他人评论，如：

《山水屏》诗云：“争险挂星宿”；《麻姑山》《送南城罗尉》诗，可与欧公《庐山高》为对。[②]

南丰《麻姑山》《送南城罗尉》，仿《庐山高》而不逯绝唱寡和也。[③]

2. 评介曾巩诗歌创作主张及其创作实践，从而对否定曾巩诗歌创作的言论再否定。如，王安石曾经写信给郭祥正，谈及曾巩对他诗歌创作的看法，他说：“承示新句，但知叹愧，子固之言，未知所谓，岂以谓足下天才卓越，

① 刘克庄：《后村集》卷一百七十五，《四部丛刊》影旧钞本。
② 黄震：《黄氏日钞》卷六十三读文集“曾南丰文诗”，元后至元刻本。
③ 王应麟：《困学纪闻》卷十八，四部丛刊三编景元本。

更当约以古诗之法乎。哀荒未能剧论，当俟异时尔。”[①] 孙觌在《与曾端伯书》中，对此有更为详细的记述和评论：“秦少游云：‘曾子固文章妙绝古今，而有韵者辄不工。’此语一出，天下遂以为口实。南丰作《李白引》以谓‘闳肆瑰伟，非近世骚人所可及，而连类引义，中法度者寡。’荆公屡称郭功父诗，而南丰不谓然，功父疑之，荆公曰：‘岂非子固所谓功父天才超逸，更当约以古诗之法乎。’南丰论诗如此。如《兵间》一诗，指徐德占；《论交》一诗，指吕吉甫；又有《黄金》《颜扬》诸诗，皆卓然有济世之用。而世人便谓不能诗，某所以不喻其言也。”[②]

3. 在有关文献的注释中对曾巩诗歌的征引。如，任渊在《山谷内集诗注》中，对《次韵清虚喜子瞻得常州》中“喜得侵淫动搢绅”句注释时，对于“搢绅”一词，他首先作了词义上的辨析：“《史记·五帝本纪》太史公曰：‘荐绅先生难言之。’徐黄曰：‘荐绅，即搢绅也。’”其后征引杜甫、高适、欧阳修、曾巩四人诗句为例证：“杜诗‘东方领搢绅’，高适诗‘遑遑随搢绅’，欧阳公诗‘风猷蔼搢绅’，曾子固诗‘惊传动搢绅’。”在对《奉答固道》中的“傥得闲官去坐曹”注释时，注者云：“韩诗‘岂有闲官敢推引’，又云‘得就闲官即至公’。《汉书·薛宣传》曰：‘坐曹治事。’曾南丰诗：‘坐曹风义动江淮。’”[③] 再如，在《送莫郎中致仕归湖州并引》中，对“能不愧清尘”注释时，其云：“《楚辞》‘闻赤松之清尘’，谢灵运《述祖德诗》‘遥遥播清尘’，杜诗‘前后问清尘’，曾子固诗‘郎位袭清尘’，山谷因莫公以起当世之痼疾也。”[④]

4. 以否定秦观对杜甫“而无韵者殆不可读”的评价，来间接传达秦观的相关评论具有不可靠性。如，元人《南溪笔录群贤诗话·前集》在介绍宋人严有翼《艺苑雌黄》有关评论时言：“秦少游尝言：‘人才各有分限，杜子美

---

① 王安石：《与郭祥正太博书（三）》，《临川先生文集》卷第七十四，《四部丛刊》影明嘉靖本。

② 孙觌：《与曾端伯书》，《鸿庆居士集》卷十二“书”，清文渊阁《四库全书》本。

③ 任渊：《山谷内集诗注》别集卷上，清文渊阁《四库全书》本。

④ 任渊：《山谷内集诗注》别集卷下，清文渊阁《四库全书》本。

诗冠古今，而无韵者殆不可读；曾子固以文名天下，而有韵者辄不工。此未易以理推也。’余比观《西清诗话》，乃不然此说。云：杜少陵文自古奥，所举数语，出《朝献太清宫赋》，诚磊落惊人，此谓有韵之作可乎？切意少游所谓无韵不可读者，不过《课伐木诗序》之类而已。”[①]

5. 在志书中的征引。这种征引又有这么几种形式：一是在介绍人文景观时的征引，如宋人祝穆在介绍镇江多景楼时写道：“多景楼，在甘露寺。曾子固诗：‘欲收嘉景此楼中，徙倚栏干四望通。云乱水光浮紫翠，天含山气入青红。一川钟呗淮南月，万里帆樯海外风。老去衣衿尘土在，只将心目羡冥鸿。’”在介绍金山寺时，祝穆写道：“金山寺，在金山上，屹立江中，真宗梦游此寺后，改名龙游。曾子固诗：‘尘外岧峣鹫岭宫，架虚排险出青红。林光巧转沧波上，海色遥涵白日东。夜静神龙听咒食，秋凉苍鹘起抟风。连荆控蜀长江水，尽在回廊顾盼中。’”[②] 在介绍靖安幽谷亭时，祝穆云：“幽谷亭，在靖安县。曾子固诗：‘行尽车马尘，豁见水石环。谁为千家县，正在清华间。’”[③] 二是在相关志书的相关诗文作品中，曾巩的相关诗歌作品亦是必须收入的，如宋人王象之在《舆地纪胜·建昌军》的相关诗歌作品收录中，曾巩的诗歌作品《李节推亭子》亦节选四句收入其中：“盱江郭东门，江水湛虚碧。东南望群峰，连延倚天碧。”[④] 曾巩离开越州在齐州任上，曾写有一首《忆越中梅》：“浣沙亭北小山梅，兰诸移来手自栽。今日旧林冰雪地，冷香幽艳向谁开？”万历《绍兴府志》卷三“通判北厅”条：“嘉定中袁申儒临池作亭，名曰‘渌秀’，池傍环植以梅，于梅林中作亭，摘曾巩《忆越中梅》诗取‘冷香幽艳向谁开’之句，名曰‘冷香’。”[⑤] 由此可见曾巩绝句诗的影响之大。三是在史实解释时引用曾巩诗作为例，如宋人朱熹在《通鉴纲目》中，对“岸帻”解释时这样写道：“岸帻，露额曰岸，

① 佚名：《南溪笔录群贤诗话·前集》“严有翼《艺苑雌黄》”，明刻本。
② 祝穆：《方舆胜览》卷三，清文渊阁《四库全书》本。
③ 祝穆：《方舆胜览》卷十九“江西路”，清文渊阁《四库全书》本。
④ 王象之：《舆地纪胜》卷第三十五，清影宋钞本。
⑤ 万历《绍兴府志》点校本，宁波出版社 2012 年版，第 56 页。

光武岸帻见马援。杜甫诗‘白帻岸江皋’，曾巩诗‘颓然岸巾帻’。笺云：岸帻，颓其巾也，以示懒散。”①

6. 各种诗歌选本中选入曾巩诗歌作品，使得曾巩诗歌得以广泛传播，这也从另一个角度说明宋代诗坛对曾巩诗歌创作的认可。如，宋人陈思曾编《两宋名贤小集》三百八十卷，“旧本题宋陈思编，元陈世隆补。思有《宝刻丛编》，世隆有《北轩笔记》，并已著录。是编所录宋人诗集，始于杨亿，终于潘音，凡一百五十七家，有绍定三年魏了翁《序》，及国朝朱彝尊二《跋》。”② 这部选集以“齐州吟稿”的形式，选录曾巩齐州诗共 39 题 45 首，选诗之前有曾巩简介：“曾巩，字子固，建昌南丰人，易占次子。嘉祐二年进士，调太平州司法参军，召为集贤校理，出知福、明等州。神宗朝加史馆修撰，中书舍人卒。有《元丰类稿》《续稿》《外集》。”③

再如，郭祥正的《青山续集》亦选曾巩齐州诗作 21 首。“郭祥正，字功父，当涂人。母梦李白而生，少有诗声，梅尧臣方擅名一时，见而叹曰：‘真白后身也。’登进士，熙宁中知武冈县、保信军节度判官，为王安石所诋，旋以殿中丞致仕。后复起，判汀州，有政声，公余与郡守陈轩觞咏酬酢；又知端州，弃去隐于县之青山，题所居曰‘醉吟庵’，著有《青山集》。”④ 关于《青山续集》，有这样的介绍“又《续集》七卷，晁氏、陈氏均不载，《宋史·艺文志》亦不著录，前后无序跋，莫审谁所编次。然核其诗格，确出祥正，非后人所能依托。其中纪述，颇足与史传相参考，如史称祥正致仕后居于姑孰，不复干进，所居有醉吟庵，久之，起为通判汀州，后知端州，复弃去，家于当涂之青山以卒。今《续集》中有《浪士歌》一首，自序云‘郭子弃官合肥，归姑苏，自号曰醉吟先生。’”⑤ 在《青山续集》卷三中，以“曾子固令咏齐州景物作二十一诗以献”为名，选录曾巩诗作 21 首。

---

① 朱熹：《通鉴纲目》卷十九，清文渊阁《四库全书》本。
② 永瑢：《四库全书总目》卷一百八十七集部四十，清乾隆武英殿刻本。
③ 陈思：《两宋名贤小集》卷六十五“齐州吟稿”，清文渊阁《四库全书》本。
④ 陈思：《两宋名贤小集》卷八十“青山集”，清文渊阁《四库全书》本。
⑤ 永瑢：《四库全书总目》卷一百五十四集部七，清乾隆武英殿刻本。

第二节　元代对曾巩诗歌的接受与传播

元代诗坛及评论界对曾巩诗歌创作的接受，转发秦观、陈师道、彭渊材的言论，仍是元代诗坛传承宋代“传统”的“常态”，如“东坡说：‘杜子美诗冠古今，而无韵者殆不可读；曾子固以文名天下，而有韵辄不工。此未易以理推也。’①在“转发”的同时，也有不少评家表达了自己的意见，并对曾巩诗歌创作发表了自己的观点。主要表现在以下几个方面：

一、在否定秦观、陈师道、彭渊材等人观点的同时，旗帜鲜明地亮出自己的观点，如：“洪觉范妄诞，著其兄彭渊才之说，以为曾子固不能诗。学者不察，随声附和。今渊才之诗无传，而子固诗与文终不朽。两上元诗止是一意，‘金地夜寒消美酒，玉人春困倚东风’，岂不能诗者乎？非精于诗者不到此也。‘人倚朱栏送目劳’，并上句看，乃见其妙：谓游冶属意者，不胜其注想，而恨夫夜之短也。大抵文名重，足以压诗名。犹张子野、贺方回以长短句尤有声，故世人或不知其诗。然二人诗，极天下之工也。子固诗一扫‘昆体’，所谓饾饤刻画咸无之。平实清健，自为一家。后山未见山谷时，不惟文学南丰，诗亦学南丰，既见山谷，然后诗变而文不变耳。”②

二、以选录曾巩的具体诗歌作品为前提，以此生发开来，阐述编选者对曾巩诗歌创作的看法，如，元人方回在《瀛奎律髓》中选录了曾巩两首诗歌作品，一首诗《钱塘上元夜祥符寺陪咨臣郎中丈燕席》：“月明如昼露叶浓，锦帐名郎笑语同。金地夜寒消美酒，玉人春困倚东风。红云灯火浮沧海，碧水楼台浸远空。白发蹉跎欢意少，强颜犹入少年丛。”另一首诗为《上元》：“金鞍驰骋属儿曹，夜半喧阗意气豪。明月满街流水远，华灯入望众星高。风吹玉漏穿花急，人近朱阑送目劳。自笑低心逐年少，只寻前事撚霜毛。”在两首诗作之后，赞曾巩“‘金地夜寒消美酒，玉人春困倚东风’，

① 王构：《修辞鉴衡》卷之一“诗”，元至顺刻本。

② 方回：《瀛奎律髓》卷十六“节序类”，清文渊阁《四库全书》补配清文津阁《四库全书》本。

岂不能诗者乎？非精于诗者不到此也……大抵文名重足以压诗名，犹张子野贺方回以长短句尤有声故，世人或不知其诗，然二人诗极天下之工也。”

三、以曾巩诗作印证地名及景观。如，《齐乘》是一部地方志著作，一共六卷，主要以益都、济南、般阳三路为主，其作者为元代人于钦。在这部方志中，于钦就多次在书中引证曾巩诗歌。“北渚亭：《水经注》：泺水北为大明湖，西有大明寺，水成净池，池上有亭，即北渚也。池今名五龙潭，潭上五龙庙，亭则废矣。湖上旧有水西亭、环波亭，并见南丰、子由诸贤诗，今废。仁风厅：旧府治，即今宪司前衙也。其后静化堂、禹功堂、芙蓉堂、名士轩、竹斋、凝香斋、水香亭、采香亭、药厅，并见苏、曾诸公诗，今即后堂有宋元祐名士轩、碑厅，西古竹犹存芍药，尚余数木。历山堂：泺源堂，旧在趵突泉上。北堂曰历山，南堂曰泺源。南丰知齐州日建，此以馆客，有《齐州二堂记》，城内又有阅武堂，亦见公诗。百花桥：今曰鹊华，大明湖南岸，桥南百花洲，洲上百花台。环湖有七桥：曰芙蓉，曰水西，曰湖西，曰北池之类是也。南丰诗云：‘莫问台前花远近，试看何似武陵游。’又云：‘从此七桥风与月，梦魂长到木兰舟。’概可想见，今皆废矣，惟百花桥与泺源石桥仅存。泺源桥，在城西，子由作记。钦按，济南东藩名郡，自唐李北海、杜子美，宋曾南丰、东坡兄弟相与登临，歌咏于湖山之上，当时政治风流犹可想见。而亭馆隳废百无一二，今人亦那复知之。方且戚戚于矫饰，汲汲于资级，以此驰骛一世，反有窃笑古人者矣。”[1]

四、为词语注释援引的诗例。如元人阴时夫在注释“斓”字时，是这样说的：“斓，离闲切，色不纯也。曾子固诗‘青苍露斒斓’。”[2] 再如刘壎在《隐居通议》中记言：“枹鼓：汉宣帝五凤四年，京兆尹张敞以擅杀掾絮舜，免为庶人。数月，吏民解弛枹皷数起。注云：枹，击鼓杖，音庖，今人多作孚字读。絮，女居反，今人多作孺字读。当考。按，十虞韵注：枹，击鼓杖，张敞枹鼓稀鸣。颜师古并音桴。又《左传·成公二年》：援枹而鼓。鼓，槌，

① 于钦：《齐乘》（至元）卷五，清乾隆四十六年刻本。
② 阴时夫：《韵府群玉》卷四下平声，清文渊阁《四库全书》本。

音浮。本作桴……曾南丰诗曰：桴鼓不惊民气乐，未知正作何音读。如十虞韵注谓：浮，内不收，合依《汉书》，则孚音为稳。”[①]

五、赞成当秦观言论，认为曾巩的诗歌创作确实有不到位的地方。如，元人刘壎就是其中的代表，它不仅对此深信不疑，而且还做了发挥："世言：杜子美长于诗，其无韵者辄不可读；曾子固长于文，其有韵者辄不工；东坡词如诗，少游诗如词，此数公者，皆名儒大才，俱不免有偏处。予谓山谷亦然，山谷诗律精深，是其所长，故凡近于诗者无不工，如古赋与夫赞铭有韵者，率入妙品。他如记、序、散文，则殊不及也。”[②]

第三节　明代对曾巩诗歌的接受与传播

明代诗坛及评论界对曾巩诗歌创作的接受，似乎有了明显的增加，关注面也拓宽了，虽然转发秦观、陈师道、彭渊材的言论，仍是明代诗坛的"传统项目"，但是评家的视界和关注点有了明显的转移，概括起来大约表现在以下几个方面：

一、对曾巩诗歌创作个案的评价，以此表述评者对曾巩诗歌创作的整体认同。如，"曾子固《享祀军山庙歌》云：'土膏起兮，流泉驶兮。我徂于田，偕妇子兮。既耕且蓺，芸且耔兮。一岁之工，在勤始兮。野无螟蝝，田有水兮。非神之力，其谁使兮。我苞盈兮，我实成兮。挥镰，风雨声兮。囷藏露积，如坻京兮。遗秉滞穗，富鳏茕兮。酒食劝酬，消忿争兮。非神之助，岁莫登兮。我有室家，神所佑兮。我有旄倪，神所寿兮。神之惠我，惟其旧兮。上之报神，亦云厚兮。醽酒刑牲，肴核丰兮。吹箫考鼓，声逢逢兮。我民岁献，无终穷兮。千秋万岁，保斯宫兮。'此诗王荆公称赏，以为有《雅颂》之意，当表出。昧者言子固不能诗，岂其然乎？”[③]

---

① 刘壎：《隐居通议》卷二十五，经史二，清海山仙馆丛书本。

② 刘壎：《隐居通议》卷十八，文章六，清海山仙馆丛书本。

③ 杨慎：《升庵集》卷五十五"曾子固诗"，清文渊阁《四库全书》补配清文津阁《四库全书》本。

二、用曾巩诗作来否定秦观、陈师道、彭渊材等人的观点，以表明评论者自己的态度。如：

曾南丰有《钱塘上元夜祥符寺燕席诗》云："月明如昼露叶浓，锦帐名郎笑语同；金地夜寒消美酒，玉人春困倚东风。红去灯火浮沧海，碧水楼台浸远空；白发蹉跎欢意少，强颜犹入少年丛。"又云："金鞍驰骋属儿曹，夜半喧阗意气豪；明月满街流水远，华灯入望众星高。风吹玉漏穿花急，人倚朱栏送目劳；自笑低心逐年少，只寻前事捻霜毫。"僧惠洪觉范亦有《京师上元》诗云："及时膏雨已阑珊，黄道春泥晓未干；白面郎敲金镫过，红妆人揭绣帘看。管弦沸月喧和气，灯火烧空夺夜寒；咫尺凤楼开雉扇，玉皇仙仗紫云端。"按，觉范，江西筠州人，姓彭氏，尝妄诞著其叔彭渊才之说，以为曾子固不能诗。学者不察，随声附和。今以三诗较之，高下固已殊矣。且觉范首联，为僧而有此言，无耻甚矣。较之唐僧但愿"鹅生四掌，鳖著双裙"之说，此尤可责，宜其坐罪还俗也。殊不知南丰文名重于诗名，故为之掩耳，犹张子野、贺方回以长短句驰名之故。且如"明月满街流水远，华灯入望众星高"，又曰："金地夜寒消美酒，玉人春困倚东风"，夫岂不能诗者乎？"人倚朱栏送目劳"，并上句看，乃见其妙：谓游冶属意者，不胜其注想，而恨夫夜之短也。惜其诗虽工巧，格律卑弱。此论方虚谷亦略言之，惜未详言如此明白也。①

宋人言鲥鱼多骨，海棠无香，曾子固不能诗。予谓诗非嘲风弄月之谓也，取其有关风教而已。子固诗如《过介甫归偶成》："结交谓无嫌，忠告期有补。直道讵非难，尽言竟多迕。知者尚复然，悠悠谁可语。"敦友义也。如《渔父》诗："智士旁观当局迷，沧浪钓叟出陈诗。江头风怒掀蓬屋，底事全家醉不知。"喻大隐也。即以词律论，如《晚望》诗："蛮荆人事几推移，旧国兴亡欲问谁。郑袖风流今已尽，屈原词赋世空悲。深山大泽成千古，暮雨朝云又一时。落

① 郎瑛：《七修类稿》卷三十诗文类"上元诗"，明刻本。

日西楼凭槛久，闲愁惟有此心知。”《寿圣院昌山主静轩》诗：“一峰潇洒背城阴，碧瓦新堂地布金。花落禅衣松砌冷，日临经帙纸窗深。幽栖鸟得林中乐，燕坐人存世外心。应似白莲香火社，不妨蓝舆客追寻。”则声与调何至作老学究而谓子固不能诗邪？文人相倾，自昔已然矣。[①]

惠洪《诗话》讥苏明允、曾子固皆不能诗，然明允“晚岁登门最不才”一篇，典实豪宕，实佳作也。子固如方氏《律髓所》收“明月满街流水远，华灯入望众星高”，足为佳句。方氏舍之而取“金地夜寒消美酒，玉人春困倚东风”及“风吹玉漏穿花急，人倚朱栏送目劳’”二联，此皆词耳。然则谓二君不能诗，岂公论哉？子由亦有篇什，然不甚当行，如前所称明允一律绝未睹，而宋人有以为胜子瞻者，方氏《律髓》取其说，大谬也！[②]

在明代，更有学者因为对彭渊材“五恨”说不满，而注解曾巩诗集：“以县志久荒，修纂成编，凡四帙；恨彭渊材病曾子固不能作诗，注解南丰诗集，凡二帙。”[③]

三、对曾巩诗歌创作总体评价，如：

韩公殁已久，诗道日陵夷。岂识浑雅作，徒逞妖媚词。有如苕砌蛩，竟夕鸣声悲。又如娼家妇，粉黛饰陋姿。寥寥数百载，天子起绍之。一扫西昆陋，力追骚雅遗。峻如登华岳，石磴何嵚崎。壮如雷电惊，白昼腾龙螭。清如方塘水，风静绿漪漪。澹如空桑瑟，枯桐絙朱丝。雄拔追李杜，奇涩薄宗师。金陵与六一，嗟赏无异辞。群儿厌黍稷，相与甘糠糜。黄口恣凌诟，顾谓不能诗。岂知韩公后，何人能庶几？想当挥翰时，元气盎淋漓。浑涵实天，顾岂推敲为。我愿写万本，卑卑喻群儿。千周灿彬彬，大音初可窥。欲造风雅域，

---

① 郭子章：《豫章诗话》卷四，明万历三十年吴献台刻本。

② 胡应麟：《诗数》杂编五，明刻本。

③ 李万实：《文林郎兴化知县聪褒符先生墓表》，见《崇质堂集》卷十三文部，清康熙四十年李长祚刻本。

斯文乃阶梯。勖哉追古作，峻途极攀跻。毋为拾红紫，点缀斗妍媸。[①]南丰曾先生之文，有《元丰类稿》五十卷、《续元丰类稿》四十卷、《外集》二十卷，南渡后《续稿》《外集》散佚无传……至其发之赋咏，平实雅健，昌黎之亚也。世或谓其不能诗者，非妄邪！[②]

唐中叶后，诗文异驱，宋文人乃无弗工诗者。王元之、杨大年、欧阳永叔、王介甫、苏子瞻、黄鲁直、陈无己、张文潜等辈，烜赫亡论。王禹玉、宋子京、苏子美、晏同叔、唐子西、杨廷秀、陆务观辈皆其人也。明允、子由、子固亦俱有篇什，非漠然者。[③]

四、对曾巩等因以某方面特长而遮蔽了其他方面的成就，感到叹息。如：

宋诸人诗掩于文者，宋景文、苏明允、曾子固、晁无咎；掩于词者，秦太虚、张子野、贺方回、康与之；掩于书者，石延年、蔡君谟；掩于画者，王晋卿、文与可；掩于儒者，朱仲晦、吕伯恭；掩于佛者，晁文元、饶德操；掩于学者，徐鼎臣、刘原父；掩于行者，徐仲车、魏仲先；掩于勋者，寇平仲、韩稚圭；掩于节者，胡邦衡、文信国；掩于兄者，王平甫；掩于弟者，苏才翁；掩于诙者，陈亚；掩于谑者，刘邠；掩于诞者，惠洪；掩于颠者，米芾；掩于奸者，丁朱厓、蔡特正；掩于佞者，夏文庄、曾子宣诸人。皆实有篇章，采诸众论，非漫指者。[④]

五、志书中大量引用曾巩诗作作为例证。如：

苏子瞻《祥符寺上元观灯》诗纱……曾子固诗："月明如昼露叶浓，锦

① 何乔新：《读曾南丰诗》，见《椒邱文集》卷二十一诗，清文渊阁《四库全书》本。
② 何乔新：《书元丰类稿后》，见《椒邱文集》卷十八题跋，清文渊阁《四库全书》本。
③ 胡应麟：《诗薮》杂编五，明刻本。
④ 胡应麟：《诗薮》杂编五，明刻本。

帐名郎笑语同。金地夜寒消美酒，玉人春困倚东风。红云灯火浮沧海，碧水楼台浸远空。白髮蹉跎欢意少，强颜犹入少年丛。”[①]

麻姑雪瀑，麻姑山上有瀑泉，飞流自半空而下，声吼山谷，望之如雪，近之如雷，旧建涌雪等亭，以览其胜焉。（曾南丰诗：“飞雪一支天上来，寒影沉沉泻龙穴。山灵欲以怪动人，山路先冬积霜雪。”）

丹霞洞，在县南二十里。（曾南丰诗：“麻姑石坛起云雾，常意已极高峰颠。岂知造化有神处，别耸翠岭参青天。长松桀柏枝嵬砢，中画一道如流泉。林风飕飕满丘壑，山鸟啁哳凌飞烟。山腰古亭豁可望，下见秋色清无边。忽惊阴崖势回合，中抱幽谷何平圆。初谁凿险构楼观，更使绕舍开芝田。”）

多景楼（曾南丰诗：“云乱水光浮紫翠，天含山气入青红。”）

李节推亭（曾南丰诗：“盱江郭东门，江水湛虚碧。东南望群峰，连延倚天壁。长林相蔽亏，苍翠浮日夕。青冥窗户寒，居者非咫尺。子初得从谁，有此烟雾宅。燕坐远世喧，及门无尘客。筑亭更求深，缓带聊自适。时花笑婀娜，山鸟吟格磔。家醪熟清樽，欢言命良席。故已轻华簪，宁论珍拱璧。我亦有菑田，相望在阡陌。安得巾柴车，过从佇三益。”）

茅亭（曾南丰诗：“荆门常昼掩，不必云山深。岂敢尚孤绝，自能收寸心。草萌被远径，鸟语遍乔林。”）

青云亭（曾南丰诗：“一登此亭高，夐脱藩庑拥。开颜广轩辟，吹面惊飈动。城回石崖抱，山乱寒湖涌。谷草晚更芳，沙泉细犹汹。峥嵘四封壮，缥缈加气捧。连天广衢走，拂日长檐耸。区区射声利，浩浩奔蹄踵。趋荣众所便，冒涉吾久恐。缅想山水宅，环观松桧拱。”）[②]

六、词语解释中，常引曾巩诗作为例，如：

---

① 田汝成：《西湖游览志》卷二十一，明嘉靖本。

② 夏良胜：《建昌府志》，明正德刻本。

霿凇：凇，苏弄切，液雨也。《字林》云：洛也，俗云霿凇。曾南丰诗云“香消一榻氍毹暖，月澹千门霿凇寒”；又诗“园林初日净无风，霿凇花开树树同。记得集英深殿里，舞人齐插玉笼。”[①]

怒柱……曾子固诗“食肉遗马肝，未为不知味。食鱼必河豚，此理果何谓。非鳞亦非介，芒刺皮如猬。见形固可憎，况复论肠胃。”[②]

七、曾巩诗作还被用于地方特产、花卉植物等的例证，如：

桃，一名墨桃，种类甚多。（曾南丰诗：“今岁天旱甚，百谷病已久。山梨最大树，属此亦乾朽。当春花盛时，雪满山前后。常期摘秋实，穰穰落吾手。忽惊冰玉败，不与膏泽偶。清朝起周览，映叶才八九。闲居问时物，此说得溪叟。贫斋分寂绝，尘抱徒嗑呕。宁知萧条内，把握忽先有。食新恐非称，分少觉已厚。开苞日星动，落刃冰雪剖。烟浔择新汲，远负盈素缶。英华两相发，光彩生户牖。初尝蜜经齿，久嚼泉垂口。蠲烦慰诸亲，愈渴忻众友。肯视故畦瓜，宁论浊泥藕。岁晚迫风霜，人饥之藜糗。真味虽暂御，未许置樽酒。”）

橙子，似柑而皮辛，一种香者为贵。（曾南丰诗：“家林香橙有两树，根缠铁钮凌坡陀。鲜明百数见秋实，错缀众叶倾霜柯。翠羽流苏出天仗，黄金戏球相荡摩。入苞岂数橘柚贱，芼鼎始足盐梅和。江湖苦遭俗眼慢，禁御尚觉凡木多。谁能出口献天子，一致大树凌沧波。”）

菾竹，节疏而直，可箭。（曾南丰诗：“密竹娟娟数十茎，旱天萧洒有高情。风吹已送烦心醒，雨洗还供远眼清。新笋巧穿苔石去，碎阴微破粉墙生。应须万物冰霜后，来看琅玕色转明。”）

松有五鬣者，有三鬣者，用之水中可千年不坏，其花为松黄，可饼食。节为松明，脂为白胶香。（曾南丰诗：“高松高干云，众林安可到。汤汤鸣寒

① 夏树芳：《词林海错》卷三，明万历刻本。

② 彭大翼：《山堂肆考》卷二百二十四，清文渊阁《四库全书》本。

溪，偃偃倚翠纛。侧听心神醒，仰视目睛眊。风雨天地动，一叶不欹倒。岂同涧中萍，上下逐流潦。岂同墙根槐，卷卷秋可扫。凤凰引众禽，此木阴可焘。君求百常柱，星日此可造。般匠世有无，方种野人好。”)①

八、在各种诗歌选本中，选入曾巩诗歌作品，这同样使得曾巩诗歌得以在明代广泛传播，并为人们所欣赏和阅读。此仅举一例，以窥一斑。明人曹学佺在《石仓历代诗选》中，专列一卷，选入曾巩诗作 61 题 63 首。②

九、对秦观、陈师道、彭渊材等人观点的延伸，以明示评论者对秦观、陈师道、彭渊材等人观点的认同。如，明人郭子章在《豫章诗话》中辑录了明人王可大《国宪家猷》的言论："文章各有体，六一公为一代冠冕，亦以其事事合体，如作诗即几及李、杜；碑、铭、记、序即不减韩退之；作《五代史》，即与司马子长并驾；作四六，一洗昆体；作奏议，庶几陆宣公；游戏小词，亦无愧唐人《花间集》，盖得文章之全者。如东坡之文固不可及诗，如武库矛戟已不无利钝，且未尝作史。曾子固之古雅，苏老泉之雄健，固文章之杰，然皆短于诗；山谷诗骚妙于天下，而散文颇觉繁碎。"③

第四节　清代对曾巩诗歌的接受与传播

在清代诗坛，人们继续了明代诗坛对曾巩诗歌的关注热度，这个时期对曾巩诗歌创作关注角度，以及传播形式，都与明代相似，主要体现为以下几点：

一、力挺曾巩诗歌创作，全面肯定曾巩诗歌成就。如：

宋人多称子固不能诗，乃《上元祥符寺宴集》云："红云灯火浮沧海，

---

① 夏良胜：《建昌府志》，明正德刻本。

② 曹学佺：《石仓历代诗选》卷一百四十四宋诗二十一，清文渊阁《四库全书》补配清文津阁《四库全书》本。

③ 郭子章：《豫章诗话》卷四，明万历三十年吴献台刻本。

碧水瑶台净远空。”又《享祀军山庙歌》:“土膏起兮,流泉驶兮。”凡二百余言,俱不减作者。[1]

闵案：文定诗有风骨，有韵味，但流滄隐秀之致多，缛采锵音之篇少，故人多忽略耳。刘渊才遽有子固不能诗之论，信为知言乎？

又案：《东坡集》卷六十八“题跋”云：“秦少游言：‘人才各有分限，杜子美诗冠古今，而无韵者殆不可读；曾子固以文名天下，而有韵者辄不工。此未易以理推之也。’云云，此亦不尽然。论杜当，论曾不当也。试观予所钞者可见矣，不可以出东坡、少游而信之。”

曾诗别有专钞本，今不在箧；古体诗全记不得，难举；似知记近体一二……音节高华，正恐少游辈未知谁后先也……其挚情如此，此可见其人也……以上数联，堂皇典丽，少游乃谓有韵者辄不佳，此可谓谛论耶？[2]

又曰：“宋以后不讲字句之奇，是一大病。”余谓独南丰讲之，而世人不之知。尝论南丰字句极奇，而少鼓荡之气。又篇法少变换、断斩、逆折、顿挫，无兀傲起落，故不及杜、韩。大约南丰学陶、谢、鲍、韩功夫到地，其失在不放，一字一句，有有车之用，无无车之用。然以句格求之，则其至者直与陶、谢、鲍、韩并有千古，其次者亦非宋以来诗家所梦及。惜乎世罕传诵，遂今玄文处幽，不得与六一、介甫、山谷并耀。岂其文盛而诗晦亦有命存耶？公自言，但取当时能托意，不论何代有知音。公固不以世俗之知，萦其旷远之高致矣！[3]

二、在驳斥秦观、陈师道、彭渊材等人的观点时，充分肯定曾巩诗歌成就。如：

昔人恨曾子固不能诗，然其五、七言古甚，排宕有气。近体佳句如：“流

---

① 袁枚：《随园随笔》卷二十原始类“曾子固不能诗之疑”，清嘉庆十三年刻本。

② 杨希闵：《乡诗摭谭》卷三，宣统二年新建夏敬观刊行本。

③ 方东树著，旺绍楹校点：《昭昧詹言》卷一，人民文学出版社 1961 年版。

水寒更澹，虚窗深自明”；“宿幌白云影，入窗流水声”；“一径入松下，两峯横马前”；“壶觞对京口，笑语落扬州”；“时见崖下雨，多从衣上云”，颇得陶、谢家法。七言如：“泺水飞绡来野岸，鹊山浮黛入晴天”；“一尊风月身无事，千里耕桑岁有秋”；“微破宿云犹度雁，欲深烟柳已藏鸦”；“一川风露荷花晓，六月蓬瀛燕坐凉”；“娟娟野菊经秋淡，漠漠江潮带雨浑”；“大陂野水冬来浅，对树诸峰雪后寒”。又七言绝句，如：“乱条犹未变初黄，倚得东风势更狂，解把飞花蒙日月，不知天地有清霜。”“红纱笼烛照斜桥，复观飞翚入斗杓。人在画船犹未睡，满堤凉月一溪潮。”“云帆十幅顺风行，卧听随船白浪声。好在西湖波上月，酒醒还对纸窗明。”皆清深婉约，得诗人之风旨。谓其不能诗者，妄矣。唐李文公翱，人亦谓其能文不能诗，其全集诗止七首，无一上乘语，惟《赠药师僧》云：“我来问道无余说，云在青霄水在瓶。”稍有清脱之气，若《拜禹歌》则奇诡不可解。诗文二途，殆不可以相兼欤。皇甫持正古诗则略劲整，较胜习之矣。[1]

晦翁朱夫子为我曾南丰先生作年谱、作前后序。其序曰：“公之文高矣，自孟、韩子以来，作者之盛，未有至于斯。”夫文与诗一也，分而言之曰诗文，合而言之诗亦文也；犹手足亦身也，身肥硕则手足亦肥硕，岂有高于文而不能诗者乎？筠之彭渊材，谓先生不能诗，为江南第五恨。其端一起，至有谓其短于韵语者，又有谓其有韵者不工者。某窃疑之，筠之彭渊材，谓先生不能诗，则见其格调超逸，字句清新，愈读愈不能释。渊材诸人，何所见而云然也。或以江西诗有“宗派图”，而先生不与。某复以“图”中二十五人者细考之，惟陈公师道有声，则又出于先生之所指授，余皆不及师道，讵敢望先生？殆难以此论也。及味水村刘公之评，椒丘何公之诗，然后知先生之诗果高。而渊材真所谓黄口之诟，诸人不免为闻声之吠，其妄诞而不足信也明矣！晦翁尝曰：古之君子，德足以求其志，必出于高明纯一之地，其于诗词固不学而能之。白沙陈公语门人亦曰：子欲学诗，未有足于道而不足于言者。

---

① 潘德舆：《养一斋诗话》卷四，清道光十六年徐宝善刻本。

观于此言，以先生之学问之文章，而谓不能诗，其妄诞而不足信也又明矣！[①]

俗谓子固不能诗，其说盖始于迂人刘渊材，当时已有非笑者。其实子固之诗，上方欧、王则不足，下匹诸家则有余。今载在《元丰类稿》者，可诵而按也。而子固序《太白集》有云：白之诗连类引义，虽中于法度者寡，然其辞闳肆隽伟，殆骚人所不及。子固评唐人之诗如此，法度之论，盖自为写照吁，此子固诗之所以短长欤！[②]

刘渊才恨曾子固不能诗，今人以为口实。今观《类稿》中诸篇，亦荆公之亚，但天分微不及耳。若皇甫持正、苏明允、陈同父乃真不能诗也。[③]

俗谓子固不能诗，其说盖始于迂人刘渊材，当时已有非笑者。其实子固之诗，上方欧、王则不足，下匹诸家则有余。今载在《元丰类稿》者，可诵而按也。而子固序《太白集》有云：白之诗连类引义，虽中于法度者寡，然其辞闳肆隽伟，殆骚人所不及。子固评唐人之诗如此，法度之论，盖自为写照吁，此子固诗之所以短长欤！[④]

三、以曾巩具体诗作及其诗歌创作理念为例，以证明曾巩擅诗。如：

宋人多称子固不能诗，乃《上元祥符寺宴集》云："红云灯火浮沧海，碧水瑶台净远空。"又《享祀军山庙歌》："土膏起兮，流泉驶兮。"凡二百余言，俱不减作者。[⑤]

南丰尝曰：诗当使人一览语尽而意有余。乃古人用心处，此非深于诗者

① 符遂：《曾南丰先生诗注序》，转引自李震《曾巩年谱》，苏州大学出版社 1997 年版。
② 裘君弘：《西江诗话》卷二，清康熙刻本。
③ 王士祯：《带经堂诗话》卷一，清乾隆二十七年刻本。
④ 裘君弘：《西江诗话》卷二，清康熙刻本。
⑤ 袁枚：《随园随笔》卷二十原始类"曾子固不能诗之疑"，清嘉庆十三年刻本。

不能为此言也。[①]

四、清代诗人自觉接受曾巩诗歌的影响，直接践行在自己的诗歌创作之中。如：

《握柘词》："杨柳萦桥绿，玫瑰拂地红。绣衫金騕褭，花髻玉珑璁。宿两香潜润，春流水暗通。画楼初梦断，晓日照湘风。"玉珑璁：当亦是胃髻之物，又曾南丰诗："记得集英深殿里，舞人齐插玉笼髻。"更可参看。[②]

《曲陆店早行》：猎猎北风送客槎，瑶峰珠树几人家。兆丰三白春来景，开遍前途雺凇花。（齐谚云：雺凇，重雾。凇，穷汉置饭瓮岁穰之兆也，注音梦送。曾子固诗"月淡千门雺凇花"。）[③]

《江门人惠新橙》：寻恒秋实总难伦（秋实，见曾子固诗），岁岁江乡馈有人。橙里艳名宜署此，葵田远札爱尝新。南州珍果清香最，冬日征帆往返频。碧玉楼高烽火遍，蛮姬纤手破无因。[④]

《缥缈峰》："始知清境杳，迹共人鸟灭。丹砂定可求，苦为妻子夺。看君衣上云，飞过松间月。"此既下峰之所思。许霖诗："清境不能住。"柳子厚诗："千山鸟飞绝，万径人踪灭。"杜诗："丹砂访葛洪。"曾子固诗："时见压下雨，多从衣上云。"[⑤]

五、仍然是方志、类书、工具书等文献中的例证。如：

习家池：在襄阳府城南八里。后汉习郁尝穿此池，依范蠡养鱼法中筑钓台，临殁，谓其子曰必："必葬我近鱼池后山。"简镇襄阳，每出游，多之池上，置酒辄醉，名之曰"高阳池"。宋曾子固诗"未脱迁疏笑山简，更须同上习

① 裘君弘：《西江诗话》卷二，清康熙刻本。
② 殷元勋：《才调集补注》卷二，清乾隆五十八年宋思仁刻本。
③ 柏葰：《薜箖吟馆钞存》卷五，清同治三年钟濂写刻本。
④ 谭莹：《乐志堂诗集》卷十一，清咸丰九年吏隐园刻本。
⑤ 吴伟业：《吴诗集览》卷三上五言古诗三之上，清乾隆四十年凌云亭刻本。

池游”。[①]

劲节芳姿：曾子固诗曰：“苍枝老树昔谁种，照耀万朵红相围。”古诗曰：“劲节不推岷岭雪，芳姿偏爱建溪风。”萦缠不自由：曾子固诗曰：“固知臭味非相类，其奈萦缠不自由。”[②]

百花台：通志云，在县南。宋曾子固有诗，人呼为“南丰台”。诗见艺文，《齐乘》云：“在百花洲上。”[③]

《阅武堂》（曾巩）：“五朝环治归皇极，万里车书共太平。胡马不窥光禄塞，汉家尝隶羽林兵。柳闲自诧投壶乐，案下方安佩犊行。高枕四封无一事，腐儒何幸得专城。”

《阅武堂下新渠》（曾巩）：“方渠新凿北林开，流水遥经画阁来。洗耳厌闻夸势利，濯缨羞去傍尘埃。不忧待月干诗笔，已欲看华泛酒杯。却忆虎溪桥上过，夜凉临砌尚徘徊。”

《百花堤》（曾巩）：“如玉水中沙，谁为北湖路。久翳荒草根，未承青霞步。我为发其枉，修营极幽趣。发直而砥平，骅骝可驰骛。周以百花林，繁香泫清露。间以绿杨阴，芳风转朝暮。飞梁凭太虚，峣榭蹑烟雾。直逼高城巅，海岱归指顾。为州乏长材，幸岁足秔稌。与众饱而嬉，陶然无外慕。”

《百花台》（曾巩）：“烟波与客同樽酒，风月全家上采舟。莫问台前花远近，试看何似武陵游。”

《西湖二首》（曾巩）：“左符千里走东方，喜有西湖六月凉。塞上马归终反复，泰山鸱饱正飞扬。懒宜鱼鸟心常静，老觉诗书味更长。伫到平桥初见日，满川风露紫荷香。

“湖面平随苇岸长，碧天垂影入清光。一川风露荷花晓，六月蓬瀛燕坐凉。仓海浮浮成旷荡，明河槎上更微芒。何须辛苦求人外，自有仙乡在水乡。”

---

① 郦道元，沈炳巽撰：《水经注集释订讹》卷二十九，清文渊阁《四库全书》本。
② 张英：《渊鉴类函》卷四百六花部二“山茶二”，清文渊阁《四库全书》本。
③ 成瓘：《（道光）济南府志》卷十一，清道光二十年刻本。

《西湖纳凉》（曾巩）："问吾何处避炎蒸，十顷西湖照眼明。鱼戏一篙新浪满，鸟啼千步绿阴成。虹腰隐隐松桥出，鹢首峨峨画舫行。最喜晚凉风月好，紫荷香里听泉声。"

《登华不注》（曾巩）："虎牙千仞立巉巉，峻拔遥临济水南。翠岭嫩岚晴可掇，金舆陈迹久谁探。高标特起青云近，壮士三周战气酣。丑父遗忠无处问，空余一掬野泉甘。"[①]

环明湖有七桥，曰芙蓉、水西、湖西、北池、百花、泺源、石桥。曾子固诗"从此七桥风与月，梦魂长到木兰舟"。娥皇女英祠，在趵突泉，今废。曾子固诗"层城齐鲁衣冠会，况有娥英诧世人"。《水经注》：泺源，亦谓娥英水，以泉上有舜妃、娥英庙，故也。俗人但知吕仙祠矣。[②]

麦颗：曾子固诗"麦粒收来品绝伦"。[③]

曾子固诗"记得集英深殿里，舞人齐插玉笼松"。玉笼松，亦作玉珑璁，一名睡梅。[④]

六、在多种诗歌选本当中，都有曾巩诗歌作品选入，这使得曾巩诗歌得以在清代广泛传播，且为更多读者所欣赏和阅读。限于篇幅，在这仅举一例加以说明。清人陈讦编选了《宋十五家诗选》，其中不仅辑录了相关评论文字，如"南丰诗巉削遒洁，如孤峰天外卓立，其气格在少陵、昌黎之间。按，彭潭相谓曾子固不能诗，竟与海棠无香同恨，明王元翰著《稗史类编》，博综今古，然据诗话所见，亦止《多景楼》《钱唐上元》三诗而已。近世选本，亦俱阙略，岂先生诗集昔晦今显耶？按，先生尝云"诗当使人

① 成瓘：《济南府志》（道光）卷六十九，清道光二十年刻本。
② 王士祯：《香祖笔记》卷九，清文渊阁《四库全书》本。
③ 刘源长：《茶史》卷一，清雍正墨韵堂刻本。
④ 王初桐：《奁史》卷六十八钗钏门一，清嘉庆刻本。

一览语尽而意有余”，固非深于诗者不能道矣。”[①] 而且还录入曾巩诗歌作品一卷，选诗 124 题 129 首。

曾巩究竟能不能写诗？他的诗歌创作究竟如何？在曾巩诗歌接受研究中这是一个至关重要的问题。通过上文叙述，似乎可以得到一个比较明确的答案了。这里想再引用钱锺书先生的一段评价，这个评价对曾巩诗歌的成就、地位等，给出了一个比较客观公允的答案：

> 就“八家”而论，他（指曾巩）的诗远比苏洵、苏辙父子的诗好，七言绝句更有王安石的风致。[②]

---

① 陈吁：《宋十五家诗选》，清康熙刻本。
② 钱锺书：《宋诗选注》，人民文学出版社 1958 年版。

第二章

曾巩的诗歌理论

曾巩的显赫名声是与其文章密切相关的，无论是古人的评述揄扬，还是现代文学史书写，都主要聚焦在曾巩的文章之上。相应地，人们对曾巩的诗歌则相对关注较少，对曾巩的诗歌理论更是论者寥寥。中国文学批评史学科的奠基者之一——郭绍虞，在其代表作《中国文学批评史》中只写曾巩的文论，将其归入欧阳修一派，并指出曾巩与三苏的差异在于曾巩致力于道者深，未尝论及曾巩的诗歌理论。罗根泽先生依据曾巩为人熟知的《上欧阳学士第一书》《南齐书目录序》等文献，简要地概述了曾巩文学观念的特点，指出他与道学派、辞章派的文学观相区别的特殊之处。他认为，曾巩的学问近于范仲淹、李觏，以经义为本，包括道、法两类。孔子制作删存的是经，经所存的是道，也是帝王之法。道是一成不变的，法则可以随时改换。依据这种道和法的观点作文章，最重要的是事理。这事理，与道学派的性理不同。因注重道法事理，故反对专务辞章。[①] 朱东润的《中国文学批评史大纲》在横向比较中，指出曾巩文学观念的特点，他说："子固论文，言理当无二。所谓理者，谓道理之理，朱子之说近，而与东坡之说大异。"[②] 即指出了曾巩的诗文理论的要点及特点，但限于该书的讲义性质，并未展开论述。当代学者张毅的《宋代文学思想史》则将曾巩放置于"变革时期的文学思想"之中

① 罗根泽：《中国文学批评史》，商务印书馆 2015 年版，第 632—635 页。

② 朱东润：《中国文学批评史大纲》，武汉大学出版社 2005 年版，第 109 页。

来论述，“变革”指以欧阳修为领袖的诗文革新运动，曾巩受知于欧阳修，其古文以“古雅”“平正”见长，强调“畜道德而能文章”，正是由于曾巩、王安石及苏氏父子的加入，欧阳修倡导的诗文革新方能获得全面的胜利。[①] 张著以“文学思想”来概述诗文理论，并未分述诗歌理论。此外，在林林总总的中国文学批评史著作、教程中，也未见多少论述曾巩诗歌理论的文字。还有一些研究曾巩的专著，如20世纪90年代出版的王琦珍《曾巩评传》与夏汉宁的《曾巩》，虽有相当的篇幅论述曾巩的文学观，但仍侧重在分析其散文理论，而未曾详论曾巩的诗歌观念。又如李俊标的专著《曾巩研究》，全书洋洋洒洒四十二万言，研究了曾巩的政治思想、史学思想、散文创作、诗歌创作、书法艺术、曾氏家族文学，也未及细论曾巩的诗歌理论。这并非学者有意忽视，而实在是因为曾巩直接表露其诗歌理论的文字很有限，既没有诗话专著，也没有诗论专篇，且他的有限的表述也往往言人所已言，承袭者多，创新者少，在漫长的诗歌理论史上并不特出，并不占有显著的位置；且所言道理清浅，并无晦涩难通易生歧解之处，似无必要大加疏解。因此，文学批评史著作，以及带有文学批评史眼光的著作的上述处理方式并不委屈曾巩。但今天我们的任务是为了更为全面的了解曾巩，叙述曾巩，因此寻绎这些有限的文字仍有积极的意义。

当然，少并非没有，有限的文字并非没有表述，故而也有的曾巩研究专著涉及其诗歌理论，喻进芳的博士学位论文《论曾巩的文化品格与诗文创作》是一个代表。该著第六章第一节论及曾巩的诗学主张，将其概括为三个方面：一是反对仅看重文辞而不重道的诗文，论诗特别强调仁义道德；二是很重视诗歌的济世作用；三是肯定诗歌的怨愤的价值，对穷愁之士的发愤之作表示理解与肯定。[②] 这大抵是准确的。本文将在已有的研究基础上，力求对曾巩的诗歌理论作出较为全面的评述。

---

① 张毅：《宋代文学思想史》，中华书局1995年版，第67页。

② 喻进芳：《论曾巩的文化品格与诗文创作》，华中师范大学2008年博士学位论文，第153—156页。

第一节　文以明道与诗以言志的分途及互渗

喻进芳的博士学位论文《论曾巩的文化品格与诗文创作》指出曾巩诗歌主张的一个特点："曾巩的诗歌受其散文的影响比较明显，其诗歌创作主张，与其论文之旨略同。曾巩反对仅看重文辞而不重道的诗文。"[①] 这是有根据的见解，也是一个意味深长值得深入阐述的判断。

钱锺书在评论周作人的《中国新文学的源流》时曾指出："'诗以言志'和'文以载道'在传统的文学批评上，似乎不是两个格格不相容的命题，有如周先生和其他批评家所想者。在传统的批评上，我们没有'文学'这个综合的概念，我们所有的只是诗、文、词、曲这许多零碎的门类。其缘故也许是中国人太小心眼儿罢。诗是诗，文是文，分茅设蕝，各有各的规律和使命。文以载道的文字，通常只是指古文或散文而言，并不是用来涵盖一切近世所谓文学；而道字无论按照《文心雕龙·原道篇》作为自然的现象解释，或依照唐宋以来的习惯而释为抽象的理，道这个东西，是有客观的存在的；而诗呢，便不同了。诗本来是古文之余事，品类较低，目的仅在乎发表主观的感情——言志，没有文那样大的使命。所以，我们对于客观的道只能载，而对于主观的感情便能'诗者持也'地把它持起来。这两种态度的分歧，在我看来，不无片面的真理；而且它们在传统的文学批评上，原是并行不背的，无所谓两派。所以许多讲载道的文人，做其诗来，往往抒写性灵，与他们平时的文境绝然不同，就由于这个道理。"[②] 在《中国诗与中国画》一文中，钱锺书重申并补充了这一观念，他说："我们常听说中国古代文评里有对立的两派，一派要载道，一派要言志。事实上，在中国旧传统里，文以载道和诗以言志主要是规定个别文体的智能，并非概括文学的界说。文通常指散文或古

① 喻进芳：《论曾巩的文化品格与诗文创作》，华中师范大学 2008 年博士学位论文，第 153 页。

② 钱锺书：《人生边上的边上》，三联书店 2002 年版，第 249—250 页。

文，以区别于诗、词。这两句话看来针锋相对，实则水米无干，好比说‘他去北京’‘她回上海’，或者羽翼相辅，好比说‘早点是稀饭’‘午餐是面’。因此，同一个作家可以文载道，以诗言志，以‘诗余’的词来言诗里不出口的志。这些文体就像梯级或台阶，是平行而不平等的，文的等次最高。西方文艺理论输入以后，我们很容易把文一律理解为广义的文学，把诗认为文学创作精华的同义词。于是那两句老话仿佛‘顿顿都喝稀饭’和‘一日三餐全吃面’，或‘两口儿都上北京’和‘双双同去上海’，变成相互排除的命题了。传统文评里有它的矛盾，但是这两句不能算是矛盾的口号。对传统不够理解，就发生了这个矛盾的错觉。”①

钱锺书很精辟很生动地指出，古人有很强烈的文体意识，很看重文各有体，以得体为佳，即认识到不同的文体有不同的规范，即使破体为文，如“以文为诗”“以诗为词”，其前提也是文、诗、词各有规范各有传统。而载道与言志则分别是对文与诗的要求，文以载道与诗以言志，二者并行不背。在这个背景下来看曾巩的诗文理论，就会发现，曾巩一方面会遵循传统，以文明道，以诗言志；一方面又打破二者的界划，融合明道与言志，体现二者的合流和互渗，显示一种较为特别的认知。探讨这种认知的形成，理、的作用的关键，需要理解曾巩认识中的：道与理、意相贯通，道体现为理，理内化为意，意节制着情志，因此道、理、意、情都是一体的不同形态，可以贯通无碍。以此认识为基础，故而可以打通载道与言志，形成喻进芳博士所发现的曾巩诗文观念略同的现象。不过，在此也可指出，喻博士的发现是不够全面的，她偏重于曾巩散文观念对诗歌主张的涵盖，而忽视了其诗歌主张对散文观念的回应和渗透。下文将详细分析曾巩诗文理论的这一特征。

一、从文以明道到文以达意

在理论层次上，曾巩渐次将文以载道理解为文以明道、文以明理、文以达意，从而将道与意贯通起来。

在中国传统文化中，道可以说是一个最高范畴。据学者刘笑敢研究，道

① 钱锺书：《七缀集》，三联书店 2002 年版，第 4—5 页。

在老子那里具有宇宙的总根源与总根据的意义，所谓“渊兮似万物之宗”“象帝之先”“先天地生，为天地母”。同样，在庄子那里，道是宇宙的本根，是贯通万物的依据，由此可见道的地位，老庄一派被后人称为道家，不为无因。在以孔子为祖宗的儒学中，道可以说是君子最高的价值追求，所谓“君子谋道不谋食”“朝闻道夕死可矣”。群经之首《周易》，其《系辞》将道推至形而上的层面，赋予其终极内涵。推本论之，人的求知必然以最高统一性为依据才有可能，人的践履必须以绝对价值为准则才有可能，而这必然会导致一个终极意义的道的产生。因此，举凡人间的一切事物，只要推求其根据，都不能不以道为最终准的。道是一个极顶字，唯至于道才能得理安心。政治方面的合法性在于得道，工匠技艺的出神入化也在于得道。由此衍生出“原道”的思路，即推究本原而至于道，如《淮南子》有《原道篇》，韩愈有《原道》论，现代新儒家冯友兰有《新原道》。再加上传统文士极少纯粹的文学家，而多数兼有政治人士的身份，以政途闻达为首要追求，故而明道、载道乃是不可推卸的责任和使命。在此大背景下，将文与道结合起来思考，就成了一个文论传统，其杰出代表是刘勰的《文心雕龙·原道》，该著构建了“原道—征圣—宗经”的模式，该篇则明确提出文“与天地并生”，乃“道之文”的观念。嗣后，依道论文、引文就道的思路便不绝如缕，引领着文论大家的皇皇高论。只是由于对道的体悟有深浅，理解有精粗，表述有偏重，故而不同的理论家对文道观有不同的申发，衍出文以明道、文以载道、以文贯道、文道兼胜、因文废道种种论述。在这个文道论的知识谱系中，曾巩的文道观自有特色。从学术渊源来说，曾巩的文道观近于儒家，它从经术中来，带有经世致用的色彩、质实厚重的格调，而无玄妙虚渺之处，远于道家、佛家。

曾巩《写怀》云：“荒城绝所之，岁暮浩多思。病眼对湖山，孤吟寄天地。用心长者间，已与儿女异。况排千年非，独抱六经意。”[①] 即自言独立于流俗之外，以六经为意。曾巩《秋怀》云：“我本孜孜学《诗》《书》，《诗》《书》

① 曾巩撰，陈杏珍、晁继周点校：《曾巩集》，中华书局1984年版，第12页。

与今岂同术？”[①] 曾巩《上欧阳学士第一书》言及家世，说：“巩性朴陋，无所能似。家世为儒，故不业他。”同篇又说：“夫世之所谓大贤者，何哉？以其明圣人之心于百世之上，明圣人之心于百世之下。其口讲之，身行之，以其余者，又书存之，三者必相表里。其仁与义，磊磊然横天地，冠古今，不穷也。其闻与实，卓卓然轩士林，犹雷霆震而风飙驰，不浮也。则其谓之大贤，与穹壤等高大，与《诗》《书》所称无间宜矣。夫道之难全也，周公之政不可见，而仲尼生于干戈之间，无时无位，存帝王之法于天下，俾学者有所依归。仲尼既没，析辨诡词，骊驾塞路，观圣人之道者，宜莫如孟、荀、扬、韩四君子之书也，舍是醨矣。退之既没，骤登其域，广开其辞，使圣人之道复明于世，亦难矣哉。近世学士，饰藻缋以夸诩，增刑法以趋向，析财利以拘曲者，则有闻矣。仁义礼乐之道，则为民之师表者，尚不识其所为，而况百姓之蚩蚩乎！圣人之道泯泯没没，其不绝若一发之系千钧也，耗矣哀哉！非命世大贤，以仁义为己任者，畴能救而振之乎？巩自成童，闻执事之名，及长得执事之文章，口诵而心记之。观其根极理要，拨正邪僻，倚挈当世，张皇大中，其深纯温厚，与孟子、韩吏部之书为相唱和，无半言片辞踳驳于其间，真六经之羽翼，道义之师祖也。”[②]

曾肇的《亡兄行状》亦云：“盖自扬雄以后，士罕知经，至施于政事，亦皆卑近苟简，固道术浸微，先王之迹不复见于世。公生于末俗之中，绝学之后，其于剖析微言，阐明疑义，卓然自得，足以发六艺之蕴，正百家之谬，破数千载之惑。其言古今治乱得失是非成败，人贤不肖，以至弥纶当世之务，斟酌损益，必本于经，不少贬以就俗，非与前世列于儒林及以功名自见者比也。至其文章，上下驰骋，愈出而愈新，读者不必能知，知者不必能言。盖天材独至，若非人力所能，学者夐精覃思，莫能到也。世谓其辞于汉唐可方司马迁、韩愈，而要其归，必止于仁义，言近旨远，虽《诗》《书》之作者未能远过也。”[③] 林希《中书舍人曾巩墓志铭》云：“始冠游太学，欧阳公一见其文而奇

---

① 曾巩撰，陈杏珍、晁继周点校：《曾巩集》，中华书局 1984 年版，第 34 页。
② 曾巩撰，陈杏珍、晁继周点校：《曾巩集》，中华书局 1984 年版，第 231—232 页。
③ 曾巩撰，陈杏珍、晁继周点校：《曾巩集》，中华书局 1984 年版，第 791 页。

之。公于经，微言粤旨，多所自得。一不蔽于俗学，随问讲解，以开学者之惑。其议论古今治乱得失贤不肖，必考诸道，不少贬以合世。其为文章，句非一律，虽开合驰骋，应用不穷，然言近旨远，要其归必止于仁义，自韩愈氏以来，作者莫能过也。”[①]秦观《哀词》云：“笃生我公兮，以文章为世师……发天人之奥秘兮，约六艺而成章。”[②]

概括这些文献可知，首先由于家世的原因，曾巩以儒为业。儒业的体现是六艺，而六艺所承载的是圣人之心、帝王之法，其内容实质是在内的仁义，以及可施用于家国天下的王道，足可为后世学者所师法。后世贤人如孟子、韩愈、欧阳修等人以明圣人之道、体圣人之心为职志，可见儒道的传承谱系是孔、孟、扬雄、韩愈、欧阳修。曾巩近接欧阳修，而远绍孔、孟、扬雄、韩愈等辈，孜孜以研求经籍，并能进窥圣人之心，不同流俗，这是他的为文之本、立业之基。

其中还有若干值得分析的内容：

一是曾巩所承续理解的道是儒家的，所涵泳而成的品格是儒家的。这不仅体现为他自述中自觉对儒家的归依，对六经不遗余力的研求，对儒家经典的注解疏证（如对《洪范》的传解），还体现为对作为“异端”的佛、道两家的排斥，一有机会便要驳斥佛道之弊失。曾巩的《请文慧和尚住灵岩疏》说：“伏以道本无言，理惟尽性，非得圆通之士，孰开方便之门？”[③]其《请文慧和尚开堂疏》说：“窃以心虽离相，因相始可明心；道固无言，借言所以显道。”[④]这本来是为僧人所作，按理应阐明佛理，文中确实也涉及佛家的思想术语，如“离相”“无言”之旨，但又不尽然。佛家之理千千万，曾巩之所以特别表出“无言”之旨，主要在于儒家的开山祖师孔子也曾说过“予欲无言”“天何言哉四时行焉百物生焉”的话。不仅如此，曾巩还借助佛教的话头，对其理论却有改造修正，所以，刚说过“道本无言”，便接以“理惟尽性”，将道

---

① 曾巩撰，陈杏珍、晁继周点校：《曾巩集》，中华书局 1984 年版，第 798 页。

② 曾巩撰，陈杏珍、晁继周点校：《曾巩集》，中华书局 1984 年版，第 805 页。

③ 曾巩撰，陈杏珍、晁继周点校：《曾巩集》，中华书局 1984 年版，第 784 页。

④ 曾巩撰，陈杏珍、晁继周点校：《曾巩集》，中华书局 1984 年版，第 784 页。

从虚无寂灭的边缘拉回来，进入“尽性”修身的领域；甫言及心之离相、道之无言，便辩证地补正“因相始可明心”“借言所以显道”的理论环节，决不流入崇虚入寂的极端。从中可见，曾巩的道是根植现世的，总是与人事政事相关，总是与治乱兴坏相关，与当世之务有关；而且曾巩的道是中道，不偏于一端，虽切中当世之务，但又不同流合污、和光同尘，而自有圣人之道在；虽有圣人之道在，但又不绝俗远世、离有遁空。曾巩的《战国策目录序》也表达相似的观点，他指责战国游士的操守，说他们“不知道之可信，而乐于说之易合，其设心注意，偷为一切之计而已”，转述为大白话，就是为了利益，毫无原则，全部聪明才智都用在如何迎合有权有势者的喜好方面，同时指出正确可取的做法是“因其所遇之时、所遭之变而为当世之法，使不失乎先王之意而已”[①]，也即守当世之务与先王之道的中道，守适变与立本的中道。

二是曾巩之道的近缘是欧阳修。《宋史・曾巩传》论曰：“曾巩立言于欧阳修、王安石间，纡徐而不烦，简奥而不晦，卓然自成一家，可谓难矣。宋之中叶，文学法理，咸精其能，若刘氏、曾氏之家学，盖有两汉之风焉。”[②]庆历元年（1041），曾巩谒见欧阳修，并呈时文两篇，欧阳修读罢称赞说：“广文曾生，文识可骇。”（《与余襄公》）[③]欧阳修又说：“吾奇曾生者，始得之太学。初谓独轩然，百鸟而一鹗。”（《送杨辟秀才》）[④]同年曾巩考进士落第，南归时，欧阳修赠序勉励，并且说：“过吾门者百千人，独于得生为喜。”（《送曾巩秀才序》）[⑤]苏轼在《送曾子固倅越得燕字》中说：“醉翁门下士，杂遝难为贤。曾子独超轶，孤芳陋群妍。”[⑥]师徒相得，可见一斑。

众所周知，欧阳修提出了诗文变革的主张，其中很重要的部分就是重释文道关系。欧阳修的《论更改贡举事件札子》说：“今贡举之失者，患在有

---

① 曾巩撰，陈杏珍、晁继周点校：《曾巩集》，中华书局 1984 年版，第 183—184 页。
② 曾巩撰，陈杏珍、晁继周点校：《曾巩集》，中华书局 1984 年版，第 809 页。
③ 欧阳修：《欧阳修全集》，中华书局 2001 年版，第 2400 页。
④ 欧阳修：《欧阳修全集》，中华书局 2001 年版，第 22 页。
⑤ 欧阳修著，洪本健校笺：《欧阳修诗文集校笺》，上海古籍出版社 2009 年版，第 1075 页。
⑥ 苏轼著，李之亮笺注：《苏轼文集编年笺注》诗词附・十一，巴蜀书社 2011 年版，第 25 页。

司取人，先诗赋而后策论，使学者不根经术，不本道理。”[①] 先诗赋而后策论竟会导向“不根经术，不本道理”，可见诗赋远于经术和道理，而策论之文则以经术和道理为根本。欧阳修的《与黄校书论文章书》:“见其弊而识其所以革之者，才识兼通，然后其文博辩而深切，中于时病而不为空言。盖见其弊，必见其所以弊之因，若贾生论秦之失，而推古养太子之礼，此可谓知其本矣。然近世应科目文辞,求若此者盖寡。”[②] 改革体现在科举取人方面，就是改变“先诗赋而后策论”的局面，而以根经术、本道理为途径，以求召唤并培养“才识兼通，然后其文博辩而深切，中于时病而不为空言”的人才。在此，经术与道理是本，博辩而深切、中于时病之文尚在可取之列，舍此而外则难免流入“空言”之范围。欧阳修《答吴充秀才书》则明确提出道胜则文不难自至的观点 :“夫学者未始不为道，而至者鲜。为非道之于人远也，学者有所溺焉尔。盖文之为言，难工而可喜，易悦而自足，世之学者，往往溺之，一有工焉，则曰 : 吾学足矣。甚者至弃百事，不关于心，曰 :‘吾文士也，职于文而已。’此其所以至之鲜也……圣人之文虽不可及，然大抵道胜者，文不难而自至也。故孟子皇皇不暇著书，荀卿盖亦晚而有作;若子云、仲淹，方勉焉以模言语，此道未足而强言者也。后之惑者，徒见前世之文传以为学者文而已……修，学者而不至者，然幸不甘于所悦而溺于所止。”[③] 欧阳修《与张秀才第二书》亦云 :“君子之于学也，务为道，为道必求知古，知古明道，而后履之以身，施之于事，而又见于文章而发之，以信后世。其道，周公、孔子、孟轲之徒常履而行之者是也 ; 其文章，则六经所载至今而取信者是也。其道易知而可法，其言易明而可行。及诞者言之，乃以混蒙虚无为道，洪荒广略为古，其道难法，其言难行。”[④] 欧阳修的观点很鲜明，君子不以成为“职于文”的“文士”为理想追求，而应呼应孔子“谋道”的古训以“为道”为务 ; 道在古昔，曾鲜活地体现在周公、

① 欧阳修 :《欧阳修全集》，中华书局 2001 年版，第 1590 页。
② 欧阳修 :《欧阳修全集》，中华书局 2001 年版，第 987 页。
③ 欧阳修 :《欧阳修全集》，中华书局 2001 年版，第 663—664 页。
④ 欧阳修 :《欧阳修全集》，中华书局 2001 年版，第 977 页。

孔子、孟子等圣贤的践履之中，圣贤已逝，则犹有六经可为稽考征验，有为君子当学经而学道；道胜则文不难自至，似乎有水到渠成、瓜熟蒂落的成效。

曾巩承袭师训，并对文道观作出回应。他在《答李沿书》中说出自家主张："足下自称有悯时病俗之心。信如是，是足下之有志乎道而予之所爱且畏者也。末曰'其发愤而为词章，则自谓浅俗而不明，不若其始思之锐也'，乃欲以是质于予。夫足下之书，始所云者，欲至乎道也，而所质者则辞也，无乃务其浅，忘其深，当急者反徐之欤！夫道之大归非他，欲其得诸心，充诸身，扩而被之国家天下而已，非汲汲乎辞也。"[①]孔子说"行有余力，则以学文"，道的范围、作用、意义都大于文，故曾巩以道为先为本为急，以文辞为后为末为缓，换言之，即不以为文为目的，而视文为道的涵养所致的自然而然的后果。

三是道载于六经，明道因乎学，学贵乎明理、明圣人之心。虽取资于六经，但宋儒与汉儒却有不同的方向，而在曾巩看来，六经不是死的文字，而是道的体现；因此研求六经，是求道。更进一步，是推求圣人之心、世事之理。尹洙《志古堂记》也说："如有志于古，当置所谓文章、功名，务求古之道可也。古之道奚远哉，得诸心而已。心无苟焉，可以制事；心无蔽焉，可以立言。惟无苟，然后能外成败而自信其守也；惟无蔽，然后穷见至隐而极乎理也。信于守者本乎纯，极于理者发乎明。纯与明，是乃志古人之所至也。至乎至，文章、功名从焉而不为之也。"[②]同样，曾巩《策问一十道》指出："六经之书，太极以来至于天地人神事物之变、远近小大微显之际、异同之旨无不备者，而其要则在于使学者知顺性命之理、正心修身、治国家天下、尽天地鬼神之宜、遂万物之性而已。然其言不一，其意难知。"[③]可见，六经是道理之书，因此要穷究六经，万不能以章句训诂为终极目的。并且在曾巩看来，六经的要旨本来就不是外在的僵化的物，而是能内在地涵养学习者的关于

① 曾巩撰，陈杏珍、晁继周点校：《曾巩集》，中华书局1984年版，第258页。
② 尹洙：《河南集》卷四，影印文渊阁《四库全书》本第1090册，第17—18页。
③ 曾巩撰，陈杏珍、晁继周点校：《曾巩集》，中华书局1984年版，第766页。

自家性命身心及家国天下的认知。这就点出了六经的本质，为学六经是学什么指明了方向，其切要处尤在一个"理"字。曾巩的《王子直文集序》说："至治之极，教化既成，道德同而风俗一。言理者虽异人殊世，未尝不同其指。何则？理当故无二也。是以《诗》《书》之文，自唐虞以来，至秦鲁之际，其相去千余岁，其作者非一人，至于其间尝更衰乱，然学者尚蒙余泽，虽其文数万，而其所发明，更相表里，如一人之说，不知时世之远，作者之众也。呜呼，上下之间，将磨陶冶，至于如此，岂非盛哉！自三代教养之法废，先王之泽熄，学者人人异见，而诸子各自为家，岂其固相反哉？不当于理，故不能一也。由汉以来，益远于治。故学者虽有魁奇拔出之材，而其文能驰骋上下，伟丽可喜者甚重，然是非取舍，不当于圣人之意者亦已多矣。故其说未尝一，而圣人之道未尝明也。士之生于是时，其言能当于理者，亦可谓难矣。由是观之，则文章之得失，岂不系于治乱哉！"①在此，圣人之道、圣人之意与理在同一层位上使用。惠洪《冷斋诗话》卷六"曾子固讽舒王嗜佛"条，舒王曰："善学者，读其书唯理之求。有合吾心者，则樵牧之言犹不废；言而无理，周、孔所不敢从。"②曾巩表示认同。《说言》："上之收群言，其务当而已。"③"务当"，即言当于理。曾巩之师欧阳修，其为文也有这样的倾向。苏轼在《六一居士集叙》中评价欧阳修说："自汉以来，道术不出于孔氏，而乱天下者多矣。晋以老庄亡，梁以佛亡，莫或正之，五百余年而后得韩愈，学者以愈配孟子，盖庶几焉。愈之后二百有余年，而后得欧阳子，其学推韩愈、孟子，以达于孔氏，著礼乐仁义之实，以合于大道。其言简而明，信而通，引物连类，折之于至理，以服人心，故天下翕然师尊之。"④即指出欧文有"折之于至理"的关键要素，曾巩之重理，或与此不无关系；但不可否认的是，曾文亦以事理为归依，正如刘熙载《艺概·文概》所说："曾文穷尽事理，其气味尔雅深厚，令人想见硕人之宽。"⑤

---

① 曾巩撰，陈杏珍、晁继周点校：《曾巩集》，中华书局1984年版，第197页。
② 吴文治：《宋诗话全编》，江苏古籍出版社1998年版，第2449页。
③ 曾巩撰，陈杏珍、晁继周点校：《曾巩集》，中华书局1984年版，第697页。
④ 苏轼著，李之亮笺注：《苏轼文集编年笺注》诗词附·二，巴蜀书社2011年版，第15页。
⑤ 刘熙载著，王气中笺注：《艺概笺注》，贵州人民出版社1980年版，第94页。

要之，曾巩是以明理来理解明道的：圣人是道理的体现，六经是道理之书，读书是明理。而理具有超越时间、空间的普遍性，因此不仅为圣人所道出，也能为学者所习得领悟。通过六经的学习，学者知至理明，发为文章，就能切当有本，就是至文。这不仅是说读六经是要在文字训诂之外研求其运载的道理，辨析其中的源流曲折，更重要的是挺立其了解学者自家的主体性，甚至可以说因为“理”，学者与圣人立于平等的位置。推而广之，非唯六经，史籍也是道理的体现，是事变的所以然的记载；称职高明的史家就在于能够明理，其文能够传达理。曾巩的《南齐书目录序》说：“将以是非得失兴坏理乱之故而为法戒，则必得其所托，而后能传于久，此史之所作也。然而所托不得其人，则或失其意，或乱其实，或析理之不通，或设辞之不善，故虽有殊功韪德非常之迹，将暗而不章，郁而不发，而梼杌嵬琐奸回凶慝之形，可幸而掩也。尝试论之，古之所谓良史者，其明必足以周万事之理，其道必足以适天下之用，其智必足以通难知之意，其文必足以发难显之情，然后其任可得而称也。”[①] 由于对理的确信，欧阳修甚至重释了源远流长的言不尽意说，其《〈系辞〉说》：“‘书不尽言，言不尽意’，然自古圣贤之意，万古得以推而求之者，岂非言之传欤？圣人之意所以存者，得非书乎？然则书不尽言之烦而尽其要，言不尽意之委曲而尽其理。谓‘书不尽言，言不尽意’者，非深明之论也。”[②] 圣人之意非言所能尽传，这一说法肇始于老庄，发扬于魏晋玄学，可以说是宋之前的通论；但欧阳修却以言能尽理来补正言不尽意，作出别开生面的解释。这虽非出自曾巩之口，但却显示了其时对理的信念，以为明理、尽理即能臻至圣境的信念。

由于曾巩以文理说来回应文道观，因此，曾文中常出现理、文对举的表述。如其《谢吴秀才书》以“学”“文辞”为考察吴秀才五编文章的着眼点，[③]“学”对应“理”，故该文的立论结构实质是理—文。其《赠黎安二生序》说：“读

① 曾巩撰，陈杏珍、晁继周点校：《曾巩集》，中华书局 1984 年版，第 187—188 页。
② 欧阳修：《欧阳修全集》，中华书局 2001 年版，第 1985 页。
③ 曾巩撰，陈杏珍、晁继周点校：《曾巩集》，中华书局 1984 年版，第 262 页。

其文……穷尽事理。”[①]《梁书目录序》:“能致其知者，察三才之道，辨万物之理,小大精粗,无不尽也。”[②] 这是说文能尽道理,也即是理—文对举的结构。《苏明允哀辞》:“盖少或百字,多或千言,其指事析理,引物托喻,侈能尽之约,远能见之近,大能使之微,小能使之著,烦能不乱,肆能不流。”[③] 这里“言”与“理”对举，与文、理对举同义。

理在心而为意，故而读经、体道、明理、达意贯通一气。前引曾巩《写怀》所谓“况排千年非，独抱六经意”[④]，既说曾巩与常人不同，而取则于六经，汲源于六经；也说“师其意”而不陷入章句训诂的泥潭，六经与己意打成一片。他的《王子直文集序》说《诗》《书》之文虽作者众多，但因言理而二，皆当于“圣人之道”，可见，作者虽出己意，但合于道理，理与意融合无间而成就了经典。其《战国策目录序》出现了“先王之道”“先王之意”的表述,二者实际同义,先王之道就体现为先王之用意。[⑤] 曾巩《冬望》云：“南窗圣贤有遗文，满简字字倾琪瑰。旁搜远探得户牖，入见奥阼何雄魁。日令我意失枯槁，水之灌养源源来。千年大说没荒冗，义路寸土谁能培？嗟余计真不自料，欲挽白日之西颓。尝闻古者禹称智，过门不暇慈其孩。况今尪人冒壮任，力蹶岂更余纤埃。龙潭瀑布入胸臆，叹息但谢宗与雷。著书岂即遽有补，天下自古无能才。”[⑥] 圣贤之文运载圣贤之道，以其“千年大说”之“义”源源不断地滋养着曾巩的“意”，使其不枯槁，而犹如“龙潭瀑布入胸臆”。这就形象地说出在曾巩的观念和实践中，文道与文意的一体贯通之关系。

由于曾巩认为言意与文道、文理同构，故而与之相应的是言意常常对举出现。如曾巩的《回傅权书》概评傅权的书信、古律诗及杂文，认为“指

① 曾巩撰，陈杏珍、晁继周点校：《曾巩集》，中华书局 1984 年版，第 217 页。
② 曾巩撰，陈杏珍、晁继周点校：《曾巩集》，中华书局 1984 年版，第 177 页。
③ 曾巩撰，陈杏珍、晁继周点校：《曾巩集》，中华书局 1984 年版，第 560 页。
④ 曾巩撰，陈杏珍、晁继周点校：《曾巩集》，中华书局 1984 年版，第 12 页。
⑤ 曾巩撰，陈杏珍、晁继周点校：《曾巩集》，中华书局 1984 年版，第 184 页。
⑥ 曾巩撰，陈杏珍、晁继周点校：《曾巩集》，中华书局 1984 年版，第 1 页。

意所出，义甚高，文辞甚美”。[①] 可见文与意可以概括书信、古诗、律诗、杂文等一切文，文意是一对纵贯性范畴，可以用来整体把握文学的规定性。《颜碑》:“碑文老势信可爱，碑意少缺谁能镌。”[②]《王深父文集序》:“当先王之迹熄，六艺残缺，道术衰微，天下学者无所折衷，深父于是时奋然独起，因先王之遗文以求其意，得之于心，行之于己，其动止语默必考于法度。”[③]《送傅向老令瑞安序》赞赏傅氏及其兄“读书知道理，其所为文辞可喜”[④]。可知曾巩在考察别人时，关注的要点有两个，一是道理，二是文辞；一面是意，一面是文。这是曾巩眼光和观念的体现。与文学相通的音乐也可由这一对范畴来理解，曾巩说：“直欲论情通汉地，独能将恨寄胡琴。但取当时能托意，不论何代有知音。”（《明妃曲》其二）[⑤] 即音乐也是来寄情托意的。这就以文意范畴回答了文学是什么的问题，而将文学定位在明道、当理而最终落实在达意之上。这与刘勰的观念是相通的，刘勰的《文心雕龙》一书，“文心”指为文之用心，是意的层面，“雕龙”及文的层面。

曾巩是自家观念的践行者，即熔说理达意于一炉。元代刘壎《隐居通议》卷十四“南丰先生学问”条，指出曾巩“议论文章，根据性理。论治道则必本于正心诚意，论礼乐则必本于性情，论学必主于务内，论制度必本之先王之法……此朱文公评文专以南丰为法者。盖以其于周程之先，首明理学也。”[⑥] 这不仅指出了曾文的历史地位，也指出了曾巩为文的路数，即“议论文章，根据性理”，具体而言即“根据”心意、性情；“性理”的表述即是性与理合，道意无外的意思。曾巩的学记，就要把教学的道理说通透，并以之为行文的骨干；如其学记，就要把教学的道理说通透，并以之为行文的骨干；又如其《分宁县云峰院记》《仙都观三门记》《墨池记》皆是顺理成章的写法，而其中又包含着一唱三叹的情感。其《福州上执政书》，也

---

① 曾巩撰，陈杏珍、晁继周点校：《曾巩集》，中华书局 1984 年版，第 267 页。
② 曾巩撰，陈杏珍、晁继周点校：《曾巩集》，中华书局 1984 年版，第 32 页。
③ 曾巩撰，陈杏珍、晁继周点校：《曾巩集》，中华书局 1984 年版，第 196 页。
④ 曾巩撰，陈杏珍、晁继周点校：《曾巩集》，中华书局 1984 年版，第 219 页。
⑤ 曾巩撰，陈杏珍、晁继周点校：《曾巩集》，中华书局 1984 年版，第 59 页。
⑥ 刘壎：《隐居通议》卷十四，《丛书集成初编》本，商务印书馆 1937 年版，第 150 页。

是将明理、抒情打成一片的好文章。

二、从诗言志到诗达意

根据朱自清的研究，诗言志是中国诗歌理论开山纲领，自《尚书》提出这一说法以来，后世诗人便以言志为诗的审美规范。后来，陆机在《文赋》中进一步将诗的特征概述为“缘情而绮靡”，这样，诗与文的审美规范就有了区别。一般来说，相对于文，诗偏重于抒情，偏重抒发那些“八小时”工作之外的闲情。曾巩继承了这一传统，一方面注意到了诗文的不同，如其《王平甫文集序》说：“能文不必工于诗。”注重诗的抒情功能。

曾巩的《馆阁送钱纯老知婺州诗序》说：“约日集会，饮酒赋诗，以叙去就之情，而致绸缪之意。”①《齐州杂诗序》：“虽病不饮酒，而闲为小诗，以娱情写物，亦拙者之适也……宗工秀人雄放瑰绝可喜之辞。”②可见，曾巩笔下的诗不是发生在重大的政治场合，而是朋友之间的私情空间；诗用来抒发、传达日常生活的友情，往往与饮酒集会相结合；通过赋诗，不仅闲情得以抒发，而且自己可以忘却仕途的不顺，调适心情。

与曾巩这一诗歌观念相应的是，他的诗歌创作往往与山水闲情相结合，并伴随着一种向往归隐的心态。在创作方面，如《招隐寺》：“一径入松下，两峰横马前。攀缘绿萝磴，飞步苍崖颠。昔人此嘉遁，手弄朱丝弦。想当林间月，独写山中泉。此乐非外得，肯受世网牵？我亦本萧散，至此更怡然。偏怜最幽处，流水鸣溅溅。”③再如《游鹿门不果》：“念昔在郡日，苦为尘网婴。低心就薄禄，实负山水情。”④《谷隐寺》：“故多物外趣，足慰倦客心。但恨绁尘羁，无繇数追寻。”⑤

我们知道，由于家庭原因，曾巩的生活非常艰辛。为了经营家庭，曾巩常为五斗米而折腰，忍受羁束，也写作一些载道的公文；但他又常常表示，这是不得已的，自己的本性如同野鹿，也向往无拘无束、适性自由的生活。

---

① 曾巩撰，陈杏珍、晁继周点校：《曾巩集》，中华书局 1984 年版，第 214 页。
② 曾巩撰，陈杏珍、晁继周点校：《曾巩集》，中华书局 1984 年版，第 215 页。
③ 曾巩撰，陈杏珍、晁继周点校：《曾巩集》，中华书局 1984 年版，第 70 页。
④ 曾巩撰，陈杏珍、晁继周点校：《曾巩集》，中华书局 1984 年版，第 72 页。
⑤ 曾巩撰，陈杏珍、晁继周点校：《曾巩集》，中华书局 1984 年版，第 74 页。

但这一理想往往让位于现实，只能在短暂而有限的山水游览等活动中体验一二。基于曾巩的生活状况，以及他对自己生活的认识，产生了很特别的上述略带矛盾的心态，其中一个方面就是以诗来写的闲情，借以书写理想，自由呼吸。

曾巩的生活是艰辛的，其《合酱作》云："孺人舍我亡，稚子未堪役。家居拙经营，生理见侵迫。海盐从私求，厨麦自官得。拣豆连数晨，汲泉候将夕。调挠遵古书，煎熬需日力。庶以具藜羹，故将供脍食。岂有寄径忧，提瓶无所适。但惭著书非，覆瓿固其职。"[①]由此诗可见一斑。为了生活，曾巩无奈而折腰，违背本性，而受官事的拘迫。如其《移守江西先寄潘延之节推》："忆昔江西别子时，我初折腰五斗粟。南北相望十八年，俯仰飞光如转烛。子遗万事遂恬旷，我系一官尚局促。早衰胆气自然薄，多病颠毛那更绿。人情畦畛阻肝膈，世路风波悸心目。每嗟太守两朱轮，宁及田家一黄犊。幸逢怀绂入斗牛，喜得披山收宝玉。薄材顽钝待磨琢，旧学抢攘期反复。云鸿可近眼先明，野鹿尚麋颜自忸。长须幸未阻诲存，下榻应容拜临辱。"[②]《酬王正仲登岳麓寺阁见寄》："闻君东南使，揽辔云松间。皇华照楚甸，吉玉投衡山。幽寻得临观，意豁穷跻攀。顾我客斗牛，三年疏往还。低心念弱志，引领望衰颜。未共樽酒乐，良嗟人事艰。"[③]《羁游》："粗饭寒斋且自如，欲将吾道付樵渔。羁游事事情怀恶，贫病年年故旧疏。自古幸容元亮醉，凡今谁喜子云书。何由得洗尘埃尽，恣买沧州结草庐。"[④]《书阁》："自怜野性生来拙，谁许交情晚最亲。世路因仍忧槛阱，他乡衰暮傍风尘。惟将菽藿还求志，未有丝毫可为人。一亩萧然须暂得，欲偷闲日长精神。"[⑤]《和邵资政》："拂衣久欲求三径，窃食聊须把一麾。世路贱贫从所好，老年胸臆固无奇。樊笼偶得沧州趣，芜类难酬白雪辞。督府繇来恩礼厚，每容商也与言诗。"[⑥]《郡斋即事》其二：

① 曾巩撰，陈杏珍、晁继周点校：《曾巩集》，中华书局 1984 年版，第 64 页。
② 曾巩撰，陈杏珍、晁继周点校：《曾巩集》，中华书局 1984 年版，第 75 页。
③ 曾巩撰，陈杏珍、晁继周点校：《曾巩集》，中华书局 1984 年版，第 77 页。
④ 曾巩撰，陈杏珍、晁继周点校：《曾巩集》，中华书局 1984 年版，第 83 页。
⑤ 曾巩撰，陈杏珍、晁继周点校：《曾巩集》，中华书局 1984 年版，第 85 页。
⑥ 曾巩撰，陈杏珍、晁继周点校：《曾巩集》，中华书局 1984 年版，第 97 页。

“总是济南为郡乐，更将诗兴属何人。”①《西湖》其一：“左符千里走东方，喜有西湖六月凉。塞上马归终反复，泰山鸱饱正飞扬。懒宜鱼鸟心常静，老觉诗书味更长。行到平桥初见日，满川风露紫荷香。”②《人情》：“人情当面蔽山丘，谁可论心向白头。天禄阁非真学士，玉麟符是假诸侯。诗书落落成孤论，耕钓依依忆旧游。早晚抽簪江海去，笑将风月上扁舟。”③

综观这些诗作，可见曾巩的现实境遇常与贫贱相亲，不得不走那布满陷阱、风波悸人心目、难遇知音的世路；但这不是自己的本性所系，他自认为是野鹿，有与生俱来的“野性”，所以居官时时处处感到如在樊笼，他向往着归隐，像渔樵那样自由自在，亲近鱼鸟，吟啸风月。这种情怀，曾巩是以诗来书写；或者说，曾巩用诗来安放那些在世路中不能安放的情怀，他用诗来营造心灵的别一世界，那个充满自由精神的心灵世界。曾巩的《和陈郎中》：“材薄安时甘寂寞，身闲乘兴喜登临。每寻香草牵狂思，曾向幽兰费苦吟。明月几人非按剑，高山从古少知音。数篇清绝赓歌意，默见冯唐异俗心。”④《芍药厅》：“小碧阑干四月天，露红烟紫不胜妍。肯为云住阳台女，恐逐风飞饰室仙。洧外送归情放荡，省中番直势拘挛。何如潇洒山城守，浅酌清吟济水边。”⑤《北渚亭》：“午夜坐临沧海日，半天吟看泰山云。”⑥《孙少述示近诗兼仰高致》：“大句闳篇久擅场，一函初得胜琳琅。少陵雅健材孤出，彭泽清闲兴最长。世外麒麟谁可系，云中鸿雁本高翔。白头多病襄阳守，展卷临风欲自强。”⑦《池上即席送况之赴宣称》：“远岫烟云供醉眼，双溪鱼鸟付新诗。”⑧《寄题饶君茂才葆光庵》：“适意藜羹与布裘，结庐人境地还幽。清谈汝水孤猿夜，爽气麻源一叶秋。应有风骚归健笔，可无尊酒付扁舟。因君

---

① 曾巩撰，陈杏珍、晁继周点校：《曾巩集》，中华书局 1984 年版，第 98 页。
② 曾巩撰，陈杏珍、晁继周点校：《曾巩集》，中华书局 1984 年版，第 102 页。
③ 曾巩撰，陈杏珍、晁继周点校：《曾巩集》，中华书局 1984 年版，第 111 页。
④ 曾巩撰，陈杏珍、晁继周点校：《曾巩集》，中华书局 1984 年版，第 103 页。
⑤ 曾巩撰，陈杏珍、晁继周点校：《曾巩集》，中华书局 1984 年版，第 105 页。
⑥ 曾巩撰，陈杏珍、晁继周点校：《曾巩集》，中华书局 1984 年版，第 106 页。
⑦ 曾巩撰，陈杏珍、晁继周点校：《曾巩集》，中华书局 1984 年版，第 118 页。
⑧ 曾巩撰，陈杏珍、晁继周点校：《曾巩集》，中华书局 1984 年版，第 136 页。

更起家园兴，梦寐思从几杖游。”[①]《看花》:“春来日日探花开，紫陌看花始此回。欲赋妍华无健笔，拟酬芳景怕深杯。”[②] 从这些表述中，我们不难概括曾巩诗以达意的观念，即以诗来抒发意趣和情怀的观念，此种情怀无关家国大计，不受俗世拘迫，常与山水相近，常与鱼鸟相亲，将诗言志、诗缘情的理念落实在自家情怀之中。曾巩的《寄王乐道》云：“荆州南走困尘埃，应喜文章意自开。”[③]《赠张济》说:“诗书就我论新意。”[④]《祭欧阳少师文》:“辞穷卷尽，含意未卒。”[⑤]《和章友直城东春日》:“君意无不谐，研谈欲俱得。赋诗多所陈，炳若观龟坼。”[⑥] 即明言以诗写意。

这种意趣情怀，可以是壮阔的，如曾巩《送丰稷》所说：“闳才壮思风雨发。”《和孔平仲》:“波涛万字惊人笔。”似乎有“笔落惊风雨”的意味；也可以是清新俊逸的，其《馆中祭丁元珍文》云：“清新俊逸，与古为俦。”还可以倾泻积愤不平，如《上欧蔡书》所说：“感愤之不已，仅成《忆昨诗》一篇，杂说三篇……欲启告觉悟天下之可告者，使明知二公志。次亦使邪者庸者见之，知世有断然自守者，不从己于邪，则又庶几于天子视听，有所开益。使二公之道行，则天下之嗷嗷者举被其赐。是亦为天下计，不独于二公发也。”又如《书唐欧阳詹集》:“余观其《出门》《怀归》等赋，思曰：愈之所称，岂谓此耶？又观其《陶器铭》《驽骥》诗等，则悲生之志焉。”

但在曾巩的诗歌观念中成为主流的情怀乃是节制的、平和敦厚的。曾巩《秋怀二首》其一：“流水寒更澹，虚窗深自明。褰帷远钟断，拥褐晨香清。油然素心适，缅彼外物轻。因时固有应，在理复何营。隐几公事退，卷书坐南荣。以兹远尘垢，何异山中情。”[⑦] 可见，曾巩诗中的情怀经过了书卷的浸润洗礼，与前贤的心意相通，获得了超越俗世的升华，获得了“理”的有力

---

① 曾巩撰，陈杏珍、晁继周点校：《曾巩集》，中华书局 1984 年版，第 139 页。
② 曾巩撰，陈杏珍、晁继周点校：《曾巩集》，中华书局 1984 年版，第 93 页。
③ 曾巩撰，陈杏珍、晁继周点校：《曾巩集》，中华书局 1984 年版，第 112 页。
④ 曾巩撰，陈杏珍、晁继周点校：《曾巩集》，中华书局 1984 年版，第 112 页。
⑤ 曾巩撰，陈杏珍、晁继周点校：《曾巩集》，中华书局 1984 年版，第 526 页。
⑥ 曾巩撰，陈杏珍、晁继周点校：《曾巩集》，中华书局 1984 年版，第 39 页。
⑦ 曾巩撰，陈杏珍、晁继周点校：《曾巩集》，中华书局 1984 年版，第 69 页。

支撑，而凝结为一颗“素心”，使得自己无往而不适。曾巩在《鲍溶诗集目录序》中赞赏鲍溶的诗：“违理者少”①，因此也对李白之诗“不中法度”略有微词。翁方纲《志言集序》说：“在心为志，发言为诗，一衷诸理而已。”②正是对曾巩诗歌观念的传承与说明。

一颗“在理”的“素心”就是广义的道德之心，与此相应的另一观念即是“蓄道德而能文章”说。曾巩曾请欧阳修撰写其祖父的墓碑铭，铭文撰成之后，曾氏写信致谢，就铭文的写作伦理提出了“畜道德而能文章”的观点，把道德与能文章当成胜任铭文写作的两个不可或缺的条件。曾巩继承了《尚书》的“文各体要”说，具有辨体的观念。他认为，史文与铭文体裁规范并不一致，虽然都是实录，而史善恶两存，铭则隐恶扬善，只写“功德材行志义之美”。但这样，铭文就容易因碍于面子、诱于银子而流为“谀墓”笔墨。对治之法只在于作者的道德操守，有道德操守为根基，才有公是公非的基准，这便是“畜道德而能文章”说的要点。它针对铭文文体而发，但又有普遍意义，其基本点是将道理与性情贯通为一。

在曾巩的文章中，与此相类的还有《相国寺维摩院听琴序》，其文说：“若夫三才万物之理，性命之际，力学以求之，深思以索之，使知其要，识其微，而斋戒以守之，以尽其才、成其德，至合于天地而后已者，又当得之于心，……然其习之有素，闲之有具如此，则求其放心，伐其邪气，而成文武之材，就道德之实者，可谓易矣。”③万物之理、性命之际，通过学与思而内化为自己的德行与才能，内化为自己的心灵，在此基础上发为文艺，自能动人。这虽针对琴艺而发，实际道理通于诗文。曾巩《听琴序》也说：“虽然，声自外入也，使闻于彼而应于此者犹且如此，况不自外入者乎？故乐之实不在于器，而至于鼓之以尽神，则乐由中也明矣。故闻其乐可以知其德，而德之有见于乐者，岂系于器哉？惟其未离于器也，故习之有曲，以至于有数，推之则将

① 曾巩撰，陈杏珍、晁继周点校：《曾巩集》，中华书局1984年版，第192页。

② 翁方纲：《复初斋文集》卷四，《续修四库全书》本，上海古籍出版社2002年版，第390—391页。

③ 曾巩撰，陈杏珍、晁继周点校：《曾巩集》，中华书局1984年版，第211页。

以得其志，又中于得其人，则器之所不及矣。故乐作而喜，曲终而悲，岂能易吾于须臾哉？若夫吾之心在于雁门，吾之目在于鸿鹄，则虽九奏于吾之前，犹不闻也。故琴之作，有厌乎人之耳者，岂非自外入，无有久而不倦者乎？”[①]曾巩此说的特异之处是蕴道德于公是公非之中，其文中的表述是从公是公非而接入蓄道德说，其意脉似乎有跳跃，实际上是蕴道德与公是公非之中，道德是一个虚位概念，它一种态度和精神，其内容实质是是非之公理，也即是其是而非其非，不徇私，不诱利，这就是有道德，而无须在是非之外再外加某种意识形态，道德修养就体现为心与理合、情与性一。此外，道德又不外在于我，而在我之“中”，琴声琴艺由此“中”而发，这就从正面提出了德现于乐，闻乐而知内外一体的观点。这一观点也同样通于诗文，或者说，曾巩在论诗论文论琴中蕴含这同样的思想。

这一观念有深远的历史文化渊源。如《荀子·正名》云：“以仁心说，以学心听，以公心辨。”[②]此所谓“以仁心说”，与孔子的“唯仁者能好人，能恶人”观念相通，与“有德者必有言，有言者不必有德”也相通，指出了“道德”的基准意义。此外，曾巩推崇的扬雄也说过“言为心声，书为心画”，与曾巩的“畜道德而能文章”说为同一个问题的不同方面，即都基于文心、文德的一体性而发。再如韩愈也说过“仁义之人，其言蔼如”的话。这都是“文如其人”说的翻版。不过，这一观念也受到质疑：文章与道德有这种一体性的关联吗？不是能够从历史上提出其人无道德其文非无道德的反例吗？究竟应该怎样来理解这一观点，怎样来回应质疑？

实际上，此类命题有两个用意，一个是解释已有（历史的、已出现的）的文（文风），按照因果律提供的思维线索，将文风的成因归结为人方面的因素。但如果想要在“人”这头找到恒常、单一、最终的答案，则势必要落空，因为人乃是因缘和合而成，并非“我常”之体。实际上，此命题只提供问题的线索和方向，并未坐实标准答案。这意味着，它提示探索者往人这方

① 曾巩撰，陈杏珍、晁继周点校：《曾巩集》，中华书局 1984 年版，第 716 页。
② 王先谦：《荀子集解》，中华书局 1988 年版，第 338 页。

面去追寻，但具体是人的什么，则未能先验地指明。那些发现此命题乃“错误等式”的人，实际上把自己关于人的一种认识投射到此命题之上，并固定下来，然后再去寻找另一种关于人的规定，然后说：你看，并不如此。其所以触处皆碍，实由于固执太过。如元好问诗云：“心声心画总失真，文章宁复见为人。高情千古闲居赋，争信安仁拜路尘。”①这里先预设人的为人是固定不移的，而文章恰是为人的反映，再将此意横加给“心声心画”说，然后找出作者为人的另外一面，从而得出失真的结论。先将问题限定死了、简单化处理了，然后又回到事实的复杂面相，这样自然能批判原来的观点，但实际上并未推进对问题的认识。此命题只是确立了文与人的必然关系，至于关系如何，则未和盘托出。古人抱相似观点的人并不少。如刘勰《文心雕龙·体性》提出，文风的形成由“性”造成，但性实际包括气、才、学、习等多个因素，因而在分析具体问题的时候，便要有针对性地加以解释。他并没有一说到性、心，便局限在德行的范围内。殊不知即便是“有德者必有言”，仍有一句补充：“有言者不必有德。”这样通达地看，就是那些文非如其人的说法也可归结为文如其人的理论模型。

第二个用意是提出理想，提出要求。这并非是对已有现象的描述，而是树立写文章的高标准，或说探索写出理想文章的成因。所谓崇高的作品是伟大心灵的回声（朗吉努斯），所谓诗人需有胸襟（叶燮），皆是谈理想，而非解释现象。这样实际上重新定义了风格的形成，也即不是简单使风格与作家的个性挂钩，而是注入新的内容。如果说，第一层用意是将风格追溯为性情的话（其条理为性情—文字—风格），这第二层用意实际上突破了文与人的封闭关联，大有“为天地立心”而作文的意思，包含“宇宙—胸襟—文字—风格”的思路。朱熹说:“文皆是从道中流出。”②说的也是这层意思。从这层意义来说,曾巩的“畜道德而能文章”说就有积极价值,更何况曾巩所谓“道德”有其深广而真切的内容。

① 郭绍虞：《中国历代文论选》第四册，上海古籍出版社 2001 年版，第 449 页。
② 黎靖德：《朱子语类》卷一三九，中华书局 1986 年版，第 336 页。

这就要求作者涵养体道的心灵，在此，也是心与道合，情与性一。

总之，不论是在论文方面，从明道到明理、达意，还是在论诗方面，从言志到达意，都蕴含着同一个前提，那就是道、理、意的贯通为一，也就是说，道通于意，而意不外于道，也即是心与道合，情与性一。正是由于这个根源方面的相通，才使得曾巩有论诗论文略同的认识，也成为"以文为诗"之潮流的思想根源。这个特点，对我们把握曾巩的诗歌理论有重要的意义。

第二节　美感形式论

曾巩既重视文章之美，也重视诗歌的形式美感。

上文说过，曾巩针对铭文，把道德与能文章当成胜任铭文写作的两个不可或缺的条件，可见道德与文章是并列的。曾巩重道但不轻文，非但不轻文，还肯定了文章的积极意义，提出了"文章兼胜说"，其《寄欧阳舍人书》说："而其辞之不工，则世犹不传。于是又在其文章兼胜焉。故曰非畜道德而能文章者无以为也。"①

这与道学家重道轻文、废文乃至作文害道的观点是有区别的。比如推崇曾巩，说"曾子文章众无有，水之江汉星之斗"的王安石，其文学观就偏于实用，仅仅把文章当成政教的宣传工具。王安石《上人书》说："尝谓文者，礼教治政云尔，其书诸策而传之人，大体归然而已。而曰'言之不文，行之不远'云者，徒谓'辞之不可以已也'，非圣人作文之本意也……文者，务为有补于世而已矣。所谓辞者，犹器之有刻镂绘画也。诚使巧且华，不必适用；诚使适用，亦不必巧且华。要之以适用为本，以刻镂绘画为之容而已。不适用，非所以为器也；不为之容，其亦若是乎？否也。然容亦未可已也。勿先之，其可也。"② 在《与祖择之书》中王安石又说："治教政令，

① 曾巩撰，陈杏珍、晁继周点校：《曾巩集》，中华书局1984年版，第253页。
② 王安石：《临川文集》，影印文渊阁《四库全书》本，台湾商务印书馆1986年版，第641页。

圣人之所谓文者，书之策，引而披之天下之民，一也。圣人之于道也，盖心得之，作而为治教政令也，则有本末先后权势制义，而一之于极；其书之策也，则道其然而已矣……某生二十年而学，十四年矣。圣人之所谓文者，私有意矣，书之策则未也。”[①]在《上邵学士书》中，王安石批评“近世之文，辞弗顾于理，理弗顾于事”，“求其根抵济用，则蔑如也”。他称赞邵学士的一篇文章“不候按图而尽越绝之形胜；不候入国而熟贤牧之爱民，非夫诚发乎文，文贯乎道，仁思义色，表里相济者，其孰能至于此哉？”[②]王安石的立论，也依据“文贯乎道”等不可辩驳、绝对正确的成说，也考虑“表里相济”的辩证关系，但问题在于，他怎么回应，或者说对文与道、文与理的具体怎么理解。显然，他把文局限为书之于策的治教政令，也就是治教政令的表达。换言之，文是达到政教目的的实用工具，根据这工具的性质，文采与修饰就会是不必要的了。更有甚者，为了支撑自己的偏见，排除不利于自己观点的圣人之言，竟连圣人说过的“言之文”也加以曲解了。

同样，理学家论文也以道为要，而文则可有可无。周敦颐说：“文所以载道也。轮辕饰而人弗庸，徒饰也，况虚车乎。”(《通书·文辞》)[③]这里把文当作车乘，把道当作运载之物，车乘与运载之物是没有内在关联的，故而文对于道只是外在的工具。文作为工具，其作用和意义当然视道而定，运载道即有价值，运载空即无价值，无论车子如何装饰。在《通书》中周氏又说：“圣人之道，入乎耳，存乎心，蕴之为德行，行之为事业。彼以文辞而已者，陋矣。”[④]到了南宋，朱熹则把“文”看成是“道”的附庸和派生物，他说：“道者，文之根本；文者，道之枝叶。”又说：“这文皆是从道中流出，岂有文反能贯道之理？文是文，道是道，文只如吃饭时下饭耳。若以文贯道，却是把本为末。”[⑤]其中的思路是把道当成绝对的、现成的，与现实的德行、事业

① 王安石：《临川文集》，影印文渊阁《四库全书》本，台湾商务印书馆1986年版，第642页。
② 王安石：《临川文集》，影印文渊阁《四库全书》本，台湾商务印书馆1986年版，第629—630页。
③ 周敦颐：《周敦颐集》，中华书局1990年版，第34页。
④ 周敦颐：《周敦颐集》，中华书局1990年版，第39页。
⑤ 黎靖德：《朱子语类》卷一三九，中华书局1986年版，第336页。

可以分离开来的，而没有达到即事即道的认识，忘记了道在事中，因此文的价值就被大大贬黜了。即使说“文从道中流出”，也假定了道可独立与文的先在与独存。实际上，这种思路是有问题的。如果道在德行、事业、文学等事物之外，那么道也是不普遍的、有限的。所以，道不可离文;非道无以存文，非文无以显道。从这个意义来说，文以明道说最接近这种认识，也较能正视文的价值和功能。曾巩称赞苏洵文："盖少或百字，多或千言，其指事析理，引物托喻，侈能尽之约，远能见之近，大能使之微，小能使之著，烦能不乱，肆能不流。"[①]《祭吴彦弼文》:"识能议论，文可传道。"《贺提刑状》:"发明吾道，则有文章之深淳;推行当时，是为治行之尤异。"[②]《上欧阳舍人书》:"不辨之则道不明。"[③]从中都可见曾巩重视文的思路是文能发明道。

曾巩对文章及形式美感的重视，除了体现在前文已引的《寄欧阳舍人书》之外，还体现在《南齐书目录序》，[④]该文认为必须兼具明、道、智、文四种能力才能称得上良史，这四中能力又可概括为两种，一是理解的能力，包括理解史迹之意、万事之理，二是传达的能力，传达难显之情，尤其对与圣贤之高致，非能文者不能传达精准入微。在能文方面，曾巩高度赞扬了司马迁，称之为“隽伟拔出之才、非常之士”，这确实是因为难能可贵。

此外，曾巩对诗文的形式美感颇为看重。前引曾巩的《回傅权书》以看出“文辞甚美”的一面[⑤]。再如他评价祖父曾致尧，云“所学已皆知治乱得失兴坏之理”，为文“闳深隽美”(《先大夫集后序》)[⑥]。评王子直文“能驰骋上下，伟丽可喜”(《王子直文集序》)[⑦]。评强几圣文，说："几圣为属稿草，必声比字属，曲当绳墨，然气质浑浑，不见刻画，远近多称诵之。"(《强几

---

① 曾巩撰，陈杏珍、晁继周点校:《曾巩集》，中华书局 1984 年版，第 560 页。
② 曾巩撰，陈杏珍、晁继周点校:《曾巩集》，中华书局 1984 年版，第 517 页。
③ 曾巩撰，陈杏珍、晁继周点校:《曾巩集》，中华书局 1984 年版，第 253 页。
④ 曾巩撰，陈杏珍、晁继周点校:《曾巩集》，中华书局 1984 年版，第 187—188 页。
⑤ 曾巩撰，陈杏珍、晁继周点校:《曾巩集》，中华书局 1984 年版，第 267 页。
⑥ 曾巩撰，陈杏珍、晁继周点校:《曾巩集》，中华书局 1984 年版，第 194 页。
⑦ 曾巩撰，陈杏珍、晁继周点校:《曾巩集》，中华书局 1984 年版，第 197 页。

圣文集序》)[①] 评萧子显则云:“子显之于斯文，喜自驰骋，其更改破析刻雕藻缋之变尤多,而其文益下,岂夫材固不可以强而有邪！”(《南齐书目录序》)[②]《答孙都官书》:“伏承赐书，及示盛制六编，凡三千首，盛矣哉！ 文之多，工之深，且专以久也……而其语则博而精，丽而不浮，其归要不离于道。”[③]《张文叔文集序》:“余读其书，知文叔虽久穷，而讲道益明，属文益工，其辞精深雅赡有过人者。”[④] 这都说明文学美感的形容词的使用,表明曾巩延续陆机、刘勰等人的传统，已认识到文学区别与学术、哲学、历史的独立的形式美感，为文必有“雕琢文章”的一面，必有“绮靡”的一面，必有其修饰意味。

曾巩还能细细体味文学语言传达的美感。其《寄子进弟》:“其余业文字，颇测幽与微。题诗在纸尾，语老意不非。”[⑤]《颜碑》:“碑文老势信可爱，碑意少缺谁能镌。”[⑥] 这都指出了语之“老”味。杜甫《敬赠郑谏义十韵》尝用“老成”来论诗味，云“毫发无遗憾，波澜独老成”，曾巩用“老”之语词，也是指一种特别的审美趣味。

曾巩还欣赏并践行“清约谨严”之美。其《鲍溶诗集目录序》云 :“溶诗尤清约谨严，而违理者少，亦近世之能言者也。故既正其误谬，又著其大旨以传焉。”[⑦] 可见他主张为文为诗贵在清约，能清深婉约，得诗人之风旨。曾巩的诗歌，如脍炙人口的《城南》二首，便有清淡深婉的风情格调。

基于这样的认识,曾巩由文学美感而推崇那些有“文学性”的诗人文人。前引《王平甫文集序》也称赞“其诗博而深”,“博而深”着眼的是诗歌的审美意味。曾巩还欣赏杜诗的“雅健”，陶诗的“清闲”。如李白，曾巩《李白诗集后序》:“白之诗连类引义，虽中于法度者寡，然其辞闳肆隽伟，殆骚人

① 曾巩撰，陈杏珍、晁继周点校 :《曾巩集》，中华书局 1984 年版，第 202 页。
② 曾巩撰，陈杏珍、晁继周点校 :《曾巩集》，中华书局 1984 年版，第 188 页。
③ 曾巩撰，陈杏珍、晁继周点校 :《曾巩集》，中华书局 1984 年版，第 260 页。
④ 曾巩撰，陈杏珍、晁继周点校 :《曾巩集》，中华书局 1984 年版，第 213 页。
⑤ 曾巩撰，陈杏珍、晁继周点校 :《曾巩集》，中华书局 1984 年版，第 15 页。
⑥ 曾巩撰，陈杏珍、晁继周点校 :《曾巩集》，中华书局 1984 年版，第 32 页。
⑦ 曾巩撰，陈杏珍、晁继周点校 :《曾巩集》，中华书局 1984 年版，第 192 页。

所不及，近世所未有也。《旧史》称白有逸才，志气宏放，飘然有超世之心，余以为实录。”[①] 曾巩还曾作《代人祭李白文》云：“子之文章，杰立人上……播产万物，玮丽瑰奇。大巧自然，人力何施？”[②] 又有《谒李白墓》：“信矣辉光争日月，依然精爽动山川……顾我自惭才力薄，欲将何物吊前贤？”[③] 他的部分诗作，如《麻姑山送南城尉罗君》就留下了学李白的痕迹。曾巩还推崇韩愈，其理由是韩愈的文辞和笔力气冲星斗，光鉴日月：“韩公缀文辞，笔力乃天授。并驱六经中，独立千载后。谓为学可及，不觉惊缩手。如天有日月，厥耀无与偶。当之万象莹，所照百怪走。此其自然光，万物安得有？其人虽已殁，其气著星斗。”（《杂诗》其一）[④]

曾巩虽认为李白诗“中于法度者寡”，但仍能肯定他的“逸才”，高度赞赏他为“骚人所不及，近世所未有”，单以文章“杰立人上”，可与日月争辉光。如果一味论道，是不可能有这样的眼光的。此外，曾巩还能赏玩文章的形式美，能进行细致深入有得的鉴赏，所谓“闳深隽美”，“声比字属，曲当绳墨，然气质浑浑”，“精深雅赡”等皆是。显然，曾巩吸收了形式批评的传统资源，充分地认识到了文学的形式美感，而没有陷入以道废文的偏颇，不像某些道学家，心灵枯槁质木，对天地间的美毫无感知，更不用说鉴赏能力了。

第三节　以气论文与诗为穷人之辞说

曾巩的《读贾谊传》可以说是一篇文论专论，也蕴含了相当丰富的理论内涵。

① 曾巩撰，陈杏珍、晁继周点校：《曾巩集》，中华书局 1984 年版，第 194 页。
② 曾巩撰，陈杏珍、晁继周点校：《曾巩集》，中华书局 1984 年版，第 533 页。
③ 曾巩撰，陈杏珍、晁继周点校：《曾巩集》，中华书局 1984 年版，第 89 页。
④ 曾巩撰，陈杏珍、晁继周点校：《曾巩集》，中华书局 1984 年版，第 55 页。

余读三代两汉之书，至于奇辞奥旨，光辉渊澄，洞达心腑，如登高山以望长江之活流，而恍然骇其气之壮也。故诡辞诱之而不能动，淫辞迫之而不能顾，考是与非若别白黑而不能惑，浩浩洋洋，波彻际涯，虽千万年之远，而若会于吾心，盖自喜其资之者深而得之者多也。既而遇事辄发，足以自壮其气，觉其辞源源来而不杂，剔吾粗以迎其真，植吾本以质其华。其高足以凌青云，抗太虚，而不入于诡诞；其下足以尽山川草木之理，形状变化之情，而不入于卑污。及其事多，而忧深虑远之激扞有触于吾心，而干于吾气，故其言多而出于无聊，读之有忧愁不忍之态，然其气要以为无伤也，于是又自喜其无入而不宜矣。

使予位之朝廷，视天子所以措置指画号令天下之意，作之训辞，镂之金石，以传太平无穷之业，盖未必不有可观者，遇其所感，寓其所志，则自以为皆无伤也。余悲贾生之不遇。观其为文，经画天下之便宜，足以见其康天下之心。观其过湘为赋以吊屈原，足以见其悯时忧国，而有触于其气。后之人责其一不遇而为是忧怨之言，乃不知古诗之作，皆古穷人之辞，要之不悖于道义者，皆可取也。贾生少年多才，见文帝极陈天下之事，毅然无所阿避。而绛灌之武夫相遭于朝，譬之投规于矩，虽强之不合，故斥去，不得与闻朝廷之事，以奋其中之所欲言。彼其不发于一时，犹可托文以摅其蕴，则夫贾生之志，其亦可罪耶？

故予之穷饿，足以知人之穷者，亦必若此。又尝学文章，而知穷人之辞，自古皆然，是以于贾生少进焉。呜呼！使贾生卒其所施，为其功业，宜有可述者，又岂空言以道之哉？予之所以自悲者，亦若此。然世之知者，其谁欤？虽不吾知，谁患耶！①

综合《读贾谊传》的要旨，有以下几点：第一，取资三代两汉。这是继承了韩愈、柳宗元的观念。韩愈在《答李翊书》中自言学文的理念和历程，其理念是“仁义之言，其言蔼如”，故而师法圣人，以厚殖根本，所以长

① 曾巩撰，陈杏珍、晁继周点校：《曾巩集》，中华书局 1984 年版，第 700—701 页。

期“非三代两汉之书不敢观，非圣人之志不敢存”。[①]柳宗元在《答韦中立论师道书》也主张文以明道，并且详细阐述了取资三代两汉的经典来涵养道的观念：“本之《书》以求其质，本之《诗》以求其恒，本之《礼》以求其宜，本之《春秋》以求其断，本之《易》以求其动。此吾所以取道之原也。参之穀梁氏以厉其气，参之孟、荀以畅其支，参之庄、老以肆其端，参之《国语》以博其趣，参之《离骚》以致其幽，参之太史公以著其洁。此吾所以旁推交通而以为之文也。”[②]曾巩取资三代两汉与此有关，与他根于经术的学问有关，也与当时的取资经籍、以文章的视角读经籍的时代风气有关。据说，稍晚的黄庭坚向苏轼请教作文的秘诀，苏轼授以《礼记·檀工》篇，黄庭坚反复阅读，体会到了作文的法度，由此可见时代风气。曾巩认为，三代两汉之书气辞两胜，内蕴深厚，效果极好极正，可以“剔吾粗以迎其真，植吾本以质其华”，可以出而用之于政事，可以处而用之于修身养气。明代以李梦阳、何景明为代表的“前七子”主张“文必秦汉”，也与此一脉相承，但取资的侧重点有所不同。

第二，以气论文。气是具有中国传统文化特色的范畴，也是一个难以用现代概念来解释的范畴。它既非物也非心，既客观又主动，虽无形却功能可感，虽无象而万象因之而生。《老子》四十二章：“万物负阴而抱阳，冲气以为和。”给气以极高的理论地位，但未以气论文。孟子将自己善于“知言”的原因归结为“善养吾浩然之气”。(《孟子·公孙丑上》)曹丕的《典论·论文》首次以气论文，提出“文以气为主，气之清浊有体，不可力强而致”的观点。[③]后来，刘勰的《文心雕龙》则多处以气论文，并设《养气》专篇，另外像《辨骚》：“气往轹古，辞来切今。”《神思》：“神居胸臆，志气统其关键。”《风骨》：“气号凌云。”《乐府》：“气变金石。”《祝盟》：“气截云霓。”都灵活而丰富第以气论文。及至唐代，曾巩推崇的韩愈也提出气盛言宜说，其《答李翊书》指出：“气盛，则言之短长与声

① 韩愈著，马其昶校注，马茂元整理：《韩昌黎文集校注》，上海古籍出版社 1986 年版，第 170 页。
② 柳宗元：《柳宗元集》，中华书局 1979 年版，第 873 页。
③ 郭绍虞：《中国历代文论选》（一卷本），上海古籍出版社 2001 年版，第 60 页。

之高下者皆宜。”[①] 宋时苏辙的《上枢密韩太尉书》，提出“文者气之所形，然文不可学而能，气可养而致”的观点，也很有名。曾巩的这篇《读贾谊传》也以气论文，可以超越政教说，因为气是政教的上位概念，气的涵盖面更广，它能包括政教，但政教不能限制气。在曾巩的文气说中，气用来解释三代两汉之书内涵丰富的原因，用来解释创作的动力，用来解释文章感染力，用来描述异时异地作者读者相通相感的现象。文中说三代两汉之书的“气状”，即是说其内涵丰富、作用深广的原因；说“自壮其气”，即点出气的主动性，能为人所涵养蕴蓄，为创作动人的作品奠定根基；说“有干于吾气”“有触于其气”，即说读者通过作品与作者相通相感的现象，也从某一侧面描述了文章的感染力；说虽忧愁而“其气要以为无伤”，即言虽忧愁而非暮气死气，乃是强韧之气的变态，因此仍有价值，并由此而肯定气的普遍作用，“无入而不宜”。

第三，提出“古诗之作，皆古穷人之辞”的观点。这种观点也是渊源有自的。屈原《九章·惜诵》云：“惜诵以致愍兮，发愤以抒情。”[②] 司马迁的《报任少卿书》云：“盖文王拘而演《周易》；仲尼厄而作《春秋》；屈原放逐，乃赋《离骚》；左丘失明，厥有《国语》；孙子膑脚，《兵法》修列；不韦迁蜀，世传《吕览》；韩非囚秦，《说难》《孤愤》；《诗》三百篇，大底圣贤发愤之所为作也。此人皆意有所郁结，不得通其道，故述往事、思来者。乃如左丘无目，孙子断足，终不可用，退而论书策，以舒其愤，思垂空文以自见。”[③] 杜甫《天末怀李白》：“文章憎命达。”[④] 欧阳修《梅圣俞诗集序》：“世谓诗人少达而多穷，夫岂然哉！盖世所传诗者，多出于古穷人之辞也。盖愈穷则愈工。然则非诗之能穷人，殆穷者而后工也。”[⑤] 曾巩承续了前人的这些观点，用来解释贾谊的悯时忧国之心，说明它并非怨谤之作，而只是由于其志不得申，

---

① 韩愈著，马其昶校点，马茂元整理：《韩昌黎文集校注》，上海古籍出版社 1986 年版，第 170 页。

② 洪兴祖撰，白化文点校：《楚辞补注》，中华书局 1983 年版，第 120 页。

③ 萧统编，李善注：《文选》，上海古籍出版社 1986 年版，第 1756 页。

④ 杜甫著，杨伦笺注：《杜诗镜铨》，上海古籍出版社 1981 年版，第 248 页。

⑤ 欧阳修著，洪本健校笺：《欧阳修诗文集校笺》，上海古籍出版社 2009 年版，第 1092 页。

而只能寄托于文章来摅其蕴，这就有力地回击了以文章为功罪的观点。可见，曾巩虽主抒情而根于道德、合于道理，但也能同情抒发怨情之作，理解“诗可以怨”的道理。

曾巩重视抒发情志的诗文，有两点原因。一是认识上的，曾巩以文理说来回应文道说，结合文理说来论文意说，这使得道由理、意而变得可理解可把握，从而诗文的作用和价值也相应提高。我们知道，对言文持否定态度的庄子，其之所以如此，恰恰是对道陈义太高，因道的位置太高，言文皆不可及其精，不能道其质，因此言文的价值就被贬低了。同理，佛教也不重视文章，因为佛学要体证的般若绝境在言文之外，“无物堪比伦，教我如何说！”这样势必贬黜一切言说包括文章的价值。而在欧阳修、曾巩看来，言可尽理，道理能够被思维、被把握，也可以被言说，并且道借言而显，理因言而尽，因此言文的积极价值就凸显出来了。曾巩的《洪范传》论“思”云：“思所以为主于内……盖思者所以充人之材以至于其极，圣者人之极也。”[①]这就肯定了主体的作用和地位，认为通过思能够“充人之材以至于其极”。曾巩的《谢章伯益惠砚》说：“造化岂不大且渊，到此缩缩智且悭。圣人智出造化先，始独俯仰模坤乾。一人诘曲意百千，以文写意意乃宣。”[②]体会其“以文写意意乃宣”的表述，此文不是言，而是“言之无文，其传不远”之文，乃修饰之义。这是说文乃是写意的条件，无文写之，意反而隐匿不传。曾巩《游麻姑山》：“泉声可听真众籁，泉意欲写无瑶琴。”[③]若有瑶琴能为音乐，则“泉意”可写。其《寄子进弟》：“其余业文字，颇测幽与微。题诗在纸尾，语老意不非。”[④]以语、意并举，语能传意，故文能测幽微。《南源庄》：“吾能放意游八极，此兴久与前贤附。”[⑤]吾意能游八极，所以天地之心、造化之意能为我所理解；文又能传意，故

① 曾巩撰，陈杏珍、晁继周点校：《曾巩集》，中华书局 1984 年版，第 158 页。
② 曾巩撰，陈杏珍、晁继周点校：《曾巩集》，中华书局 1984 年版，第 22 页。
③ 曾巩撰，陈杏珍、晁继周点校：《曾巩集》，中华书局 1984 年版，第 31 页。
④ 曾巩撰，陈杏珍、晁继周点校：《曾巩集》，中华书局 1984 年版，第 15 页。
⑤ 曾巩撰，陈杏珍、晁继周点校：《曾巩集》，中华书局 1984 年版，第 3 页。

而文能显造化之理。其思路大抵如此。总之，曾巩之论道与文，没有因文废道，他只是认识到道的作用、范围要大于文，道具有普遍性，遍于三才万物，遍于政教人事，而文的作用与范围则相对有限，所以道急文缓，道深文浅。这里需要提请注意的是，道与文不是形而上与形而上的关系，道不再是高高在上不可企及，只是由于缓急深浅，才有先务后务的区别。所以，道没有取代文的价值，反而增进了文的价值，非文无以而见道，非文无以达意。

二是文章确有动人的美感，为曾巩所私心好慕。曾巩的《学舍记》云：

予幼则从先生受书，然是时，方乐与家人童子嬉戏上下，未知好也。十六七时，窥六经之言与古今文章，有过人者，知好之，则于是锐意欲与之并。而是时，家事亦滋出。自斯以来，西北则行陈、蔡、谯、苦、睢、汴、淮、泗，出于京师；东方则绝江舟漕河之渠，逾五湖，并封禺会稽之山，出于东海上；南方则载大江，临夏口而望洞庭，转彭蠡，上庾岭，繇湞阳之泷，至南海上。此予之所涉世而奔走也。蛟鱼汹涌湍石之川，巅崖莽林貙虺之聚，与夫雨旸寒燠风波雾毒不测之危，此予之所单游远寓，而冒犯以勤也。衣食药物，庐舍器用，箕筥碎细之间，此予之所经营以养也。天倾地坏，殊州独哭，数千里之远，抱丧而南，积时之劳，乃毕大事，此予之所遘祸而忧艰也。太夫人所志，与夫弟婚妹嫁，四时之祠，属人外亲之问，王事之输，此予之所皇皇而不足也。予于是力疲意耗，而又多疾，言之所序，盖其一二之粗也。得其闲时，挟书以学，于夫为身治人，世用之损益，考观讲解，有不能至者。故不得专力尽思，琢雕文章，以载私心难见之情，而追古今之作者为并，以足予之所好慕，此予之所自视而嗟也。今天子至和之初，予之侵扰多事故益甚，予之力无以为，乃休于家，而即其旁之草舍以学。或疾其卑，或议其隘者，予顾而笑曰：'是予之宜也。予之劳心困形，以役于事者，有以为之矣。予之卑巷穷庐，冗衣砻饭，芑苋之羹，隐约而安者，固予之所以遂其志而有待也。予之疾则有之，可以进于道者，学之有不至。至于文章，平生之所好慕，为之有不暇也。若夫土坚木好高大之观，固世之聪明豪隽挟长而有恃者所得为，若予之拙，岂能易而志彼哉？’遂历道其少长出处，与夫好慕之心，以为《学舍记》。[①]

在这篇文章中，曾巩详细记述了他的生活状况和理想志趣。曾巩的一生，涉世谋生、为道求学、雕琢为文是主要内容。他自青少年时就喜好六经之言与古今文章，并立志在为学为文方面有所成就，“追古今之作者为并”。但由于父亲早逝，自己身为兄长，自觉承担起了抚养弟妹、经营家庭的重任，为此消耗了大量的时间和精力，以致“不得专力尽思，琢雕文章”，其《洪州》诗亦云：“人生有累乃汲汲，万事敦迫如衔羁。”[②]只能在闲暇之际，“挟书以学”，既读圣贤有字之书，也读为身治人、世用损益的无字之书，但仍不能忘怀为文，因为文章是曾巩私心之所好慕、“平生之所好慕”。自士人身份来说，不得不谋仕进，故不能不明道，毕竟传统社会给士人设定的生活道路实在太窄，实在有限；自好慕之心来说，文章却根植于曾巩的天性，是虽经涉世奔走、穷苦劳顿而仍不可移易的志趣所在：有了这发自天性的好慕，有了这对文学美感的体认，当然是不可能否定文章的，当然免不了一有机会便“雕琢文章”了。而抒发“私心难见之情”的文章，当然不是载道的公文，而是蕴含性情志趣、富有文学美感的诗文。

第四节　材学为基

曾巩将道、理、意打成一片，但这还只是理想的效果，而不是人人天生现成所能获得，因此就有必要依据材，经过学来达到意与理的理想效果；故而曾巩在诗文创作中，很重视材学的作用。

如前引《冬望》云：“著书岂即遽有补，天下自古无能才。”意谓唯“能

① 曾巩撰，陈杏珍、晁继周点校：《曾巩集》，中华书局1984年版，第284—285页。
② 曾巩撰，陈杏珍、晁继周点校：《曾巩集》，中华书局1984年版，第40页。

才”可著书而补圣意。曾巩的《中书舍人制》说：“非能见于文章，何以究宣朕志？……其文足以代王言，其智足以谋治体……其尚尊尔之学，以善于训词；奋尔之庸，以裨于政理。”[①]《知制诰制一》：“非独在于润色斯文而已，固当论思治体，以辅朕之不逮……朕有作则垂宪，施命以告四方之志，汝则思达以文辞，见于号令。”[②]《知制诰制二》：“非独在于讨论翰墨，发挥诏号而已，必将讲明治具，思献其可，以弼予违……维能明于体要，可以见于文章。”[③]这正是由理、志、文、学等关键词架构起来的思路。又如曾巩的《书唐欧阳詹集》，其文云：“韩愈作《欧阳生詹哀辞》，其序曰：‘读其书，知其于仁孝最隆也。’余观其《出门》《怀归》等赋，思曰：愈之所称，岂谓此耶？又观其《陶器铭》《驽骥》诗等，则悲生之志焉。至《栈道铭》，观其铸金蒸云之论，至《珍详论》，观其反复风喻，则又知生之尤魁怪于文，而其材果奇也。最后观其《自明诚论》，卒曰：‘知之者知之。’知之者知之，知生于此甚自负。其说三四，观之而其说皆不出于旧。”[④]这里我们着重考察的是曾巩如何“看”《欧阳詹集》，他的观看之道就是他的眼光和思想的体现。在此，曾巩说了四层，第四层说“知”，而“知”的内容即前三层，这三层是仁孝的道德、悲生的志意以及魁怪的文材。此处曾巩考察其人的思维架构是道、意、文、材。

刘邵《人物志》已言及材性，其《九征篇》云：“凡人之质量，中和最贵矣。中和之质，必平淡无味，故能调成五材，变化应节。”[⑤]其《体别篇》又说：“夫学所以成材也，恕所以推情也。偏材之性，不可移转矣。虽教之以学，材成而随之以失；虽训之以恕，推情而各从其心。信者逆信，诈者逆诈。故学不入道，恕不周物，此偏材之益失也。”[⑥]刘邵把人当成艺术品来鉴赏品评，其

---

① 曾巩撰，陈杏珍、晁继周点校：《曾巩集》，中华书局 1984 年版，第 371 页。

② 曾巩撰，陈杏珍、晁继周点校：《曾巩集》，中华书局 1984 年版，第 372 页。

③ 曾巩撰，陈杏珍、晁继周点校：《曾巩集》，中华书局 1984 年版，第 372 页。

④ 曾巩撰，陈杏珍、晁继周点校：《曾巩集》，中华书局 1984 年版，第 735 页。

⑤ 刘邵：《人物志》，影印文渊阁《四库全书》本第 848 册，台湾商务印书馆 1986 年版，第 762 页。

⑥ 刘邵：《人物志》，影印文渊阁《四库全书》本第 848 册，台湾商务印书馆 1986 年版，第 765—766 页。

中材是指人先天赋予、已然生成的气质、能力及个性。在刘邵看来，材性不可移转变化，虽加后天的学习，也只能成就先天的材；材性各不相同，各成一偏，只有圣人兼综全体。但宋儒不一样，宋儒说，学的效果和目的是“变化气质”，这就认识到人的道德素质，并在道德义理层面立论，认为“气质”是可以变化的。但有一点是相通的，材是先天的，学是后天的，只是学的作用和效果有不同的理解。

曹丕《典论·论文》也论及材性，不过使用了“气”这一术语：“王粲长于辞赋，徐干时有齐气，然粲之匹也。如粲之《初征》《登楼》《槐赋》《征思》，幹之《玄猿》《漏卮》《圆扇》《橘赋》，虽张、蔡不过也，然于他文未能称是。琳、瑀之章表书记，今之隽也。应瑒和而不壮，刘桢壮而不密，孔融体气高妙，有过人者！然不能持论，理不胜辞；以至乎杂以嘲戏；及其所善，扬、班俦也。”[①]“齐气”“体气”都含有先天生成的个性禀赋的意思，其实质通于“材”，曹丕在此用它来解释作家的个性与作品的风格。之后，钟嵘《诗品序》以才论人，且说：“虽谢天才，且表学问，亦一理也。”[②]“天才”与“学问”并举，先天与后天并重。刘勰援引才学来解释风格的成因，其《文心雕龙·体性》云：“夫情动而言形，理发而文见；盖沿隐以至显，因内而符外者也。然才有庸俊，气有刚柔，学有浅深，习有雅郑，并情性所铄，陶染所凝，是以笔区云谲，文苑波诡者矣。故辞理庸俊，莫能翻其才；风趣刚柔，宁或改其气；事义浅深，未闻乖其学；体式雅郑，鲜有反其习。各师成心，其异如面。”[③]要之，不同作家的风格之所以不同，概括起来是由才气学习四要素决定的。才气因乎“情性”，具有先天性；学习属于“陶染”，乃后天所成。由这四要素的相互作用，才会形成面目各异的风格。

曾巩论材学，从数量上看，论学较多。这是因为宋人的学的意义大大提高了，前文所说的学“变化气质”就是有力的证据。曾巩的《王容季墓

① 郭绍虞：《中国历代文论选》第一册，上海古籍出版社 2001 年版，第 158 页。
② 郭绍虞：《中国历代文论选》第一册，上海古籍出版社 2001 年版，第 308 页。
③ 刘勰著，王运熙、周锋译注：《文心雕龙译注》，上海古籍出版社 2016 年版，第 282 页。

志铭》说:“学足以求其内，辞足以达其外。”[①]《熙宁转对疏》也强调学的重要性，《自福州召判太常寺上殿札子》则指出：“盖古之圣人，虽出乎其类，拔乎其萃，然至其成德，莫不由学。”[②]学的意义由此见出，学能涵盖材，或者说材由学成，因此言学便较言材更有意义，既言学而成材在其中，故无须多说。曾巩《墨池记》云：“羲之之书晚乃善，则其所能，盖亦以精力自致者，非天成也。然后世未有能及者，岂其学不如彼邪？则学固岂可以少哉？”[③]书圣王羲之天生之材或有过人之处，但其临池之勤奋，以及书艺晚成的事实却证实学的意义和价值。再加上学道明理并不容易，所以有反复研求反复讲述的必要。曾巩《上范资政书》云：“夫学者之于道，非处其大要之难也。至其晦明消长、弛张用舍之际，而事之有委曲几微，欲其取之于心而无疑，发之于行而无择，推而通之，则万变而不穷，合而言之，则一致而已是难也。”[④]《尹公亭记》说:“人之于君子，潜心而已矣，非有待于外也。然而有表其闾，名其乡，欲其风声气烈暴于世之耳目而无穷者，所以与人同其好也。内有以得诸己，外有以与人同其好，此所以为先王之道，而异乎百家之说也。”[⑤]《清心亭记》曰:“若夫极天下之知，以穷天下之理，于夫性之在我者，能尽之，命之在彼者，能安之，则万物之自外至者，安能累我哉？此君子之所以虚其心也，万物不能累我矣……此君子之所以斋其心也。虚其心者，极乎精微，所以入神也。斋其心者，由乎中庸，所以致用也。”[⑥]《与王深父书》说:“夫学者，其心笃于仁，其视听言动由于礼，则无常产而有常心，乃所履之一事耳。”[⑦]学之成效体现在通变，体现在精微入神，而要达到这种效果就要求虚心自得，潜心体道而不慕外：学之难度由此可见，因此有深入、反复探讨的必要。

① 曾巩撰，陈杏珍、晁继周点校：《曾巩集》，中华书局 1984 年版，第 578 页。
② 曾巩撰，陈杏珍、晁继周点校：《曾巩集》，中华书局 1984 年版，第 437 页。
③ 曾巩撰，陈杏珍、晁继周点校：《曾巩集》，中华书局 1984 年版，第 279 页。
④ 曾巩撰，陈杏珍、晁继周点校：《曾巩集》，中华书局 1984 年版，第 243 页。
⑤ 曾巩撰，陈杏珍、晁继周点校：《曾巩集》，中华书局 1984 年版，第 299 页。
⑥ 曾巩撰，陈杏珍、晁继周点校：《曾巩集》，中华书局 1984 年版，第 296 页。
⑦ 曾巩撰，陈杏珍、晁继周点校：《曾巩集》，中华书局 1984 年版，第 263 页。

曾巩《宜黄县县学记》详细阐述了“学”之义，其文云：

古之人，自家至于天子之国皆有学，自幼至于长，未尝去于学之中。学有《诗》《书》六艺、弦歌洗爵、俯仰之容、升降之节，以习其心体、耳目、手足之举措；又有祭祀、乡射、养老之礼，以习其恭让；进材、论狱、出兵授捷之法，以习其从事。师友以解其惑，劝惩以勉其进，戒其不率，其所为具如此。而其大要，则务使人人学其性，不独防其邪僻放肆也。虽有刚柔缓急之异，皆可以进之中，而无过不及。使其识之明，气之充于其心，则用之于进退语默之际，而无不得其宜；临之以祸福死生之故，无足动其意者。为天下之士，为所以养其身之备如此，则又使知天地事物之变，古今治乱之理，至于损益废置、先后始终之要，无所不知。其在堂户之上，而四海九州之业、万世之策皆得，及出而履天下之任，列百官之中，则随所施为，无不可者。何则？其素所学问然也。

盖凡人之起居、饮食、动作之小事，至于修身为国家天下之大体，皆自学出,而无斯须去于教也。其动于视听四支者,必使其洽于内;其谨于初者,必使其要于终。驯之以自然，而待之以积久。噫！何其至也。故其俗之成，则刑罚措；其材之成，则三公百官得其士；其为法之永，则中材可以守；其入人之深，则虽更衰世而不乱。为教之极至此，鼓舞天下，而人不知其从之，岂用力也哉！

及三代衰，圣人之制作尽坏，千余年之间，学有存者，亦非古法。人之体性之举动,唯其所自肆,而临政治人之方,固不素讲。士有聪明朴茂之质，而无教养之渐，则其材之不成，固然。盖以不学未成之材，而为天下之吏，又承衰弊之后,而治不教之民。呜呼！仁政之所以不行,贼盗刑罚之所以积，其不以此也欤！

这是一篇因说透学之义而深为朱熹激赏的文章，有相当深厚的内涵。与本文论旨相关的要点是自学之成材论。材本由天生，但只有通过学习才能成就，也就是说，天生的材只是可能性，学使之成为现实性，这跟刘邵辈的论调很不相同。由此也反映了学的性质和意义：学的本性是成性成德，所谓“驯之以自然”，“驯”即后天的培养训练，但因乎天性，且成其天性，故曰“自然”。在此观念的主导下，学就不是记诵之学，而是成性成德之学，其终极意义是意与理合，心与道合，是可以达到随所施为无不可的效果的学习；不是为人之学，而是成己之学；不是外在之学，而是内在之学。

“凡人之起居、饮食、动作之小事，至于修身为国家天下之大体，皆自学出。”所以，创作也由学而成其能。曾巩的《类要序》论晏殊，云：“人见公应于外者之不穷，而不知公之得于内者深也。及得公之所为《类要》上中下帙，总七十四篇，凡若干门，皆公所手抄。乃知公于六艺、太史、百家之言，骚人墨客之文章，至于地志、族谱、佛老、方伎之众说，旁及九州之外，蛮夷荒忽诡变之奇迹序录，皆披寻细绎，而于三才万物变化情伪，是非兴坏之理，显隐细钜之委曲，莫不究尽。公之得于内者在此也。公之所以光显于世者，有以哉！”[①]“应于外者不穷”是说学习的效果及达到的境界；其成因则是“得之于内”，包括互为表里的两方面：一是渊博浩瀚、无所不包的学习积累；二是精审深密、自博反约的义理研求。学而求理，明理于学，博而能约，涵养于中者遂深，其发为文章、应于人事自有神妙之境。可见，曾巩认为为学与能文实有因内符外的因果联系。

曾巩也是以学来要求自己的，他自己正是好学善学的典范。其《南轩记》云：

得邻之茀地蓄之，树竹木灌蔬于其间，结茅以自休，嚣然而乐。世固有处廊庙之贵，抗万乘之富，吾不愿易也。

人之性不同，于是知伏闲隐隩，吾性所最宜。驱之就烦，非其器所长，况使之争于势利、爱恶、毁誉之间邪？然吾亲之养无以修，吾之昆弟饭菽藿羹之无以继，吾之役于物，或田于食，或野于宿，不得常此处也，其能无焰然于心邪？少而思，凡吾之拂性苦形而役于物者，有以为之矣。士固有所勤，

① 曾巩撰，陈杏珍、晁继周点校：《曾巩集》，中华书局1984年版，第210页。

有所肆识，其皆受之于天而顺之，则吾亦无处而非其乐，独何必休于是邪？顾吾之所好者远，无与处于是也。然而六艺百家史氏之籍，笺疏之书，与夫论美刺非、感微托远、山镵冢刻、浮夸诡异之文章，下至兵权、历法、星官、乐工、山农、野圃、方言、地记、佛老所传，吾悉得于此，皆伏羲以来，下更秦汉至今，圣人贤者魁杰之材，殚岁月，惫精思，日夜各推所长，分辨万事之说，其于天地万物，小大之际，修身理人，国家天下治乱安危存亡之致，罔不毕载。处与吾俱，可当所谓益者之友非邪？

吾窥圣人旨意所出，以去疑解蔽。贤人智者所称事引类，始终之概以自广，养吾心以忠，约守而恕者行之。其过也改，趋之以勇，而至之以不止，此吾之所以求于内者。得其时则行，守深山长谷而不出者，非也。不得其时则止，仆仆然求行其道者，亦非也。吾之不足于义，或爱而誉之者，过也。吾之足于义，或恶而毁之者，亦过也。彼何与于我哉？此吾之所任乎天与人者。然则吾之所学者虽博，而所守者可谓简；所言虽近而易知，而所任者可谓重也。书之南轩之壁间，蚤夜觉观焉，以自进也。[①]

“南轩”是曾巩简陋的读书场所。曾巩家境贫寒，只得以邻居的废弃之地，简单的结茅经营。这简陋之所却给曾巩带来所谓廊庙之贵、万乘之富而未必有的快乐。其原因在于，南轩满足了曾巩天性所好：读书明理。曾巩能够在南轩纵意渔猎，任力耕耨，尽情学习，去探求万事之理，去体贴圣人之意，而自足以内。这是曾巩为文的奥秘所在，也是其为学的理念所在：其始也，以道理为文之本；其终也，以学而成其文。这中间实有一贯的思想和践履。曾巩既重视道德的根基，又重视后天的学习积累，这一观念也被王国维认同，王国维《文学小言》说：“天才者，或数十年而一出，而又需济之以学问，帅之以德性，始能产真正之大文学家。”又说：“此有文学上之天才者，所以又需莫大之修养也。”[②] 这在观念上也是曾巩的同路人。

---

① 曾巩撰，陈杏珍、晁继周点校：《曾巩集》，中华书局 1984 年版，第 285—286 页。

② 谢维扬、房鑫亮主编：《王国维全集》第十四卷，浙江教育出版社 2009 年版，第 94 页。

第五节　崇尚自然

曾巩推崇的文学风格是自然。曾巩《代人祭李白文》赞李白诗云："子之文章，杰立人上，地辟天开，云蒸雨降。播产万物，玮丽瑰奇。大巧自然，人力何施。"在曾巩看来，李白不是凡人，其创作如云行雨施，自然而然，不费人力赞助。《与王介甫第一书》云："欧公更欲足下少开廓其文，勿用造语及模拟前人。请相度示及。欧云：孟韩文虽高，不必似之也，取其自然耳。"[1]此指不必刻意模仿古人的语言，而应以达意为本，出于平易。《琅琊泉石篆》："笔端应驱鬼神聚，笔妙敻与阴阳争。刻雕万象出冥昧，不见刀斧曾经营。"[2]《祭欧阳少师文》云："惟公学为儒宗，材不世出。文章逸发，醇深炳蔚。体备韩马，思兼庄屈。垂光简编，焯若星日。绝去刀尺，浑然天质。"[3]《寄王介卿》："始得读君文，大匠谢刀尺。周孔日已远，遗经窜墙壁。倡佯百怪起，冠裾稔回慝。"[4]这些表述可见曾巩在文学风格方面的趣尚。

"自然"作为概念，出自《老子》，其二十五章说："道法自然。"道是本体，是宇宙的总根源与总根据；而道奉行的价值原则是自然。由此可见，自然在老子思想系统中的极高地位。《庄子》也深入阐释了自然的理念，而多用"天"之语词。原始儒家及其典籍虽未明言自然，但其思想却蕴含着自然的思想，而往往以"天地"的术语表露出来，如所谓圣人"与天地合其德"，即有效法自然的意义在内。后来"自然"一词进入文论领域，众多的文人视自然为文学的极高境界。如陆云《与兄平原书》："云今意视文，乃好清省，欲无以尚，意之至此，乃出自然。"[5]钟嵘《诗品序》崇尚"自

① 曾巩撰，陈杏珍、晁继周点校：《曾巩集》，中华书局1984年版，第254—255页。
② 曾巩撰，陈杏珍、晁继周点校：《曾巩集》，中华书局1984年版，第27页。
③ 曾巩撰，陈杏珍、晁继周点校：《曾巩集》，中华书局1984年版，第526页。
④ 曾巩撰，陈杏珍、晁继周点校：《曾巩集》，中华书局1984年版，第18—19页。
⑤ 严可均：《全上古三代秦汉三国六朝文》卷一百二十，中华书局1958年版，第2042页。

然英旨”。[①]《南史·颜延之传》记载了鲍照论谢灵运与颜延之的两种不同风格:“谢五言如初发芙蓉，自然可爱;君诗若铺锦列绣，亦雕绘满眼。”[②]李白即吸收这种观念，提出了“清水出芙蓉，天然去雕饰”的风格论。刘勰《文心雕龙·原道》也说:“心生而言立，言立而文明，自然之道也。”同篇又说,道之文以及动植之文,“岂待外饰,盖自然耳”。[③]司空图《二十四诗品》有《自然》一品，云:“俯拾即是，不取诸邻。俱道适往，著手成春。如逢花开，如瞻岁新。真与不夺，强得易贫。幽人空山，过雨采蘋。薄言情悟，悠悠天钧。”[④]宋人也常提及诗文的自然境界。如著名的苏洵《仲兄字文甫说》，是对自然境界的绝妙说明 :“故曰风行水上涣，此亦天下之至文也。然而此二物者，岂有求乎文哉? 无意乎相求，不期而相遭，而文生焉。是其为文也，非水之文也，非风之文也。二物者非能为文，而不能不为文也。物之相使而文出于其间也。故曰天下之至文也。今夫玉,非不温然美矣，而不得以为文 ; 刻镂组绣，非不文矣，而不可与论乎自然。故夫天下之无营而文生之者，惟水与风而已。昔者君子之处于世，不求其功，不得已而功成，天下以为贤 ; 不求有言，不得已而言出，天下以为口实。”(《嘉祐集》卷十四）释德洪《石门文字禅》卷二十七 :“欧阳文忠公以文章宗一世，读其书，其病在理不通。以理不通，故心多不能平，以是后世之卓绝颖脱而出者皆目笑之。东坡盖五祖戒禅师之后身,以其理通,故其文涣然如水之质,漫衍浩荡，则其波亦自然而成文，盖非语言文字也，皆理故也。自非从般若中来，其何以臻此。”此明确提出自然成文是由于理通。如严羽《沧浪诗话·诗评》云:“谢所以不及陶者，康乐之诗精工，渊明之诗质而自然耳。”[⑤]如姜夔《诗说》云 :“诗有四种高妙，一曰理高妙，二曰意高妙，三曰想高妙，四曰自然高妙。碍而实通，曰理高妙 ; 出自意外，曰意高妙 ; 写出幽微，如清潭见底，曰想高妙;非奇非怪，剥落文采，知其妙而不知其所以妙，

---

① 郭绍虞 :《中国历代文论选》第一册，上海古籍出版社 2001 年版，第 308 页。

② 李延寿 :《南史》，中华书局 1975 年版，第 880 页。

③ 刘勰著，王运熙、周锋译注 :《文心雕龙译注》，上海古籍出版社 2016 年版，第 2 页。

④ 司空图著，郭绍虞辑注 :《诗品集解》，人民文学出版社 1963 年版，第 19 页。

⑤ 严羽著，郭绍虞校释 :《沧浪诗话校释》，人民文学出版社 1951 年版，第 141 页。

曰自然高妙。”相关的例子不胜枚举，足证自然是传统文论的一个重要范畴。这里的关键是弄清自然的绝对含义及特殊含义。绝对含义是说自然一词的一般意思，是古今众多运用此词者都包含的意思；特殊含义是指自然一词在个别思想家、文学家那里的特别的意思。如果自然一词没有一般含义，那么古今之间、人人之间就不可能达意；但同时，不同的人在使用这同一词时，会有不同的侧重，因此又有特别的含义。如陶渊明的《归园田居》说：“久在樊笼里，复得返自然。”此“自然”指与樊笼相对的没有束缚的自由状态，其“自然”即自由；而李白说的“清水出芙蓉”的自然境界，则侧重于指没有人工雕饰的天然状态。

关于自然的绝对含义，当代学者刘笑敢《老子之自然与无为概念新诠》认为：“自然是老子哲学，也是道家哲学的中心价值。在先秦典籍中，自然指自然而然，没有大自然的意思。自然是事物存在的一种状态，其含义是自己如此、本来如此、通常如此和势当如此。‘自己如此’是针对外力或外因而言的，自然是不需要外界作用而存在发展的状态，‘百姓皆谓我自然’就是强调没有外界的作用或是感觉不到外界的直接作用。自然的这一意义就是没有外力直接作用的自发状态，或者是外力作用小到可以忽略不计的状态。‘本来如此’和‘通常如此’是针对变化来说的，自然是原有状态的平静的持续，而不是剧烈变化的结果，这就是说，自然不仅排除外力的干扰，而且排除任何原因的突然变化。因此，自然的状态和常态是相通的。‘莫之命而常自然’就是说它本来就是那样。自然的这一意义就是固有状态相对稳定的持续，或者说是自发状态的保持。‘势当如此’是针对未来趋势而言的，自然的状态包含着事物自身内在的发展趋势，如果没有强力的干扰破坏，它就会大致沿着原有的趋势演化，这种趋势是可以预料的，而不是变幻莫测的，所以圣人可以‘辅万物之自然’。自然的这一意义就是原有的自发状态延续的惯性和趋势。综上所述，‘自己如此’强调的是事物的内在动力和发展原因，‘本来如此’‘通常如此’‘势当如此’强调的都是事物存在与延续的状态，不过，‘本来如此’侧重于原初状态，‘通常如此’侧重于现在的状态的持续，而‘势当如此’侧重于未来的趋势。概括说来，老子所说的自然包括了自发性、原初性、延续性和可预见性四个方面。自然的这几层意含是从《老子》中分析出来的，虽符合《老子》之本意，却并未局限于《老子》原文，它反映了自然一词的根本内容，适用于不同的文本或场合，是自然的最一般的意含，也可以称为理论意含或绝对意含。”[①] 这是相当精当而富于启发性的分析。这启发我们，自然不是大自然，而是一种理想，一种境界，只有具备相应内涵的理想才能被成为自然。

在自然的绝对含义的基础上作出进一步的分析，可以概括出曾巩对自然的特殊理解，我们认为曾巩论文崇尚自然，就是顺理成章的意思。析而言之，顺理指不任情，不使气，不师心自用，不牵合道理，心平气和而因乎事情的内在规定；成章指不废言之文，不避文之美，不弃辞之婉，不斥气味声色，驱遣材学、取舍剪裁而寻找最有效、最动人、尽精微的表述形式。合而言之，顺理与成章互为表里，相得益彰。成章以顺理为底里，顺理以成章为显现；非成章则理无以显明，非顺理则文或流于浮华。顺理而遣词造句，则言文而切实，虽天风海雨而有物有则；成章而说理明意，则意尽而理达，虽微妙深隐而曲传无遗。

在《阆州张侯庙记》一文中，曾巩也表达了崇尚自然的观念，其文云：“事常蔽于其智之不周，而辨常过于所惑。智足以周于事，而辨至于不惑，则理之微妙皆足以尽之。今夫推策灼龟，审于梦寐，其为事至浅，世常尊而用之，未之有改也；坊墉道路、马蚕猫虎之灵，其为类至细，世常严而事之，未之有废也；水旱之灾，日月之变，与夫兵师疾疠、昆虫鼠豖之害，凡一慝之作，世常有祈有报，未之有止也。《金縢》之书，《云汉》之诗，其意可谓至，而其辞可谓尽矣。夫精神之极，其叩之无端，其测之甚难，而尊而信之，如此其备者，皆圣人之法。何也？彼有接于物者，存乎自然，世既不得而无，则圣人固不得而废之，亦理之自然也。圣人者，岂用其聪明哉？善因于理之自然而已。其智足以周于事，而其辨足以不惑，则理之微妙皆足以尽之也。故古之有为于天下者，尽己之智而听于人，尽人之智而听于神，未有能废其一

① 刘笑敢：《老子之自然与无为概念新诠》，《中国社会科学》1996 年第 6 期。

也。”[1] 本文以“《金縢》之书,《云汉》之诗”为例，通论诗文的理想，认为圣人之为圣人,并不在于其超乎常人的“聪明”,而在于其“善因于理之自然”,即本来如此之理，圣人亦不得而废之。圣人并非泛泛来说的全知全能、道德楷模，而是落实在洞明义理、顺应义理层面。这与曾巩的整体思想是相贯通的：圣人是体道者，而道即体现为事物之理；君子有必要致力于学，而学的依据在于事物有理，学的目的是明理。君子的行为践履取法于圣人，不是亦步亦趋,而是取法于圣人之为圣人的所以然,即取法其“善因理之自然”;而在文章一事，也可推知，当以顺乎“理之自然”为原则。与此相通的是黄庭坚的观点，其《与王观复书》其一云：“好作奇语，自是文章病，但当以理为主，理得而辞顺，文章自然出群拔萃。观杜子美到夔州后诗，韩退之自潮州还朝后文章，皆不烦绳削而自合矣。”[2] 其观点是文章以理为主，对辞还有要求,那就是“顺”。做到这两点便是“不烦绳削而自合”也即自然的境界。黄庭坚《与王观复书》其二云：“所寄诗多佳句，犹恨雕琢功多耳。但熟观杜子美到夔州后古律诗，便得句法简易，而大巧出焉。平淡而山高水深，似欲不可企及。文章成就，更无斧凿痕，乃为佳作耳。”[3] 也可与曾巩的文章观念相对读。

① 曾巩撰，陈杏珍、晁继周点校：《曾巩集》，中华书局 1984 年版，第 296—297 页。
② 郭绍虞：《中国历代文论选》第二册，上海古籍出版社 2001 年版，第 322 页。
③ 郭绍虞：《中国历代文论选》第二册，上海古籍出版社 2001 年版，第 322 页。

第三章

曾巩诗歌题材内容与体裁分析

曾巩作为北宋时期的著名文学家，不仅散文非常出名，同时也善于写作诗歌。虽然姚莹《后湘诗集·论诗绝句》云："文掩诗名曾子固，论才合与亚欧王。南丰《类稿》从头读，遗恨何人比海棠？"这或许是因为曾巩的散文成就突出而掩盖了其诗歌的成就，这确实是曾巩的"不幸"。而造成这种"不幸"的原因，大概应"归罪"于秦观和陈师道吧！《东坡题跋》曾载："秦少游言人才各有分限，杜子美诗冠古今，而无韵者殆不可读。"陈师道也于诗话之中转引他人之言云："世语云：'苏明允不能诗，欧阳永叔不能赋，曾子固短于韵语，黄鲁直短于散语，苏子瞻词如诗，秦少游诗如词'。"（详见《后山先生集》卷二十三）秦、陈二人均为曾巩的学生，但他们对先生诗歌的评价却如此片面而又简单草率，真是太不公允了。后人对此也愤愤不平，并由此而引起了一场论争。虽然在这场论争中，多数人肯定了南丰先生的诗歌，但即使这样，也未能纠正因秦观和陈师道的评语而给人们带来的偏见。在人们的头脑中，曾巩长于散文，而短于作诗的固有观念，仍是根深蒂固，至今未变，这种现象是不合理的。

据中华书局 1984 年版《曾巩集》统计，曾巩目前存有诗歌 443 首，内容广泛，主要包括描写历史、景物、宦游、现实生活等方面的纪实诗、咏史诗、咏物诗、离别诗等等，其诗歌风格比较质朴、内涵深刻、雄浑超逸，略似其文的字句清新、格调超逸的特点，但有些诗歌也存在宋诗说理的通病。他的诗歌创作手法包含了赋比兴，形象特点鲜明，深得唐诗的神韵。总体而言，曾巩的各种诗歌体式中以七绝的成就最高，工密精深，颇有风致，比如《咏柳》《西楼》《城南》等写景抒情的佳作。在“唐宋八大家”中曾巩的诗歌水平不如韩、柳、欧、王与苏轼，但超过苏洵、苏辙的诗歌。

曾巩一生著述丰富，据有关记载，他的著作有《元丰类稿》五十卷，《续元丰类稿》四十卷，《外集》十卷流行于世。另外，他还著有《卫道录》《大学稽中传》《礼经类编》《杂职》《宋朝政要策》《诗经教考》等等。宋朝南渡后，诸稿散轶不传，今仅存《元丰类稿》五十卷和《隆平集》。《隆平集》作为一部史学专著，虽自南宋至明、清均有刻本，但其流传范围很有限。而作为曾巩诗文总集的《元丰类稿》，其流传范围之广和影响之大，在曾巩著作中都是首屈一指的。从北宋元丰年间始，曾巩的诗文便有刻本流传，陆心源在正统十二年（1447）邹旦刻本《元丰类稿》跋文中曾记叙了正统本概貌和正统以前曾巩诗文集版本源流，他说：“《元丰类稿》五十卷，明正统刊本，每页二十二行，行二十二字，前有元丰八年（1085）王震序，后有大德丁思敬跋、聂大年诗，正统邹旦跋、姜洪序。《类稿》始刻于元丰中，再刻于开禧之赵汝励，三刻于大德八年丁思敬。正统中，毘陵赵琬得钞本，授宜兴令邹旦，且复从特郎周忱得官本参校付梓。所谓官本，当即元刊耳。元刊之后，以此本为最古，书贾往往割去邹、姜两设，以充元刊。”正统十二年之后，曾巩诗文集屡经刊刻：成化八年（1472）有南丰令杨参刻本嘉靖四十一年（1562）有黄希宪刻本嘉靖间还有王抒刻本；隆庆五年（1571）有邵廉刻本、九世孙曾文受刻本；万历二十五年（1597）有南丰曾氏裔孙敏行、敏才刻本；崇祯十一年（1638）有曾懋爵刻本。至清代，曾巩诗文集版刻更多，其中影响较大的有：康熙三十二年（1693）南丰人彭期刻成《曾文定公全集》二十卷；康熙四十九年（1710）长岭曾国光西爽堂刻本；康熙五十六年（1717）长洲顾崧龄刻本。至于曾巩诗文选集，从宋至清，刻本不少，其中有宋刻本《曾南丰先生文粹》十卷、嘉靖二十八年（1542）无锡安如石刻《南丰曾先生文粹》十卷、明茅坤选评《宋大家曾文定公文钞》十卷（见明万历七年《八大家文钞》本）、清陈兆仑选《曾文选》一卷（见清光绪二十六年《陈太仆批选八家文钞》本)、齐州吟稿一卷(见宋陈恩辑、元陈世隆补《两宋名贤小集》钞本)、清陈讦选《南丰诗选》一卷(见康熙三十二年《宋十五家诗选》本)、清姚培谦选《南丰诗钞》三卷(见雍正五年送安堂《唐宋八家诗》刻本)等等。

在现存的《元丰类稿》中,最早也最完整的刻本是大德八年(1304)东平丁思敬刻本。这个刻本校勘精审,基本反映了曾巩著作原貌,像卷七《水西亭书事》诗一首和卷四十七《太子宾客致仕陈公神道碑铭》中的四百六十八字,明刻诸本俱阙,而该本保存完整。后明清诸刻本,大多源出于此本。除此本外,明正统十二年邹旦刻本,是现存最早的明刻本,其源出于大德本,但校勘欠精,传世亦少。曾巩的诗文集,流传至今的还有一部金代中叶临汾刻本《南丰曾子固先生集》三十四卷,该本作为珍贵的孤本,现收藏在北京图书馆。此本源出于北宋旧椠,保留了北宋的避讳字,书中所收诗文有许多为现存《元丰类稿》中所缺,其中有许多散佚的诗文,大概是《续元丰类稿》和《外集》中的作品。

到现代,曾巩诗文集也曾铅印出版,但这些版本,在所收篇目上并没有新的补充和新的发现,在标点、校勘方面也不是很精细的。1984 年 11 月,由中华书局出版的陈杏珍、晁继周点校的《曾巩集》(上、下册),是目前国内最为完备的一部曾巩诗文著作总集。这个集子校勘精细,标点准确,而且在所收篇目上有了新的补充,其中辑佚部分,收诗 33 首、词 1 首、文 78 篇,并且附录了曾巩传记资料和曾巩著作主要版本序跋。这个集子的整理出版,无疑为曾巩研究做了一件功德无量的好事。曾巩的诗文曾被选译成英文,在国外发行。

第一节　曾巩的纪实诗分析

纪实诗是中国诗歌历史长河中的主流,曾巩的纪实诗继承和发扬了唐代杜甫和白居易反映现实、反映生活的诗歌文学传统,其诗歌主要内容为关注民间疾苦、评论国事、揭露弊政，这体现了他关注民生、济世兴邦的儒家思想。而这与曾巩的家世与成长经历是分不开的，下面我们先来了解下曾巩的家世与成长经历。

首先，曾巩的早期生活是欢乐与痛苦交织的。曾巩，字子固，天禧三年（1019）诞生在建昌军南丰县（今江西省南丰县）一个世代书香的官宦家庭里。这是一个文化素养很高，学习氛围浓郁的家庭，这个家庭为曾巩的学习和成长提供了良好的条件和环境。曾巩后来之所以能够成为一个著名的文学家，并跻身于“唐宋八大家”的行列，这固然与他自己主观上的努力和天赋聪明分割不开，但同时也与他从小所接受的家庭熏陶和受到的良好家庭教育分割不开。

曾氏家族，是一个古老的家族，其远祖原在山东境内，后几经迁徙，移至豫章郡（今江西省南昌市）。曾巩的高祖曾洪立为南丰曾氏的开基之祖，官至检校司空、金紫光禄大夫，唐昭宗时，曾任南丰县令，始籍南丰。曾巩的四世祖曾延铎曾为唐朝右散骑常侍。曾祖父曾仁旺曾为宋尚书水部员外郎，后被追封为沂国公。祖父曾致尧，太平兴国八年（983）进士，历任主簿、秘书丞转运使、右谏议大夫等，被封为密国公。曾巩的父亲曾易占，天圣二年（1024）进士，任过如皋、玉山二县知县，后被追封为鲁国公。关于曾巩家族的发展脉络，具体详见《曾巩家族世系表》。

这个世系表向我们展示了曾氏家族的基本概貌，也为我们提供了这个官宦家族的变迁线索。然而，这个家族的声望的高低并非取决于其官位的高低，也就是说，这个家族在乡里的声望并不是依靠官位和万贯家财而获得的，而是以他们的渊博知识、精湛学问和正直品格，获得了人们的赞赏和信赖。曾巩的祖父曾致尧，为人耿直，性格刚率，中进士后，虽官居高位，但为官清廉正直，“公于是勇言当世之得失”“不以利害祸福动其意也”①。对于那些贪官污吏，他敢于秉公执法，严厉惩处，在任两浙转运使时，他闻知谏议大夫魏庠依仗朝廷旧恩，在苏州任上不善于政，干了许多不法之事，谁

① 曾巩撰，陈杏珍、晁继周点校：《曾巩集》，中华书局 1984 年版，第 194—195 页。

也奈何不了他。曾致尧敢于过问此事，查清其过失后，及时向皇帝提出了处罚魏庠的要求："公劾其状以闻，太宗惊曰：是敢治魏庠，可畏也。卒为公罢庠。"（欧阳修《尚书户部郎中赠右速议大夫曾公神道碑铭》,《欧阳修全集·居士集》卷二十一）对于人民的疾苦，曾致尧非常体恤同情："公在两浙，奏罢苛税二百三十余条。在京西，又与三司争论，免民租，释逋负之在民者。"[①] 由于他的政治观点很合宋太宗之意,所以他一度颇得太宗器重。曾致尧不仅在政治上有所作为，而且知识丰富，文章也写得很好，年少时便"知名江南。"（欧阳修《尚书户部郎中赠右速议大夫曾公神道碑铭》,《欧阳修全集·居士集》卷二十一）他一生著述很多,有《仙凫羽翼》三十卷、《西陲要纪》十卷、《清边前要》五十卷、《广中台志》八十卷、《为臣要纪》三卷、《四声韵》五卷，总共一百七十八卷，皆刊行于世。对于祖父的文章，曾巩曾有过这样一段评价："方五代之际，儒学既摈焉，后生小子，治术业于闾巷，文多浅近。是时公虽少，所学已皆知治乱得失兴坏之理，其为文闳深隽美，而长于讽喻……"[②]

曾巩的父亲曾易占在任玉山知县时，事无巨细，都要亲自过问，把县政治理得井井有条，"玉山之政，既除其大恶，而至于桥梁廨驿，无所不治"；在如皋时，"岁大饥，固请于州而越海以糴，所活数万人。明年稍已熟，州欲收租赋如常，公独不肯听。岁尽，而泰之县民有复亡者，独如皋为完。既又作孔子庙，讽县人兴于学"。由于易占生性刚直，因而得罪了一些人，并遭受诬陷而落官。"知信州钱仙芝者，有所丐于玉山，公不与，即诬公，吏治之。得所以诬公者，仙芝则请出御史，当是时，仙芝盖有所挟，故虽坐诬公抵罪，而公亦本失博士。归，不仕者十二年。"他虽然遭含冤退居故里，但却没有半点个人忧怨。在家闲居时，他作文章十余万言，以《时议》十卷阐述他的政见及主张，他认为："时议者，惩已事，优来者，不以一身之穷而遗天下之忧。以为其志不见于事，则欲发之于文；其文不施于世，则欲以

① 曾巩撰，陈杏珍、晁继周点校：《曾巩集》，中华书局 1984 年版，第 195 页。
② 曾巩撰，陈杏珍、晁继周点校：《曾巩集》，中华书局 1984 年版，第 194 页。

传于后：后世有行吾言者，而吾岂穷也哉？”正是在这种思想的支配下，他才能做到身闲居于家中，而心仍然忧虑着国事。宝元年间（1038—1040），李元昊反叛，契丹军兵也侵入宋朝边界，“天子独忧之，诏天下有能言者皆勿讳”。曾易占听到这个消息后，立即上书朝廷，以抒己见。他说：“天下之安危，顾吾自治不耳，吾已自治，夷狄无可忧者；不自治，忧将在于近，而夷狄岂足道哉。”（王安石《太常博士曾公墓志铭》，《临川先生文集》卷九十三）书中所言数事，均为国事政事，丝毫没有涉及个人遭遇。“公之遭诬，人以为冤，退而贫，人为之忧也。而公所为十余万言，皆天下事，古今之所以存亡治乱，至其冤且困，未尝一以为言。”（王安石《太常博士曾公墓志铭》，《临川先生文集》卷九十三）他这种刚强正直的性格，不与世俗苟合的处世态度，忧国忧民的精神，在当时那种社会里，的确是难能可贵的。曾易占能诗善文，在当时颇有名气，如他的《题洪州僧寺》诗：“今朝才是雪泥干，日薄云移又作寒。家山千里何时到，溪上梅花正好看。”写得通俗易懂，而又感情丰富，值得一读。至于他的文章，王安石在《太常博士曾公墓志铭》中曾有介绍：“始公以文章有名，及试于事，又愈以有名。”曾巩的伯父曾易简，博古通今，学术造诣很高，他曾以神童召试舍人院，著有《唐臣事迹》《两汉谏议》等著作。

在家庭和环境的影响下，曾巩自幼便养成了勤奋学习的良好习惯。儿童时代的曾巩，就与兄长曾晔一道，勤学苦读，虽然他年纪幼小，但是天赋很高，“生而警敏，不类童子”。而且记忆力超群，“读书数万言，脱口辄通”。幼年时的苦读，并没有泯灭他天真烂漫的童心，他的童年时代，既有琅琅书声，又有活泼的嬉闹和纯洁可爱的笑声，曾巩在《学舍记》一文中，对自己的童年生活有过这样一段回忆：“予幼则从先生受书，然是时，方乐与家人童子嬉戏上下，未知好也。”①

祖父曾致尧的旧宅大院内，既有他刻苦读书的学舍，又有他嬉戏玩耍的场所。在这个大院里，他在熟读《四书》《五经》和诸子百家之余，又聆听

① 曾巩撰，陈杏珍、晁继周点校：《曾巩集》，中华书局 1984 年版，第 284 页。

了祖辈的动人故事，“荣亲园”就记载了他祖父的一段故事。传说其祖父曾致尧官梁州（今陕西省汉中一带）时，曾告假归乡省亲，其母周氏置酒于园中，族戚咸集，其中有人讥曾致尧衣冠敝垢、仆马羸瘦，其母却说：“贫而见我，是我荣也。若黩货而归，贻吾忧矣。”因名其园为“荣亲园”。

在南丰县城南门，盱水河畔的半山腰上，有一巨岩，此岩背倚高山，面临盱水，山水交映，景色秀丽壮观。曾巩年轻时，曾与兄弟诸人攻读于此，因此后人称之为“读书岩”。传说读书岩的山顶，曾有巨石三块，如同天然卧榻，皆朝东向，曾巩和兄弟诸人，常并坐于石上读书习字。读书岩下有一小池，曾巩在岩间抄书写字后，常洗笔其间，故后人称之为曾巩“洗墨池”。读书之余，曾巩还在读书岩之巅，亲手栽种樟树两株，枝繁叶茂，历 700 余年。读书岩因曾巩兄弟诸人在此攻读，并同时中进士，而在南丰名噪一时。麻姑山南麓，河之北岸，曾巩的祖父筑有别墅一座，名曰“云庄”。曾巩年轻时，常来“云庄”居住，并求学于北宋著名思想家、诗人李觏（1009—1059）门下，苦读于凤岗书院。当时，聆听李觏讲学的有千余人，而曾巩则是其中佼佼者。曾巩学习刻苦，十二岁时，曾巩试作《六论》“援笔而成，辞甚伟也。未冠，名闻四方。”① 及至十六七岁时，对前人文章，仔细琢磨，认真研究，必明其义方止。对那些优美动人、脍炙人口的名篇，他都要细心揣摩，领略真旨，而且还要撰文相比，加以对照，找出自己文章中的不足之处，以便提高自己的写作能力。在《学舍记》中，他说：“十六七时，窥六经之言与古今文章，有过人者，知好之，则于是锐意欲与之并。”② 这种基本功的训练，不仅使他熟悉和掌握了古文写作技巧和方法，而且也为他以后从事文学创作和学术研究，打下了牢固的基础，增加了知识积累，开阔了知识领域。

科举求仕，这是封建社会文人求取功名的一条重要的途径。曾巩生长在官宦世家，书香门第，他也毫不例外地要科举求仕之途。因此，他刻苦攻读，

---

① 曾巩撰，陈杏珍、晁继周点校：《曾巩集》，中华书局 1984 年版，第 791 页。
② 曾巩撰，陈杏珍、晁继周点校：《曾巩集》，中华书局 1984 年版，第 284 页。

发奋上进，从某种意义上讲，也是为了求取功名。一旦考场得意，金榜题名，踏入仕途，不仅能光宗耀祖，而且能一展宏图大志。然而，在科举求仕的道路上，命运之神并没有给他特别的优待和照顾。他才华横溢，胸怀大志，但是，他脚下所走的这条路却是那样坎坷，在这条路上，他奋斗了二十一个春秋方才实现了自己的愿望，真是岁月蹉跎啊！

景祐三年（1036），曾巩这位年方十八的少年才子，带着青年人的自信，从家乡南丰，踏上了赴京赶考的路途。他满腹经纶，原以为这次能在考场上施展才华，夺取功名，然而，事与愿违，等待他的却是名落孙山的结果。正值曾巩陷入痛苦之时，他却意外结识了来京游玩的王安石，两个年轻人一见如故，成为亲密无间的好朋友。

庆历元年（1041），曾巩入太学，在京师结识王君俞，并在王家住数月之久。第二年，他又一次落榜而归。归乡后，里人对他的失败进行冷嘲热讽，有些与他不和的人，竟作打油诗来挖苦他和他的兄长曾晔（这一年他们兄弟二人均落榜而归）："三年一度举场开，落杀曾家两秀才。有似檐间双燕子，一双飞去一双来。"（丁传靖辑《宋人轶事汇编》卷十三）考场的失败，里人的讥讽，并未使曾巩气馁和消沉。他回到家中，以顽强的毅力和坚定的信念，在逆境中努力拼搏，在冷嘲热讽中发愤上进。但是，对于科举制度的陈腐和这种制度对人才的压抑，曾巩却感到郁愤和不满。他曾写过一首《一鹗》诗，以抒发自己空怀壮志、生不逢时的郁愤之情："归来礌嵬载俎豆，快饮百瓮行春醪。酒酣始闻壮士叹，丈夫试用何时遭？"[①]对于不识人才的朝廷，曾巩也是非常不满的，他写的《高松》诗便暗寓了这种不满之情，诗中写道："高松高干云，众木安可到？汤汤鸣寒溪，偃偃倚翠纛。侧听心神醒，仰视目睛眊。风雨天地动，一叶不敧倒。岂同涧中萍，上下逐流潦。岂同墙根槐，卷卷秋可扫。凤凰引众禽，此木阴可焘。君求百常柱，星日此可造。般匠世无有，方钟野人好。"[②]诗中以高松伟岸

---

① 曾巩撰，陈杏珍、晁继周点校：《曾巩集》，中华书局1984年版，第2页。
② 曾巩撰，陈杏珍、晁继周点校：《曾巩集》，中华书局1984年版，第39—40页。

不屈来比喻自己清高孤洁的个性，表示自己决不做那种趋炎附势、随波逐流的小人。同时，诗中也发泄了自己怀才不遇的哀怨和愤懑，并希望自己能被尽早发现，早日成为对社稷有用之材。在《雪咏》诗中，他也以“忧民既非职，空致新诗章”的诗句，抒发了自己这种报国无门的激愤之情。

庆历二年（1042），曾巩虽然再次落榜，但他却结识了著名文学家欧阳修，并投于欧公门下。欧阳修对曾巩的才华十分赞赏，并对他考试不售的遭遇非常同情：“广文曾生来自南丰，入太学与其诸生群进于有司。有司敛群才，操尺度，概以一法，考其不中者而弃之。虽有魁垒拔出之材，其一累黍不中尺度，则弃不敢取……不幸有司尺度一失手，则往往失多而得少。呜呼，一有司所操果良法耶？何其久而不思革也？况若曾生之业，其大者固已魁垒，其于小者，亦可以中尺度。而有司弃之，可怪也！”（欧阳修《送曾巩秀才序》，见《欧阳修全集·居士集》卷四十二）在《送杨辟秀才》一诗中，欧阳修一方面赞扬曾巩才华出众：“吾奇曾生者，始得之太学。初谓独轩然，百鸟而一鹗。”另一方面，他又对自己虽有荐才之意，却又力不从心而慨叹：“嗟吾虽得之,气力独何弱？帝阍启岩岩,欲献前复却。”从欧阳修这些诗文中，我们既可以看到欧阳修对曾巩的热心关注，又可以了解到当时科举制度存在着极大的弊端。

北宋的科举制度，在当时仍沿用隋唐旧制，虽然在方法上做了某些改进，但在内容上却没有什么变化，如进士科的考试仍以诗赋为主，而且试诗有定式，要求很严格，须用五言六韵，一味追求和崇尚华而不实的辞藻。对于这样一种陈腐的科举制度，曾巩一方面表示了自己的不满，另一方面又不为迎合这种制度而改变自己“文以经世”的主张。他推崇欧阳修，正是因为欧阳修的文学主张对他有着积极的影响，他盛赞欧阳修能“明圣人之心于百世之上,明圣人之心于百世之下”;称欧阳修的文章“与孟子、韩吏部之书为相唱和,无半言片辞踳驳于其间，真六经之羽翼，道义之师祖也。”[1] 他把欧阳修的古文创作视为学习的楷模，在屡试不第的情况下，仍能专心于古文。

---

① 曾巩撰，陈杏珍、晁继周点校：《曾巩集》，中华书局 1984 年版，第 232 页。

嘉祐二年（1057），欧阳修任主考官，他利用这次机会，对积弊很深的科举制度进行了大胆改革，他废除了科考中险怪奇涩的“太学体”，使考场风气为之一变。《宋史》载：“（欧阳修）知嘉祐二年贡举，时士子尚为险怪奇涩之文，号太学体，修痛排抑之，凡如是者辄黜。毕事，向之嚣薄者伺修出，聚噪于马首，街逻不能制；然场屋之习，从是遂变。”（《欧阳修传》，《宋史》卷三百一十九）也正是这一年，年满三十九岁的曾巩，重整旗鼓，率领弟弟曾牟、曾布，从弟曾阜和妹婿王无咎等人，离乡赶考。在告别母亲朱夫人时，朱夫人感叹地说：“是中得一人登名，吾无憾矣。”（王明清《挥麈后录》卷六）这一次，曾巩一行全部金榜题名，俱中进士第。曾巩屡试不第，却能在这一年取得成功，这是曾巩在失败面前不消沉、不气馁，于逆境中更加发愤上进，于讥讽中更加努力拼搏的结果。同时，也因这一年是欧阳修任主考官，他对考试制度的改革，使得考场风气为之一变。由于主观努力和客观有利条件相结合，横亘在曾巩求仕道路上的障碍终于被铲平了。

如果说在求取功名的道路上，交织着痛苦与欢乐，那么，在曾巩早期生活中，也同样交织着痛苦与欢乐。曾氏家族虽是一个世宦之家，但是，这个家族的经济生活并不算富裕。特别是景祐三年其父曾易占落官而归后，其家庭生活更见窘迫。景祐四年（1037），曾巩科考失败，从京城回到家乡，落第的痛苦和生活的重担就这样过早地压在了曾巩的肩上。曾肇在《亡兄行状》中回忆道：“初，光禄仕不遂而归，无田以食，无屋以居，公时尚少，皇皇四方，营飦粥之养。”[①] 面对家庭的艰难景况，刚从京师归来不久的曾巩，便写了《上齐工部书》，请求居住临川。因为曾巩虽然世居南丰，但在南丰田屋甚少，他在《上齐工部书》中说：“巩世家南丰，及大人谪官以还，无屋庐田园于南丰也……祖母年九十余，诸姑之归人者多在临川，故祖母乐居临川也，居临川者久矣。”[②] 曾巩为了与家人同在一起，他与诸弟也常侨居

① 曾巩撰，陈杏珍、晁继周点校：《曾巩集》，中华书局1984年版，第796页。
② 曾巩撰，陈杏珍、晁继周点校：《曾巩集》，中华书局1984年版，第245页。

临川。他要求寓居临川的另一个原因是“欲学于临川”，根据北宋进学制度规定，“凡入学者，不三百日则不得举于有司”。他的这个要求虽然“已疏于州而见许矣”，但是，为了使有司免生疑虑，他又请当时作为朝廷使官来到江西的齐工部予以证明，他说：“不得执事一言，转牒而明之，有司或有所疑，学者或有所缘以相嫉，私心未敢安也。”[①] 他的请求得到了齐工部的允许，于是曾巩常寓临川，一边求学，一边操持家事。

宝元二年（1039），羌叛，李元昊反，宋仁宗诏求直言，曾巩父亲应诏赴京上书。次年，曾巩随父亲寓南康，与李子京相居为邻，两人交往甚密：“康定初，先人寓南康，与李君居并舍。是时君年未四十，游余父子间，相好也。”[②] 庆历元年（1041），曾巩入太学，赴考又不售。第二年归抚州后，他便居于家中达六七年之久，很少远出。在这几年间，他除了与朋友交往外，还写了许多散文作品和诗歌作品，但主要精力还是放在操持家事上。在《上欧阳舍人书》中，他曾经向老师欧阳修叙述了自己这期间的生活情况：“然亲在忧患中，祖母日愈老，细弟妹多，无以资衣食，恐不能就其学，况欲行其他耶？”[③] 由于家事艰辛，再加上苦攻学业，曾巩积劳成疾。庆历六年（1046），曾巩因患肺病，卧床不起，几乎被病魔夺去了生命：“是时肺气壮更恶，日以沉冥忧不疗。岂其艰苦天所悯，晚节幸值巫彭妙。放心已保性命在，握手犹惊骨骸峭。”[④] 多亏一位姓刘的大夫，医术精湛：“小人久病如愁感，每叹地僻无良医……临汀刘君落落者，六伎绝伟如天资。潜心密与造化会，布指复有精灵随。马蹄所至病魔屈，我于此时欣得之。一来握手与我话，委曲衰王肺与脾。囊中珍丸撮星斗，俾我嚼咀心颜怡。洒然沉疴一日解，始免未老为枯骸。”[⑤] 虽然经过调治到冬天曾巩已大病初愈，但是，其家境清贫的状况却不见好转，“今年霜霰虽未重，室冷尚无薪可燎。一亩酸寒岂易言，局

① 曾巩撰，陈杏珍、晁继周点校：《曾巩集》，中华书局 1984 年版，第 245 页。
② 曾巩撰，陈杏珍、晁继周点校：《曾巩集》，中华书局 1984 年版，第 583 页。
③ 曾巩撰，陈杏珍、晁继周点校：《曾巩集》，中华书局 1984 年版，第 237 页。
④ 曾巩撰，陈杏珍、晁继周点校：《曾巩集》，中华书局 1984 年版，第 37 页。
⑤ 曾巩撰，陈杏珍、晁继周点校：《曾巩集》，中华书局 1984 年版，第 22—23 页。

促不殊鱼在罩”。[1]

庆历七年（1047），病体初愈的曾巩，身体还很虚弱，但是为了侍奉父亲进京，他只好启程远行。是年八月，他顺道看望了贬谪在滁州的欧阳修。九月，曾巩与父亲一道来到南京（今河南商丘）。到南京后，曾巩投书拜谒寓南都的杜衍。他的这种“干谒”行为，并非沽名钓誉，而是出于对杜衍的敬慕，因为当时杜衍已请还印绶，以太子少师致仕，如果曾巩是趋炎附势之人，那他就不会去谒见这位失势相公。在《上杜相公书》中，曾巩说：“今也过阁下之门，又当阁下释衮冕而归，非干名蹈利者所趋走之日，故敢道其所以然，而并书杂文一编，以为进拜之资，蒙赐之一览焉，则其愿得矣。”[2]杜衍对这位“不识时势”的年轻人很器重，尤其是对他的文章更是赞赏，后来，杜衍给曾巩以许多的帮助。到南京不久，曾巩的父亲染病卧床不起，曾巩终日侍立左右而不敢擅离。在南京，曾巩举目无亲，人生地不熟，请医买药，又缺经费。杜衍得知消息后，给予了大力资助，曾巩为父亲请医问药的一切费用，均由杜衍支付。由于父亲病情太重，医治无效，结果客死他乡，曾巩扶柩而归的盘缠，又是杜衍解囊。父亲的去世，使曾巩无限悲痛，而杜衍的慷慨相助，又使曾巩万分感激。回乡后，他把父亲安葬在南丰老家。后事处理毕，曾巩即作书答谢杜衍。在《谢杜相公书》中，曾巩以无限激之情写道：“惟先人之医药，与凡丧之所急，不知所以为赖，而旅榇之重大，惧无以归者。明公独于此时，闵闵勤勤，营救护视，亲屈车骑，临于河上。使其方先人之病，得一意于左右，而医药之有与谋。至其既孤，无外事之夺其哀，而毫发之私，无有不如其欲；莫大之丧，得以卒致而南，其为存全之恩，过越之义如此。”[3]

父亲去世后，家庭生活的重担便全部压在曾巩的肩上，他既要更加周到地奉养继母朱夫人，又要为弟妹宦学婚嫁诸事操心，为了支撑这个家，他任劳任怨，勤勤恳恳。在《与刘沆龙图启》中，曾巩感慨地说：“四弟怀仰哺

① 曾巩撰，陈杏珍、晁继周点校：《曾巩集》，中华书局1984年版，第37页。
② 曾巩撰，陈杏珍、晁继周点校：《曾巩集》，中华书局1984年版，第242页。
③ 曾巩撰，陈杏珍、晁继周点校：《曾巩集》，中华书局1984年版，第252页。

之托，九妹有待年之期。凡縻敞于秋毫，皆经营于方寸。”[①] 对兄长的养育之恩，其弟妹都十分感激。曾肇在《亡兄行状》中说：“光禄不幸蚤世，太夫人在堂，阖门待哺者数十口，太夫人以勤俭经理其内，而数养四弟，相继得禄仕，嫁九妹皆以时，且得所归，自委废单弱之中，振起而亢大之，实公是赖。”[②] 这段叙述是其弟妹的共同心声。

在曾巩扶柩南归这件事上，有些人故意大作文章，制造谣言攻击他，说他未奔丧，是不孝之子。王安石从段逢的书信中得知好友曾巩遭受诽谤，非常气愤，在《答段逢书》中，他以自己亲眼所见，为曾巩辩解：“父在困厄中，左右就养无亏行，家事铢发以上皆亲之。父亦爱之甚，尝曰：‘吾宗衰，所赖者此儿耳。此某之所见也。’”王安石还劝段逢不要轻信流言，妄议曾巩。除了以事实驳斥流言外，王安石还对曾巩的文章和人品给予高度赞扬，他说：“巩文学论议，在某交游中不见可敌，其心勇于适道，不可以刑祸利禄动也。”从王安石的这些话中，我们也可以对曾巩的为人和品行有进一步的了解。在是否奔丧这件事上，曾巩自己有这么一段解释，他在《读书》诗中说：“呻吟千里外，苍黄值亲丧。母弟各在远，计归恐惊惶。凶祸甘独任，危形载孤艎。崎岖护旅榇，缅邈投故乡。”[③] 由此可见，曾巩当时心中所忧虑的仍是家人的心理承受力。

在为父亲守孝的几年中，曾巩没有在丧父的悲痛中消沉，也没有被生活的重担所压垮。他在悲痛中变得更加坚强，在困境中更加奋发上进。这几年中，他的文学创作有很大的进步，散文风格趋于稳定，表现技巧也日臻成熟。《墨池记》这篇名作就是在这期间写的，它以精炼的文笔，丰富的内涵，成为曾巩散文风格代表作之一。《繁昌县兴造记》《菜园院佛殿记》《金山寺水陆堂记》《宜黄县县学记》等，也都是在这几年中创作的。在从事文学创作的同时，他还以极大的热情，关注着朝政。皇祐元年（1049），年已三十一岁的曾巩，仍是功名未就，一介布衣，但他却花了不少时间和精力，

① 曾巩撰，陈杏珍、晁继周点校：《曾巩集》，中华书局 1984 年版，第 506 页。
② 曾巩撰，陈杏珍、晁继周点校：《曾巩集》，中华书局 1984 年版，第 796 页。
③ 曾巩撰，陈杏珍、晁继周点校：《曾巩集》，中华书局 1984 年版，第 54 页。

撰写了《本朝政要策》，这部论著共50篇，分考课、训兵、兵器、城垒、贡举、佛教、史官、刑法等数十个条目，系统、全面地阐述了他对本朝政治制度的观点和看法。

皇祐二年（1050），曾巩守孝期满，他个人生活也有了重大变化，这一年他与比他小十八岁的晁文柔结为伉俪。晁文柔虽非名门闺秀，但却知书达礼，温柔贤惠。能与她结为夫妻，使得处于穷顿、磨难中的曾巩，在心灵上得到了莫大的安慰。婚后，他们的生活虽算不上富裕，但却比较安定，特别是有晁文柔分担家务重任，曾巩可以有更多时间潜心钻研，从事创作了。

曾巩所生活的时代自然灾害频发，百姓生活苦不堪言。曾巩以诗歌真实描写了民生疾苦的状况。在《追租》这首诗中，一句“山下穷割剥”写出了饥荒之年农民还要被层层盘剥的悲惨境遇，由此抨击地方官吏“暴吏理宜除”，并提出“浮费义可削”的政策主张。这首诗没有中国古代诗歌传统的写景抒情，而是赤裸裸地针砭时弊，体现了曾巩关注民生疾苦一脉相承。与《追租》的主题思想类似的还有描写虫灾肆掠、揭批官忧国忧民忧时的《边将》《胡使》《嗟叹》等等。曾巩的纪实诗除了对民生疾苦深刻地写实之外，还对积贫积弱的北宋王朝政局建言献策，有力地增强了文学在中国古代政治发展中的地位与作用。

其次，曾巩的仕途非常坎坷艰辛。嘉祐二年（1057），这是曾巩生活道路发生重大转折的一年。这一年，他终于考取进士，敲开了通往仕途的大门。第二年，他被朝廷任命为太平州（今安徽当涂一带）司法参军，负责办理一州的刑法事务。司法参军职位很低，与司理参军、司户参军一样，都属地方上的低级官员。担任这种职务，只有职田三顷，俸料钱约十千，收入低微。虽然司法参军官职卑微，但是掌管一州刑法，却也责任重大。所以，在任职期间，对于刑法事务，他都认真对待，一丝不苟。对于朝廷颁布的法律条令，他严格地执行，在案件的审理评判中，他都能以法律为依据，不徇私情。曾肇对乃兄在司法参军任上有这样一段评语：“为司法，论决重轻，能尽法意，繇是明习律令，世以法家自名者有弗及也。”（曾肇《亡兄行状》,《曾巩集》附录）这一评价十分符合曾巩的性格，也很能概括曾巩为政的态度。

在太平州任职期间，除了克尽职守外，曾巩对散文创作仍然充满了热情。他这个时期的散文作品，在内容上以表达自己的政治观、哲学观和历史观为主。如他的《洪州新建县厅壁记》《思政堂记》《与王介甫书》《州张侯庙记》等等，都在不同程度上反映了他对政治、人生、历史的看法。

曾巩在步入仕途之前，文名已显。入仕后，他仍在散文创作上严格要求，精益求精，而且虚心好学。据载，太平州知州张伯玉系文坛前辈，曾巩在他手下任职，在散文创作技巧上，曾巩确实从这位前辈手中学到了一些东西。例如，张值营建的“六经阁”即将竣工，尊张伯玉之命，曾巩为“六经阁”题记，他非常认真地写作这篇题记文，修改了六七次，但都不能使张伯玉满意。最后张伯玉只好自己提笔撰写，没用多少时间，便把文章写好了，曾巩读了张伯玉的文章，觉得自己的文章与之相比，确实存在着一定的差距，是“始大畏服，益自励于学突”。

嘉祐五年（1060），欧阳修担任枢密副使，当时正值三馆秘阁欲召人编校典籍，于是，欧阳修便立即向朝廷保荐章望之、曾巩、王回等人，他在《举章望之曾巩王回等充馆职状》中，言辞恳切地说：“太平州司法参军曾巩，自为进士，已有时名，其所为文章，流布远迩，志节高爽，自守不回。”“此三人者，皆一时之秀，宜被朝廷乐育之仁，而或废处江湖，或沉沦州县，不获闻达，议者惜之。其章望之、曾巩、王回，臣今保举，堪充馆阁职任，欲望圣慈，特赐甄擢。”由于欧阳修的举荐，曾巩被朝廷召为编校史馆书籍，历馆阁校勘，集贤校理，兼判官告院。从这一年应召入京，到熙宁二年（1069）自求外任，曾巩在京城生活了约九年的时间。这几年，是曾巩仕宦生涯中比较稳定的（参见朱熹《三朝名臣言行录》载《邵氏闻见录》）。在这九年里，而且他对自己所从事的工作，也比较满意。

整理历代书籍是一项非常艰巨的工作，而且也是一项十分费时的工作。例如对《陈书》和《梁书》的编校，就使曾巩等人付出了许多时间和精力。《陈书》共三十六卷，成书于贞观十年（636），作者系唐朝散骑常侍姚思廉，这是一部纪传体南朝陈代史。《梁书》共有五十六卷，姚思廉之父姚察在隋朝时撰有旧稿，贞观三年（629），姚思廉奉命修史，便据其父旧稿，加以补充和整理，历七年而成。这两部史书比较真实地记载了南朝陈、梁两国的历史，叙事严谨，编排得宜，堪称古之良史。但是，随着时间的流逝，这两部史书传至宋代已为数不多，十分罕见了，而且传本也多有脱误。嘉祐六年（1061）八月，曾巩等人奉校两部书，但只根据馆阁所藏的版本，曾巩等人"恐不足以定著"，于是奏请朝廷，"愿诏京师及州县藏书之家，使悉上之"。（曾巩《陈书目录序》,《曾巩集》卷第十一）至嘉祐七年（1062）冬季，才集中各地送来的藏本，嘉祐八年（1063）七月才最后校定。

在校勘史馆书籍时，曾巩非常细致认真，他广泛收集有关资料，并常与同事们一道对一些难题切磋研讨，因而纠正了不少讹误。例如在编校《鲍溶诗集》时，曾巩发现史馆把《鲍溶诗集》误以为《鲍防诗集》,《崇文总目》也犯了同样的错误。当时担任知制的宋敏求也发现了这一讹误，并且告诉曾巩,《文粹》《唐诗类选》都认为集子中的诗作系鲍溶所作。鲍防的《杂感》诗最出名，成就也最大，但在这个集子中却没有收入，由此推知此集非鲍防所著。曾巩听了宋敏求这番话，立即找来《文粹》《店诗类选》以及鲍防的《杂感》诗，认真审阅核对，结果考证宋敏求之言是正确的。后来他又从欧阳修处得到《鲍溶诗集》，其中作品与此集完全相同，由此他断定此集为鲍溶所著,从而纠正了史馆藏书和《崇文总目》的错误。有些古籍，由于年代相隔太久,因而失散不少。为了尽可能使这些失散的古籍得以完复，曾巩尽其所能，做出了很大的努力。《新序》是一部很有价值的史书，它采集了禹至汉代的许多史实，并把这些材料分类加以编纂，有不少材料既有历史价值，又有故事趣味和文学价值。此书作者为西汉刘向，撰定此书有三十卷之多，但传至宋代时，已残缺不全，只剩下十余卷。曾巩对此十分惋惜，为使这十余卷不致流失，他非常认真地做了文字上的考证和校勘。《说苑》一书为刘向所撰，原为二十卷，传至北宋时，据《崇文总目》载"今存者五篇，余皆亡。"为了使这部书得以完复，曾巩四处寻访，多方搜集，终于从一些士大夫家中又找到了十三卷，这样，与《崇文总目》所存五卷相配，共有十八卷，仅比原本少二卷。对这十八卷，曾巩都作了详细地校正辨误，才使得《说苑》能比较完整地流传下来。《战国策》共33篇，传至北宋缺第十一篇，为了把这一篇补齐，曾巩“访之士大夫家，始尽得其书，正其误谬而疑其不可考者”，然后《战国策》33篇复完。在九年中，曾巩为挽救和保存我国丰富的文化遗产作出了很大的贡献。经他校定的古籍就有十数种，除上文提及的外，还有：《礼阁新仪》《徐干中论》《李白诗集》《唐令》《南齐书》《列女传》等等。在编校史馆书籍时，他每校一书，必撰写一篇序文，这些序文既真实地记录了曾巩收集、整理古籍的过程，又比较全面地反映了他对古今学术的看法，所以，这些序文具有两方面的价值，一方面对辨学术、考其源流有史学价值，另一方面对后人研究曾巩思想又有宝贵的资料价值。

京城的生活，没有漂流之苦，比较稳定。然而，命运却好像要故意与曾巩作对一样，接二连三的不幸，打破了曾巩宁静的生活，在他的心里投下了一道道阴影。嘉祐六年（1061），曾巩进京不久，其家小也随即入京，本来这个和睦的家庭是非常幸福的，但不幸的是其妻晁文柔迁居京城后，便身患重病，卧床不起。为使爱妻早日康复，曾巩里外操劳，精心护理，但妻子的病却一直不见好转。也就在这一年，他的妹妹德耀病逝于京城。十一月，曾巩的幼女庆老又不幸夭亡。他十分喜爱这个女儿，把她视若掌上明珠，可是病魔却无情地夺走了这颗幼小的生命。对女儿的夭亡，曾巩十分悲痛，后来他还专为女儿撰写了一篇墓志铭——《二女墓志》，文中写道：“二女庆老，吾妻晁氏出也。生三岁而夭，实嘉祐六年十一月壬申。方是时，吾妻晁氏病已革，庆老疾未作之夕，省其母，勉慰如成人，中夕而疾作，遂不救。盖若与其母诀也。”[①] 还未等曾巩那颗遭受创伤的心灵得以恢复，更大的不幸又降到了他的身上，嘉祐七年（1062）二月，其妻终因病重不治，病逝于京城。这一不幸，对曾巩来说是一个巨大的打击。自与晁氏结发为妻，两人相依相爱，同甘共苦，度过了十二个春秋。如今生活有了好的转机，爱妻却过早辞世。中年丧妻，乃人生一大不幸，而曾巩失去了晁文柔这样一位贤内助，失

① 曾巩撰，陈杏珍、晁继周点校：《曾巩集》，中华书局1984年版，第636页。

去了人生旅途中一位知心伴侣，其心中的哀痛更是难以言状。为了追悼亡妻，抒发自己的哀思，他以饱含真挚情感的笔触，撰写了《亡妻宜兴县君文柔晁氏墓志铭》《祭亡妻晁氏文》《合酱作》等诗文。从这些诗文中，我们可以看到曾巩对妻子的一片深情，尤其是《合酱作》一诗，写得情真意切，催人泪下："孺人舍我亡，稚子未堪役。家居拙经营，生理见侵迫。海盐从私求，厨面自官得。拣豆连数晨，汲泉候将夕。调挠遵古书，煎熬需日力。庶以具藜羹，故将供脍食。岂有寄径忧，提瓶无所适。但惭著书非，覆瓿固其职。"[①]

不幸的遭遇，生活的窘迫，虽然给曾巩以很大的打击，但是，他忍着巨大悲痛，仍以坚定的信念，严谨的治学精神，从事着古籍编校的工作。京师九年，曾巩既有致力于事业而带来的乐趣，又有家庭不幸带来的悲痛。然而却没有使他放弃对现实社会的关注。

治平二年（1065）四月，北宋统治阶级内部，展开了一场关于宋英宗对其生父濮王应如何称呼的争论，也即历史上所谓"濮议之争"。以欧阳修为首的一部分大臣认为宋英宗应称其生父濮王为"父"，另一部分大臣以吕诲为代表，极力反对欧阳修等人的提议，认为宋英宗既已过继给宋仁宗（赵祯），那就只能称宋仁宗为"父"，而对生父濮王只能称"皇伯"。双方对此各执己见，争论不休，形成了尖锐对立的两大派。"濮议之争"在今天看来似乎无多大意义，但在当时，它却是上层统治阶级内部矛盾激化的导火线，双方都想借此打垮敌对一方，以巩固和扩大自己在朝廷中的政治势力。这场论争终为欧阳修等人获胜，但由于欧阳修性格直爽，"平生与人尽言无所隐"，"以是怨诽益众"。治平四年（1067），宋英宗去世，宋神宗（赵顼）即位。神宗即位后，欧阳修遭受彭思永、蒋之奇等人的诬陷，后虽经核查证系诬罔，但为了避祸，全身而退，欧阳修连上辞呈，请求外迁，宋神宗最后同意解去欧阳修尚书左丞、参知政事等职，以刑部尚书出知亳州（今安徽省亳县）。在"濮议之争"时，曾巩虽未能直接参与这场论争，

① 曾巩撰，陈杏珍、晁继周点校：《曾巩集》，中华书局1984年版，第63—64页。

但他对事态的发展却十分关心，曾撰文表达自己的态度。在《为人后议》这篇文章中，引经据典，表示自己赞成欧阳修的观点。这篇文章在当时并未公诸于世，甚至连他的家人亲友都不知此事，几年以后，欧阳修退居颍州（今安徽省阜阳市），曾巩才拿出这篇文章给欧阳修看，欧阳修读后非常感动："此吾昔者愿见而不可得者也。"（林希《中书舍人曾公墓志铭》,《曾巩集》附录）

熙宁元年（1068）正月，宋神宗颁诏编修英宗实录，于是曾公亮提举，由吕公著、韩维修撰，孙觉、曾巩等人充检讨官。曾巩对这项工作非常认真，在不到一个月的时间内，他便搜访了宋英宗的大量事迹，但是，这项工作进展不满一个月，曾巩便被罢去英宗实录检讨官。熙宁二年（1069），王安石任参知政事，而曾巩却放弃了京城安稳的生活和他所热爱的事业，主动要求外迁，到州县任职。他的请求得到了朝廷的批准，被安排到越州（今浙江绍兴市）任职。北宋时期，馆阁官员外出任职，同僚们都要聚会相送，饮酒赋诗，这已为惯例。曾巩在《馆阁送钱纯老知婺州诗序》中，对这种惯例有过介绍："盖朝廷常引天下文学之士，聚之馆阁，所以长养其材而待上之用。有出使于外者，则其僚必相告语，择都城之中广宇丰堂、游观之胜，约日皆会，饮酒赋诗，以叙去处之情，而致绸缪之意。历世浸久，以为故常。其从容道义之乐，盖他司所无。"[①] 这次曾巩外任，同僚们按惯例为他设宴饯行，苏东坡也参加了这次饯行宴会，在分韵作诗时，苏东坡探得"燕"字韵，他即席赋诗一首，诗中叙述了他与曾巩的交往，并祝愿曾巩一路平安，能早日回京任职，同时他还对曾巩的文才和人品大加赞扬："醉翁门下士，杂遝难为贤。曾子独超轶，孤芳陋群妍。"曾巩告别了同僚好友，离开了生活九年的京城，踏上了漂浮不定的仕途。有趣的是，其弟曾布由于坚决支持王安石变法，受到了王安石的器重和举荐，因此被宋神宗召见，连连擢升："神宗召见，论建合意，授太子中允、崇政殿说书、加集贤校理、判司农寺、检正中书五房，凡三日五受敕告。"来到越州，曾巩被这里的秀丽景色所吸引，特别是越州

① 曾巩撰，陈杏珍、晁继周点校：《曾巩集》，中华书局 1984 年版，第 214 页。

之南的鉴湖，更是水波荡漾，风景优美，水域辽阔，令人神往。在《南湖行二首》诗中，曾巩对鉴湖美景称赞不已："二月南湖春雨多，春风荡漾吹湖波。着红少年里中出，百金市上裁轻罗。插花步步行看影，手中掉旋唱吴歌……"（其一）"南湖一吸三百里，古人已疑行镜里。春风来吹不生波，秀壁如奁四边起……"（其二）[①] 湖宽三百五十八里的鉴湖，如果能充分利用其水力资源，可灌溉良田九千余亩，但是，北宋以来，鉴湖缺乏统一规划和管理，沿湖农民只顾眼前利益，盗湖为田者甚多。到治平年间，盗湖为田者竟达八千余户之多，围湖造田七百顷，严重地破坏了鉴湖的水力资源，给农田灌溉也带来了极大的不利。为此，他力主恢复鉴湖面积，还田于湖。在大量调查研究的基础上，他写了《越州鉴湖图序》，这篇文章从古到今，以实例为语，叙述了兴湖与废湖的利害关系，指出了废湖所带来的极大危害，主张要修浚鉴湖。他认为，要修浚鉴湖，必须以法律为保障，否则，这项利国益民的工程便不能顺利实施。

曾巩到职不久，便遇越州灾荒严重，为了使越州百姓平安地度过灾年，曾巩采取了一系列赈济措施。如：打开粮库，将粮食赊卖给饥饿的州民，欠款规定期限偿还；为了方便地处偏远的百姓能够购到粮食，要求各属县的富户，各自报明自己多余粮食的数目，然后以比日常价格稍高的价格出售给当地灾民；这样共收集出多余粮食十五万石左右；在赈济饥荒的同时，他还主张生产自救，贷给灾民购种粮钱五万，以使各户能够购买粮种，不失农时，货款在秋收以后归还。这些措施对于缓解灾情和生产自救，都起到了积极的作用。

嘉祐年初，越州府曾实施了一条"以钱助役"的措施，即从县各地酒场中，提取金钱若干，给予来衙前应者，不足部分，分摊到乡里百姓头上，这一措施本应实行七年便中止。但是，为了一饱私囊，一些地方的官员仍然实施这项措施，继续向百姓们收钱款。曾巩到任后，及时发现了这一情况，便立即下令终止这种做法，"且请下诏约束，毋擅增募人钱"。他的行动，得到

① 曾巩撰，陈杏珍、晁继周点校：《曾巩集》，中华书局1984年版，第67页。

了越州人民的拥护和支持。

曾巩在越州任上虽然时间不长，但是他却在越州的州治和救济灾民等方面，作出了一定的贡献。熙宁四年（1071）元月，朝廷命他改知齐州（今山东济南）。熙宁四年（1071）六月十三日，曾巩入齐州，十六日报到上任，并向朝廷递交了《齐州谢到任表》。一来到齐州，曾巩便被“满川风露紫荷香”的大明湖和“泉源上奋，水涌若轮”的趵突泉所吸引，面对这古老优美的“泉城”，曾巩不禁发出了“何须辛苦求天外，自有仙乡在水乡”的感叹。为了治理好齐州，曾巩呕心沥血，倾注了极大的热情。他后来在《襄州谢到任表》中说：“而臣昨治济南，最为烦剧。野有群行之盗，里多武断之豪。驯致肃清，始熄凶残之害；自强柔懦，颇殚竭蹷之劳。”[①] 当时的齐州，不仅多“盗”，而且豪门贵族仗势欺人，横行乡里，鱼肉百姓。对此，曾巩深恶痛绝，表示“为人害者不去，则吾人不宁”。他到任后不久，便首先对齐州曲堤贵族周氏之子“横纵涩乱，至贼杀平民，污人妇女”（曾肇《亡兄行状》，《曾巩集）附录）的罪行，进行了彻底清算和坚决制裁。周氏之子周高，一贯横行霸道，干了许多残害百姓的事情，对这样一个恶贯满盈的“公子哥”，由于他“力能动权贵，州县势反出其下”，因此“前后吏莫敢诘”。（曾肇《亡兄行状》，《曾巩集）附录）曾巩却不畏强暴，严厉惩办了这个恶少，他的这种除暴安良的果敢行动，震慑了那些为非作歹、仗势欺人的不法之徒，深得齐州百姓的拥护。为了确保人民的安全，曾巩在齐州任职期间，推行保伍制，“是时州县未属民为保伍，公独行之部中”。按保伍制规定，对于居州和出入人员，都要立簿登记，有盗则鸣鼓相援。在施行保伍制的同时，曾巩还采取了一系列行之有效的措施，来对付那些害民之盗，其中最主要的措施是：奖励检举，全力追捕，鼓励自首。由于采取了这些措施，故一有盗出现便可立即捕获，一些聚众为盗者，在这些严密防范措施面前，也不得不自首投案。如：有一个叫葛友的人，屡窃民家，官府多次搜捕均不获。自曾巩实施以上措施后，他只好自首，并揭发了同党。

① 曾巩撰，陈杏珍、晁继周点校：《曾巩集》，中华书局 1984 年版，第 413 页。

曾巩对葛友的自首，不仅没有对他重罚，相反以礼相待："公予袍带酒食，假以骑从，辇所购金帛随之，徇诸郡中。盗闻多出自言。"（曾肇《亡兄行状》,《曾巩集》附录）由于曾巩措施得力，齐州属内的治安状况明显好转，人民得以安居乐业，"豪宗大姓，敛手莫敢动，寇攘屏迹，州部肃清，无枹鼓之警，民外户不闭，道不拾遗"。（曾肇《亡兄行状》,《曾巩集》附录）

曾巩在齐州时期，正是王安石变法高潮兴起之时，朝廷相继颁布青苗、保甲、免役、农田水利、均输诸法，对于变法，曾巩虽有自己的看法，但对于新法中的合理部分，他却能认真执行，而且在具体实践中，能根据齐州的实际情况，灵活掌握。"朝廷初变法，公推法意施行之，有次第，民便安之。后使者至,或希望私欲有所为,公不听也。"如河北发民浚河,要调集他路民夫，齐州当出夫二万，"县初按籍，二丁三丁出一夫，公括其隐漏，后有至九丁出一夫者，省费数倍"。

曾巩在齐州的政绩，最值得一提的是兴修水利。在任职期间，他对济南城内外的水道进行了比较彻底的疏通和治理，重新修建了北水门。在《齐州北水门记》一文中，他详细记录了治水和重建北水门的过程："济南多甘泉，名闻者以十数，其酾而为渠，布道路民庐官寺，无所不至，潏潏分流，如深山长谷之间；其汇而为渠，环城之西北，散故北城之下疏为门以泄之。若岁水溢，城之外流潦暴集，则常取荆苇为蔽，纳土于门，以防外水之入，既弗坚完，又劳且费。至是，始以库钱买石，僦民为工，因其故门，垒石为两涯，共深八十尺，广三十尺，中置石楗，析为二门，扃皆用木，视水之高下而闭纵之。于是内外之水，禁障宣通，皆得其节，人无后虞，劳费以熄。"①这项造福于民的水利工程，不仅根除了济南城内水灾的危害，而且还为济南的美化起了一定的作用。在修理北水门工程之后，曾巩还以其文学家的审美观和艺术眼光，对大明湖进行规划和开发，修筑了北渚亭、鹊山亭、百花台、百花堤和百花桥等建筑物，并植树造林，美化环境，使得优美如画的大明湖更如同蓬瀛仙境、武陵桃源。

① 曾巩撰，陈杏珍、晁继周点校：《曾巩集》，中华书局 1984 年版，第 309 页。

曾巩在齐州的几年间，为民兴利除弊，为官清廉，政绩斐然。齐州百姓对他也是非常尊敬和爱戴。熙宁六年（1073）夏，曾巩徙知襄州（今湖北襄樊），百姓得知消息后，“绝桥闭门遮留”，他只好“夜乘间乃得去”。就连他的政敌，欲寻其任职齐州之失亦无所得：“臣先任齐州，得替后，吕升卿为京东路察访，于齐州多端非理，求臣过失，赖臣无可捃拾。”①

在齐州二年多的时间里，曾巩不仅在治理齐州方面政绩显著，而且作为一个作家，齐州的这段生活，也给他的文学创作带来了活力，尤其是他的诗歌创作，更取得了丰硕的成果。在这个时期，他创作了大量的诗篇，且多为他诗集中的上乘之作，这在他诗歌创作中是极为罕见的，无怪乎有人说他的诗“多齐州所作，有欣然安之之意。徙为他州，不多作。虽作，不乐之”。从曾巩《元丰类稿》所收400余篇诗作来看，在齐州创作的诗就有70余首，约占六分之一。这70余首诗从题材上看，有这几个方面：大多数是风景诗，吟咏风光，寓情于景；少数为赠答酬唱的作品；再就是论事之作。

曾巩在齐州，对泉城的名胜美景，几乎都有诗歌吟咏，有的更是反复唱叹，尽情描绘。如对大明湖内风光景物描绘的诗篇，就有数十首之多：《西湖二首》《西湖纳凉》《百花堤》《北渚亭》《环波亭》《鹊山亭》《水香亭》《百花台》《芙蓉桥》等等，这些诗描写细致，神采飞动，诗中有画，景中生情，堪称大明湖组诗。试举二首为例：

西湖二首·之二②

湖面平随苇岸长，碧天垂影入清光。
一川风露荷花晓，六月蓬瀛燕坐凉。
沧海桴浮成旷荡，明河槎上更微茫。
何须辛苦求天外，自有仙乡在水乡。

① 曾巩撰，陈杏珍、晁继周点校：《曾巩集》，中华书局1984年版，第479页。
② 曾巩撰，陈杏珍、晁继周点校：《曾巩集》，中华书局1984年版，第102页。

西湖纳凉[①]

问吾何处避炎蒸，十顷西湖照眼明。
鱼戏一篙新浪满，鸟啼千步绿阴成。
虹腰隐隐松桥出，鹢首峨峨画舫行。
最喜晚凉风月好，紫荷香里听泉声。

读着这些诗篇，谁不会被这些优美的景色所迷住？谁不会为诗人精湛的艺术表现技巧而惊叹？谁不会被诗人的真情所感动？“何须辛苦求人外，自有仙乡在水乡”，这充溢真情，饱含激情的诗句，以其独特的艺术魅力，拨动着人们的心弦。“最喜晚凉风月好，紫荷香里听泉声”，更能使人体验到大明湖纳凉的趣味，读着这种诗句，人们仿佛心清气爽，如临其境。

齐州以泉著称于世，历下名泉就有七十二处。在曾巩的齐州诗中，写泉诗也不乏佳作，如七律《金线泉》[②]：

玉甃常浮灏气鲜，金丝不定路南泉。
云依美藻争成缕，月照寒漪巧上弦。
已绕渚花红灼灼，更萦沙竹翠娟娟。
无风到底尘埃尽，界破冰绡一片天。

诗人以他的生花妙笔，把金线泉描绘得活灵活现。这首诗是最早记载金线泉的诗篇,而金线泉又是一个十分奇异的泉,其泉中“金线”并非每看则见。诗人在月光下看到了这眼泉里显现的“金线”,于是便巧妙地运用了形象思维,把这种奇异的景致表现得栩栩如生，引人入胜。

在曾巩创作的齐州诗里，除了风景诗外，还有不少反映民情、关心民生的诗篇。熙宁四年（1071）四月，齐鲁大旱，“粟将槁死，蝗亦滋生”，面

---

① 曾巩撰，陈杏珍、晁继周点校：《曾巩集》，中华书局 1984 年版，第 109 页。
② 曾巩撰，陈杏珍、晁继周点校：《曾巩集》，中华书局 1984 年版，第 113 页。

对这种情景，曾巩忧虑万分，祈雨于泰山。六月降雨，曾巩非常高兴，除撰《泰山谢雨文》外，又赋《喜雨》诗一首，以表欢悦之情，诗中写道："桑间举箔蚕初茧，陇上探镰麦已秋。更喜风雷生北极，顿驱云雨出灵湫。从今菽粟非虚祷，会见瓯窭果满篝。"[①] 诗中不仅表现了诗人久旱得雨后的喜悦心情，更重要的是从这种心情中，可以看到诗人对农事和民情的关切。熙宁五年（1072）他写的《去年久旱，六月十三日入境得雨，今年复旱，得雨亦六月十三日也》和《到郡一年》等诗，也都表现出他那种悯农思想和关心民瘼的情感。在齐州，曾巩对农业生产抓得很紧，老百姓服勤南亩，人乐其生。这种情景在他写的诗中也有反映："丰兹桑麻熟，复尔仓箱盈。闾里凶党，阶除露讼清。"（《秋怀》之二）"画载森门宠误蒙，从来田舍一衰翁。囷仓穰穰逢康岁，闾里恂恂有古风。"（《郡斋即事》之一）

齐州秀美的山水，使曾巩享受到了无穷的乐趣。但是，宦游他乡，思念亲友，遥忆京城生活，亦属人之常情。在齐州，曾巩也写下了十几首这类题材的诗。这类诗有的为赠答诗，赠答对象或为齐州人士，或为故交旧友，内容多为怀旧抒情、慰问失意、因事书感、颂扬贤德等等。另有一些思念亲人、怀念京城生活的诗，如《喜二弟侍亲将至》诗："我于两处抱饥渴，恨寄一官如束缚……似闻笑语已仿佛，想见追随先踊跃。共眠布被取温暖，同举菜羹甘淡薄。山花得折随好丑，村酒可醉无清浊。屈伸有命更勿疑，细故偶然皆可略。春风为子送帆樯，速放船头来此泊。"[②] 思亲之情，跃然纸上。离京数年，任职州郡，这漂游不定的生活，也勾起了曾巩对昔日京城生活的怀念，如他写的《西湖二月二十日》诗："平生拙人事。出走临东藩。纷此狱讼地，欣乘刀笔闲。漾舟明湖上，清镜照衰颜……"[③] 诗人借明湖泛舟，抒发了自己离京外任后的惆怅心情，在这种心情中，也夹杂着作者对京城生活的怀念。

总之，曾巩以诗的形式，形象、生动而又真实地记录了他在齐州时的思

① 曾巩撰，陈杏珍、晁继周点校：《曾巩集》，中华书局 1984 年版，第 109 页。
② 曾巩撰，陈杏珍、晁继周点校：《曾巩集》，中华书局 1984 年版，第 59 页。
③ 曾巩撰，陈杏珍、晁继周点校：《曾巩集》，中华书局 1984 年版，第 67 页。

想、感情和生活。可以说，齐州时期是他诗歌创作趋于成熟的时期，他这时期的诗歌，大多意境优美，形象生动，有较高的艺术造诣。

齐州时期，曾巩政绩卓著，文学创作颇丰，而且与齐州人民的感情十分深厚。熙宁六年（1073）六月，曾巩离任齐州，转徙襄州，齐州百姓绝桥挽留。曾巩走后，齐州人民又在千佛山上修建曾公祠，刻石像纪念他。清道光年间，齐州人民又在大明湖畔重建曾公祠，以供人们祭奠凭吊。由此可见，齐州人民对曾巩是多么地崇敬，正如陈永修在《谒南丰祠》中所说："心存香一瓣，千古仰崔嵬！"

熙宁六年（1073）夏，曾巩离齐赴襄。途中，彭城（今江苏省徐州市）陈师道献文求见。曾巩读了陈师道的文章后，大加赞赏。陈师道在《送邢居实序》中曾回忆了这段经历："吾年如生时，见子曾子于江汉之间，献其说十余万言，高自誉道。子曾子不以为狂，而报书曰：'持之以厚。'吾之不失身，子曾子之赐也。"因敬服曾巩的文学才能和人品，陈师道拜曾巩为师，学习散文创作。"(陈师道）少以为谒曾南丰，南丰一见奇之，许其必以文著。"宋代文坛，拜师择徒的现象十分普遍，曾巩自己便是师承欧阳修，得到了欧阳修的奖掖和扶持，才能在文坛上脱颖而出。陈师道受业于曾巩门下，学习古文创作，同样得到了曾巩的器重和提携，因而使他在古文创作上有较高的声誉。后来，陈师道虽学诗于黄庭坚，但是，他对恩师曾巩的感情却一直是非常深笃和诚挚的，"无己少学文于子固，后学诗于鲁直，各有师承。是诗又有句云：'世虽嫡孙行，名在恶子中。'"

《答泉深之书》云："始仆以文见，辱以教，云云。又《妾薄命》二篇，至有杀身以相从之，自注为曾南丰作，其特尊至奏。"在陈师道专为曾巩而作的《妾薄命》诗中，还有"古来妾薄命，事主不尽年。忍着主衣裳，为人作春妍"等诗句。在其《过六一堂》诗中也有"向来一瓣香，敬为曾南丰。"其尊师之深情，跃然于纸上，真可谓千古知己门人。曾巩对于陈师道的学业和前途也是处处关心，尤其是对他的政治前途，曾巩更是倍加关注，一有机会，他便向朝廷举荐陈师道，如曾巩曾举荐陈师道参与重修五朝国史，后因朝廷以陈师道为布衣之由来拒绝而未能如愿。

熙宁六年（1073）秋季。曾巩来到襄州。到任时，正值襄州旱情严重，而且一直延续到第二年的春季。为此，曾巩非常焦虑。他在《襄州岳庙祈雨文》中写道："自秋不雨，方冬尚温。麦田苦于旱干，民室忧于病疠。"① 在《又诸庙祈雨文》中他写道："去岁经冬，时雪不厚。今兹春晚，膏泽尚微。农于稻田，待水而种。苦兹旱涸，人用焦然。"② 面对这严重的旱灾，曾巩只能求助于神灵，祈求上天降雨救民。在《襄州庙祈雨文》中，他言辞恳切地祷告神灵："惟神作镇岱宗，著灵南夏。敢沥由衷之恳，冀回降鉴之仁。送俾膏泽以时，祁都寒式序。"在《又诸庙祈雨文》中，他也表达了同样的心情："是用沥恳思，有祷于神。惟神依人，尚其降鉴，使霈然下雨，以大济于此邦。"③

在《大悲祈雨文》中，他急切祈望苍天："俾风云之奋作，致雨雪之渐涵。田亩顺成，里闾安辑。"苍天似乎被他的诚恳请求所感动，不久，天降大雨，曾巩十分高兴，连作《诸寺观谢雨文》《邪溪谢雨文》《薤山谢雨文》《诸庙谢雨文》等等，以谢"天恩"。在《薤山谢雨文》中，他以感激的笔调写道："果蒙降答，乃戊辰云起西北，至夕大雨，达于甲戌。四境告足，麦则滋荣，稻可播种。民得以托命，吏得以窃食。维神之威灵大显于此土，泽施大及于斯民，敢不严报？尚其终惠，俾岁大穰，则人于事神，永永其不敢怠。"④ 虽然这种祈雨方法在我们今天看来，不免觉得迷信可笑，但是在曾巩那个时代，人们也只能如此，而且作为一个官吏，能像他这样急民之所急、忧民之所忧，的确是难能可贵的。

在治襄期间，曾巩发现其前任遗留下来的一宗久而未决的案件里面，冤情严重，他便仔细批读案卷，慎重地分析和研究了整个案情，觉得此案证据不足，于是对此案人犯不予治罪，已判极刑的也得以翻案，拘押在狱的一百余人尽皆无罪释放。襄州百姓闻知此事都非常感动，有人甚至叩在地，慨叹

① 曾巩撰，陈杏珍、晁继周点校：《曾巩集》，中华书局 1984 年版，第 542 页。
② 曾巩撰，陈杏珍、晁继周点校：《曾巩集》，中华书局 1984 年版，第 542 页。
③ 曾巩撰，陈杏珍、晁继周点校：《曾巩集》，中华书局 1984 年版，第 542 页。
④ 曾巩撰，陈杏珍、晁继周点校：《曾巩集》，中华书局 1984 年版，第 544 页。

道："吾州前坐死者众矣，宁知非冤乎？"（林希《宋中书舍人曾公墓志铭》，《曾巩集》附录）

熙宁七年（1074），全国都遇到大旱，为了收集民情，朝廷派遣官员下到各州，检查旱情以及兴修水利的情况。在被派到襄州的官员中，有些人想要挟曾巩拿出银两，以饱私囊。在一次招待诸使的宴会上，有一人暗有所指地说："昨夕三鼓，大星坠于西南，有声甚厉，次又有一小星随之。"曾巩则含蓄地答道："小星必天狗，下勾当公事也。"席中诸使听后，面面相觑，羞愧不已。

曾巩在襄州创作的诗歌，大多数为应酬赠答之作，但是这些作品中也不乏佳作，如《赠张伯常之郢见过因话荆楚故事仍贶佳什》："一见心亲十载前，相望南北久茫然。喜倾白发论文酒，重访清江下濑船。志大肯同悲抱璞，识高宁许笑求田。已窥品藻传荆楚，更味阳春白雪篇。"[①] 又如《招泽甫竹亭闲话》："偶归塞马应何定，粒食鶢鶋颇自安。云压楚山春后雪，风吹襄水坐来寒。诗豪已分材难强，酒圣还谙量未宽。赖有佳宾堪下榻，且将清话对檀栾。"[②] 这两首诗就写得意味深长，颇值一读。第一首诗歌描写的是曾巩与阔别十年的老友重逢，两人再见犹如至亲。由于交通不便、各自繁忙，两人分居南北，这次重逢让人激动得流泪，望着白发的老友，惟有把酒言欢、倾情叙旧。两人志同道合，都有远大的志向，这些佳话已经传遍了荆楚大地，两人纯洁的友谊比阳春白雪更耐人寻味。后一首诗歌用塞翁失马的典故来说明世界上人事难料，惟有自己放松心态，悠然笑看世事万物才是真理。自己坐在招泽甫竹亭中，笑看黑漆漆的乌云力压巍峨的楚山和春季的残雪，任凭西风从襄河冰水带来的袭人寒气的吹打，作者泰然处之，早已不管谁是诗豪、谁是酒圣等身外名誉，只知与佳友静坐竹亭中，焚香品茶才是最珍贵的。除了应酬赠答的作品外，曾巩还写了一些吟赞襄州山水的诗作，如《高阳池》《汉广亭》《闻喜亭》《隆中》等等，这些诗或寄情山水，或触景生情，或思

① 曾巩撰，陈杏珍、晁继周点校：《曾巩集》，中华书局 1984 年版，第 122 页。
② 曾巩撰，陈杏珍、晁继周点校：《曾巩集》，中华书局 1984 年版，第 122—123 页。

念先贤，却也写得生动活泼，形象鲜明。

熙宁九年（1076），曾巩又从襄州调任洪州（今江西省南昌市）。洪州是曾巩非常熟悉的地方，早在进入仕途之前，他便常常携友游览洪州城，滕王阁、百花洲等名胜，都留下了他青年时代的足迹。现在年已五十八岁的曾巩，被调任洪州，昔日的一介布衣游客，如今却成了主管洪州大事的长官，人世沧桑，的确令人感慨不已：“忆昔江西别子时，我初折腰五斗粟。南北相望十八年，俯仰飞光如转烛。子遗万事遂恬旷，我系一官尚局促……”[①]

洪州名胜古迹甚多，山水风景优美，然而，此时的曾巩，已与十几年前来洪州时的心情大不一样了，他肩负重压，主要精力都须放在州治上面。在《洪州谢到任表》中，他说：“臣较不上体圣心，勤修民政？奉行宽大，方尽瘁于兹时；补助高深，庶纳忠于来日。”[②]曾巩是这样说的，也是这样做的。

熙宁九年（1076），曾巩到任之际，正是洪州瘟疫流行之时。面对这严重的情况，曾巩迅速采取了一系列应急措施，以遏制瘟疫的蔓延。他首先命州、县、镇、亭以及各地客栈，都要储备好药物，及时送到患者手中，同时，他还命令州、县，要照料患病军民，特别是对那些患病后不能自理的百姓和军士，应由官府收养，让他们住进官舍，并资助他们食物和衣被，负责给他们请医治疗。这些措施十分有效地控制了疫情的进一步恶化，同时也使许多军民从死亡线上挣扎出来。

有一次，朝廷军队出师安南（今越南境内），途中要经过几个州县，于是朝廷命令所过州县要为这支万人军队准备食宿，洪州也是军队要路过的州县之一。有的州县官吏，趁此机会，横征暴敛，搜刮民财，使百姓苦不堪言。曾巩得知军队将要路过洪州时，他既没有骚扰百姓，更没有暴赋急敛，而是提前给过路军队打好水井，准备锅灶、营帐及粮草，一切都安排得井井有条，当军队路过洪州后，乡里百姓居然都不知道有军队路过这件事。

曾巩到任洪州不久，朝廷便命吕惠卿的兄弟吕升卿为江西转运副使（即

① 曾巩撰，陈杏珍、晁继周点校：《曾巩集》，中华书局 1984 年版，第 75 页。
② 曾巩撰，陈杏珍、晁继周点校：《曾巩集》，中华书局 1984 年版，第 414 页。

掌管所属州郡的水陆运输和财政税收事务的副官)。吕惠卿与曾巩的弟弟曾布有嫌隙宿怨，吕升卿为报复曾布，便将怨恨转嫁到曾巩身上。早在曾巩任职齐州时，他作为京东路察访，要寻求曾巩在齐州的过失，无奈曾巩治州严谨，无可挑剔。这次吕升卿又到江西任职，曾巩深感不快。为了避免矛盾激化，曾巩自请出知饶州(今江西省鄱阳县)，并向朝廷上《奏乞回避吕升卿状》，申诉回避理由，他首先叙述了吕升卿在齐州所为，接着又说："兼臣弟布与吕惠卿又有嫌隙，二事皆中外共知。今升卿任江西监司，洪州在其统属，须至陈乞回避，伏乞指挥检会。臣先奏乞移洪州，或宣州，或东南一般州郡。臣为母亲见在饶州，迤逦前去饶州，伺候朝旨。"[①]他的要求未获朝廷批复，于是他只好继续留任洪州。

这一年，曾布从饶州移知潭州(今湖南省长沙市)，途中经过洪州。碰巧在馆阁任职的曾肇，此时也请假回乡探视母亲。这样兄弟三人欢聚洪州，共游名胜滕王阁，曾巩设宴热情款待。曾布夫人魏氏，是北宋有名的才女，她才思敏捷，诗文词赋样样精通。席间，她见曾氏三兄弟欢聚畅谈，也十分高兴，于是口占一联以助酒兴："金马并游三学士，朱幡相对两诸侯。"兄弟三人听后，兴致更高，他们争相吟诗作对，好不热闹。

洪州之地，物有光华，天有珍宝，人有英杰，地有灵秀。后汉豫章徐稺(字孺子)，便是洪州人杰之一。徐孺子家境潸贫，常自耕稼，然而其德行却为人们所景仰。当时豫章太守陈蕃，从不接待宾客，但是对徐孺子却十分尊敬，他在府中专设一榻为接待徐孺子而用。曾巩对这位古代乡贤也是非常崇敬的："孺子于时，豫章太守陈蕃、太尉黄琼辟皆不就，举有道，拜太原太守，安车备礼，召皆不至。盖忘己以为人，与独善于隐约，其操虽殊，其志于仁一也。""汉至今且千岁，富贵湮灭者不可称数。孺子不出闾巷，独称思至今。则世之欲以智力取胜者，非惑欤？"[②]为了表示自己的敬意，也为了使后人能永远纪念徐孺子，并崇尚其德行，曾巩于熙宁十年(1077)在南昌东湖南面

① 曾巩撰，陈杏珍、晁继周点校：《曾巩集》，中华书局1984年版，第479页。
② 曾巩撰，陈杏珍、晁继周点校：《曾巩集》，中华书局1984年版，第312页。

小洲徐孺子旧宅处，“结茅为堂，图孺子像，祠以中牢，率州之宾属拜焉”“祠之，所以示邦人以尚德”[①]。

熙宁十年（1077）春，朝廷授曾巩直龙图阁，命其移知福州军州事，兼福建路兵马钤辖，为此皇帝特赐绯章服。对于这项任命，曾巩呈奏状力辞：“孤远之臣，幸蒙收擢。圣恩深厚，谊岂敢辞？伏念臣老母年高，近岁多病。臣弟布已移知广州，见赴本任。臣若更适闽越，则兄弟并就远官。犬马之志，不胜徬徨。伏望圣慈矜悯，特寝新命，与臣一便地差遣。”[②]奏状呈递朝廷，皇帝不允，他只好离开洪州，来到福州任职。

这次移知福州，曾巩的心情很不愉快，但君命不可违抗，他只好遵命赴任。然而，垂暮之年的忧愁，远离亲人的苦衷，却常常萦绕心头：“至于九换岁期，常从外徙；四临州部，曾未代还。”“惟皓首之慈闱，抱累年之宿疹，牵衣辞诀，泣涕分驰。计音信之往来，殆将万里；阻晨昏之定省，各在一涯。”虽然他有着这许许多多的烦恼忧愁，但是，一旦来到福州任上，却能把自己的种种不快置之度外，专心一意地为治理福州而辛勤操劳。

北宋时期，由于朝廷崇尚佛道，因而佛道盛行天下。据不完全统计，北宋初年，僧徒就有六万余人，发展到宋真宗时，竟增至四十余万人。在福州，佛教更为盛行，自五代十国崇尚佛教以来，寺院屡屡兴建，到北宋时，福州已是“城里三山千簇寺”“路上行人半是僧”。这种佛道盛行的状况，使得北宋社会形成了一个不劳而获的特殊阶层——僧侣阶层，这极大地阻碍了北宋社会经济的发展。在福州，由于佛教的影响，许多人为了来生幸福，而将自己的田产施舍给寺庙，这样，寺庙田产日趋增多，而其田亩赋税却比一般籍户轻得多。由于寺庙田产增多，民间田产减少，于是，赋税负担便沉重地压在普通农户身上，一些农户因交付不起苛捐杂税，也只好投身寺庙，加入僧侣行列。一些寺庙的上层僧侣，为了贪图私利，扩大特权，百般经营，贿赂官府，以谋求要职。曾巩对佛教本不赞成，任职福州

---

① 曾巩撰，陈杏珍、晁继周点校：《曾巩集》，中华书局1984年版，第481页。
② 曾巩撰，陈杏珍、晁继周点校：《曾巩集》，中华书局1984年版，第481页。

后，看见福州寺院这种现状，更是不满："闻王旧事今何在？惟有村村供佛田。"针对这种弊端，曾巩采取了一些改革措施。首先，他对佛院住持制度进行改革，过去住持都是由官府延聘，曾巩到福州后，将这种延聘制改为寺院众僧选举，即寺院众僧选举能者为住持，将推选出来的僧人登记造册报到官府，然后充任，这种做法杜绝了过去那种为谋住持而到官府钻营的弊病。曾肇《亡兄行状》记载，曾巩初来福州时，一些佛院的僧人为谋取住持，暗通关节，想贿赂曾巩，曾巩却不为私欲所动："公俾其徒自相推择，籍其名，以次补之，授文据廷中，却其私谢，以绝左右徼求之弊。"[①] 其次，废除两座不法寺院，逮捕违法恶僧，狠狠压住了那些不法寺庙的嚣张气焰。同时，他也采取措施，使那些企图逃避赋税奸民的阴谋不能得逞，曾肇在《亡兄行状》中记载说："民出家者三岁一附籍，殆万人，阖府徼赂，至裒钱数千万，公至不禁而自止。"第三，下令妇女毋入寺舍，这样既可断绝一些不法僧侣的淫乱念头，又可使妇女免遭侮辱。曾巩采取的这些措施，对于遏制僧侣阶层的恶性膨胀，减轻农民的经济负担，维护社会治安，都有十分明显的积极作用。

在宋代，朝廷除给州官俸禄外，还有所谓职田，以增加地方官员的收入。曾巩来到福州，只有俸禄，没有职田，但其前任留有一大块蔬菜园，过去州官都是靠这块菜园增加收入："福州无职田，岁鬻园蔬收其值，自入常三四十万。"（曾肇《亡兄行状》,《曾巩集》附录）曾巩到任后，了解到州府卖菜对菜农的打击很大，为了自己增加收入，而使广大菜农的利益受到损害，这是极不合理的，"公曰:'太守与民争利可乎？'罢之，后至者亦不复取也"。在那贪官污吏遍地的社会里，曾巩却能为民着想，不损民利，这种廉洁治政的精神，不仅在当时令人钦佩，就是在今天仍有积极意义。

在曾巩赴闽之前，福建境内的治安很乱。熙宁十年（1077）八月，福建路"群盗"窃发，杀掠人民，州县不能逐捕，于是地方官吏奏请朝廷派重兵围剿。在重兵压境的情况下，一些反抗组织的首领只好出来投降，接受招

① 曾巩撰，陈杏珍、晁继周点校：《曾巩集》，中华书局 1984 年版，第 793—794 页。

抚，然而有部分官员则反对朝廷招安“盗首”，主张把群盗斩尽杀绝。正是在这个时候，曾巩到福州上任，他认为这次“叛乱”主要是由饥饿造成的，要平息这场“叛乱”，光靠军队镇压不可能根除后患，为此，他在《福州上执政书》中主张:“一则谕以招纳，一则戒以剪除。”[①]要恩威并用，以招纳劝诫为主,尽可能避免刀兵惨杀。由于措施得力,“自是幅员数千里无敢窃发者,民山行海宿,如在郭郭”。回忆在福州任上近一年时间所属各县发生的变化时，曾巩写道：

臣既到任，属所部之内，寇孽遗类往往尚聚山谷，居人未宁，远近疑骇，而州之属邑，又有出于旱饥之后……自去冬及今春以来，上赖朝廷威德，蚁聚余寇，悉又殄除。田畴之间，连获登稔。今山海清谧，千里宴然。里闾相安，粟米丰美。臣于所部，乃无一事可以自效。[②]

自冬至春，远近皆定。亭无枹鼓之警，里有室家之乐。士气始奋，而人和始洽。至于风雨时若，田出自倍。今野行海涉，不待朋俦。市粟四来，价减什七。[③]

如何平息“盗寇”，曾巩入仕前和入仕后的态度始终如一。入仕之前，他主张平“寇”不在将兵之多寡，而在于太守自身，太守采取的措施有效，那么将事半功倍，他认为最有效的措施就是恩威并用。在任地方官时，他也多采取这一措施，且主要以劝诫来平息“盗寇”之乱。这种宽仁的态度，在化解矛盾、治理社会秩序方面，的确有一定的作用。

曾巩任职福州只有一年多时间，在这短短的时间里，曾巩创作了一定数量的文学作品。其中散文约 16 篇，诗歌约有 35 首。在这 16 篇文章中，

① 曾巩撰，陈杏珍、晁继周点校 :《曾巩集》，中华书局 1984 年版，第 270 页。
② 曾巩撰，陈杏珍、晁继周点校 :《曾巩集》，中华书局 1984 年版，第 482 页。
③ 曾巩撰，陈杏珍、晁继周点校 :《曾巩集》，中华书局 1984 年版，第 270 页。

有 4 篇是祷雨文和谢雨文，这些文真实地记录了曾巩在福州的部分活动。元丰元年（1078）入夏，福州久旱不雨，曾巩在《题祷雨文后》中记载“自四月甲子，至五月辛巳，凡十有八日不雨，田已忧旱”。曾巩非常忧虑，“率属吏士，分祷诸佛祠”，以求苍天降雨，为此他还写了《福州鳝溪祷雨文》《诸庙祷雨文》。天降大雨之后。曾巩非常高兴。他又写下了《谢雨文》。另外他还写了 10 余篇进奏皇上的表疏，这类文章没有多少文学欣赏价值，但对于研究曾巩当时的思想和处境却有参考价值。

曾巩在福州期间创作的诗多数为律绝体。这些诗大都值得一读，有些更是清新可喜，耐人寻味。例如：

上元

金鞍驰骋属儿曹，夜半喧阗意气豪。
明月满街流水远，华灯入望众星高。
风吹玉漏穿花急，人近朱阑送目劳。
自笑低心逐年少，只寻前事撚霜毛。①

西楼

海浪如云去却回，北风吹起数声雷。
朱楼四面钩疏箔，卧看千山急雨来。②

城南

雨过横塘水满堤，乱山高下路东西。
一番桃李花开尽，惟有青青草色齐。③

《上元》诗，表现了福州人民因喜获丰收，五谷丰登，而欢度元宵灯节

① 曾巩撰，陈杏珍、晁继周点校：《曾巩集》，中华书局 1984 年版，第 128 页。
② 曾巩撰，陈杏珍、晁继周点校：《曾巩集》，中华书局 1984 年版，第 132 页。
③ 曾巩撰，陈杏珍、晁继周点校：《曾巩集》，中华书局 1984 年版，第 131 页。

的热闹景象，同时也抒发了诗人治理福州出现安定局势后的喜悦欣慰之情。《西楼》诗意境清新，机润圆熟，写景状物与抒情达意有机地融为一体，颇值一读。《城南》诗把城南郊外的自然风光与诗人怡然自得之情，紧密地联系在一起，读起来饶有风致，耐人寻味。曾巩在福州，一方面克尽职守，热心州治，另一方面又因年已花甲，且眷念远居京师的老母，因此，他身居福州，却常怀北归之心。这种心情在其诗文中常有流露，如在《乱山》诗中，他写道："莫问吾亲在何处，举头东岸是新罗。"在《福州奏乞在京主判闲慢曹局或近京一便郡状》中，他详细地叙述了自己当时的境况："臣母老多病，见居京师。臣任福州，臣弟布任广州，相去皆数千里……况臣母子各已白头，兄弟二人皆任远地，今臣于官守，又无可以驱驰之事。伏望圣慈悯恻，以臣老母见在京师，与臣一在京主判闲慢曹局差遣，或就移近京一便郡，庶便亲养。"[①] 在曾巩多次恳求下，朝廷终于在元丰元年（1096）批准了他的请求，这一年九月，当他接到了召判太常寺的任命后，便启程北上，并作《北归》三首，以抒发自己喜悦之情："终日思归今日归，着鞭鞭马尚嫌迟。曲台殿里官虽冷，须胜天涯海角时。"[②]

在北归途中，他顺道回老家南丰整修祖坟，然后再乘船北上，十二月至江宁府（今南京市）时，突然接到朝廷要他改知明州（今浙江宁波）的命令。对此曾巩十分困惑但又无可奈何，他只好在当月十八日向朝廷请求，先到京把老母接出，然后一起赶赴明州，"伏念臣已弃驰在路，屈指计日，望至亲侧。窃计臣老母之心，闻臣之来，倚门之望，固已深切。今母子垂欲相见，而臣忽他改差遣，臣不敢别有陈乞，欲望出自圣恩，特赐矜，许臣径马暂至京师，迎待老母赴任，不敢别有住滞。伏惟天地之德，哀而怜之"。未曾想到，这一合情合理的要求，竟被朝廷拒绝了，于是他只好赴明州上任。

元丰二年（1079）正月二十五日，曾巩来到了明州，他人虽在明州，心却萦绕京城，思念着老母，并设法想移至京师附近的州郡任职。当他得知其

---

① 曾巩撰，陈杏珍、晁继周点校：《曾巩集》，中华书局 1984 年版，第 482 页。
② 曾巩撰，陈杏珍、晁继周点校：《曾巩集》，中华书局 1984 年版，第 133 页。

母亲的堂弟朱明之被任命为该路提点刑狱时，他立即以“避亲”为由，向朝廷递呈了《明州奏乞回避朱明之状》，要求调离明州：“如合该回避，欲望圣慈，念臣在外十有一年，已更六任……臣不敢陈乞在京差遣，只乞对移陈、蔡一郡，许臣暂至师，迎侍老母赴任，使臣仰得就日月之光，俯得伸犬马之养。”[①] 虽然曾巩不安心在远离京师的明州任职，但是在未获准调离之前，他仍然兢兢业业地为治理明州而操劳。在曾巩到任之前，明州官府便准备修筑城墙，当时官吏预计城墙要修二千五百多丈，门楼要修十座，但是旧城墙的材料只能利用十分之四，尚差一大半需要置办，这样，必然会给明州百姓增加负担。曾巩来后，重新规划，将城减七十余丈，并减少了门楼，这样一来，利用旧城墙的材料和收购一些旧砖石，便可基本解决新修城墙的建筑材料。这个方案既省工又省经费，且修城的劳力多是兵勇及雇佣工，明州百姓的利益也未被侵占。

在明州时，曾巩曾接待了一批高丽人，这些高丽人“因风失船，飘流至泉州界，得捕鱼船援救全度，从此随捕鱼船，同力采捕，得食自给，后于泉州自陈，愿来明州，候有便船，却归本国”[②]。对这些遇难的高丽人，曾巩给予了热情的接待。在《存恤外国人请著为令札子》中，曾巩认为：“窃以海外蛮夷，遭罹祸乱，漂溺流转，远失乡土，得自托于中国。中国礼义所出，宜厚加抚存，令不失所。”[③] 他的这种做法及思想，对于北宋王朝与友好邻邦和睦相处，是有一定积极作用的。五月三十日，在明州任职仅五个月，曾巩又接到朝廷让他徙知亳州（今安徽省亳县）的任命。接到任命后，曾巩即将州务交割完毕，不久便启程，取道湖北，往亳州赴任。在到达山阳（今江苏淮安）时，年仅二十八岁的张耒，投书拜谒了曾巩，曾巩对张耒的才华称赞不已。张耒在《书曾子固集后》回忆了当时的情景：“公得余书甚喜也，谓余国：‘我与子皆诉汴而西，能从我行乎？时余舟无挽兵，为余求之甚力。’

① 曾巩撰，陈杏珍、晁继周点校：《曾巩集》，中华书局 1984 年版，第 484 页。
② 曾巩撰，陈杏珍、晁继周点校：《曾巩集》，中华书局 1984 年版，第 471 页。
③ 曾巩撰，陈杏珍、晁继周点校：《曾巩集》，中华书局 1984 年版，第 471—472 页。

公又曰：'我行驶，非子所能及也。子至永城，当缆舟陆走，一日至亳，为句日会也。'公逆行。后余病六十日，至永城，病未愈，不能骑，因永城令寓书于公。"这两位文人自山阳相遇，以后便无缘再见了。

七月十六目，曾巩来到亳州。亳州属地，多有"盗"，曾巩到亳州后，推行过去在齐州实行的保甲法，不久，亳州的社会治安便稳定下来了。后来，曾巩将自己推行保甲法的经验作了总结，写下了《申明保甲巡警盗贼札子》，准备上奏朝廷，"诚不自揆，欲于保甲巡检县尉之法，所以防虑盗贼者，有所推广，以称朝廷立法之意"[①]。但后来不知何故，这份札子未曾奏呈。从这份札子中，我们可以看到，曾巩虽然久在地方任职，而且处境颇不顺利，但是，他仍以赤诚之心，为朝廷尽力。然而，就是这样一位敦厚忠实的人，却被小人排挤，得不到朝廷的重用，甚至连一些合乎情理的要求也常得不到满足。曾肇在《亡兄行状》中对此有过这样一段评述："公自为小官，至在朝廷，挺立无所附，远迹权贵，由是爱公者少。为编校书籍，积九年，自求补外，转徙六州，更十余年，人皆为公慊然，而公处之自若也。公于是时，既与任事者不合，而小人乘间又欲挤之。一时知名士，往往坐刺讥辞语废逐。公于虑患防微绝人远甚，政事弛张操纵虽出于己，而未尝废法自用，以其故莫能中伤，公亦不为之动也。"[②]这段话比较符合曾巩晚年的性格，也符合当时统治阶级内部矛盾日益尖锐的状况。

在亳州，曾巩还对州县公文表报制度进行了改革。当时州县公文表报繁多，官吏常常为此而烦恼，百姓也常因官吏追逼骚扰而怨恨。针对这种弊端，曾巩采取了改革措施，他规定，凡州府向下面布置任务时，务必提前与下面官吏协商，并根据任务的轻重缓急，以及各地的具体条件和情况制定期限，如到期未完成任务，那么承办官员将受到处分。假如州县规定的期限与任务的性质有矛盾时，县里则可根据实际情况另定期限上报州里，州里不再派官员监督。县给乡下达任务，也不派员监督追索。这一规定初

---

① 曾巩撰，陈杏珍、晁继周点校：《曾巩集》，中华书局1984年版，第469页。

② 曾巩撰，陈杏珍、晁继周点校：《曾巩集》，中华书局1984年版，第795页。

实行时，曾遭到一些县乡官吏的抵制，曾巩便对那些拒不实行规定的官吏进行了处罚，这样下面的官吏才不敢再怠慢和抗拒了。这一改革既解除了公文表报繁多的现象，又使官僚机构的办事作风得到了整肃，办事效率也大大提高了。

元丰三年（1080），曾巩奉命移知沧州（今河北省沧县东南）。接到任命后，曾巩立即进表朝廷："窃念臣远违班列十有二年……今将至京师，伏望圣慈，许臣朝见。"①在前往沧州途中，曾巩来到了京都开封，十月二十六日，神宗皇帝在延和殿召见劳问甚宠，并听取了曾巩对当前政治和治国之道发表的见解，宋神宗对曾巩的才干和学识大加赞赏，并对曾巩长期外任的遭遇感慨不已："以卿才学，宜为众所忌也。"（曾肇《亡兄行状》，《曾巩集》附录）曾巩对宋神宗能召见自己也十分感激："至于抚慰之私，顾问之宠，虽世之抱道德、堪重任之士，恐不能当，岂臣之微所可辄得？虽灭身碎首，未足以报非常之赐。"②这次君臣见面后，神宗皇帝便把曾巩留在三班院供事，自此，曾巩结束了十二年的宦游生活。

十一月二十一日，重返京师的曾巩，又在垂拱殿向宋神宗进呈札子五道，系统而又详细地阐明了自己的政治主张。在《请令长自举属官札子》中，阐述了他对官制改革的看法："今尚书既领天下之事，郎、员外郎凡二十四司，用吏几百员，其余属佐，尚不在数中。若使本司长贰之官，自郎以下，员有未备，皆举二人以闻，以陛下之明，其于群臣材分，无不周知。取其所举，择用其一，其余书之于籍，以为内外之官。选用之备，庶几为官得人，足以上副陛下作则垂非常之大志。"③在《请令州县特举士札子》中，他指出过去州县举士及科举制度的弊端，并提出了自己的见解："然患今之学校，非先王教养之法；今之科举，非先王选士之制…今州郡京师有学，同于三代，而教养选举非先王之法者，岂不以其遗素励之实行，课无用之空文，非陛

① 曾巩撰，陈杏珍、晁继周点校：《曾巩集》，中华书局1984年版，第488—489页。
② 曾巩撰，陈杏珍、晁继周点校：《曾巩集》，中华书局1984年版，第489页。
③ 曾巩撰，陈杏珍、晁继周点校：《曾巩集》，中华书局1984年版，第445—446页。

下隆世教育人材之本意欤！诚令州县有好文学、厉名节、孝悌谨顺、出入无悖者所闻，令佐升诸州学，州谨察其可者上太学。以州大小为岁及人数之差，太学一岁，谨察其可者上礼部，礼部谨察其可者籍奏。自州学至礼部，皆取课试，通一艺以上，御试与否，取自圣裁……遂取礼部所选之士，中第或高第者，以次使试守，满再岁或三岁，选择以为州属及县令丞。即有秀才异等，皆以名闻，不拘此制，如此者谓之特举。”[①] 在《请西北择将东南益兵札子》中，他从古代兵制和本朝兵制的形成，谈到这种兵制造成的“南弱北强”的缺点，他指出：“然今东南之隅，地方万里，有山海江湖险绝之势、溪洞林麓深僻之虞，而此诸路之兵，各不过数千人而已。其于防逻，常患不足。万一有追胥讨捕之事，理必乏人。向者邕州之不守，盖患于救援之不继。至于廖恩之鼠窃，而能稽诛于时月者，盖由追讨之兵不足。恩已自归，而所遣北兵，犹在道路。则东南之寡弱，盖可知也。”[②] 因此，曾巩主张：“西北之宜当择将率，东南之备当益成兵，庶几上副陛下威夷狄、守四方、不世出之大志。”在《议经费札子》中，他指出：“盖用之有节，则天下虽贫，其富易致也。”同时他还详细陈述了节用开支的几点具体措施。宋神宗对曾巩的这种经济措施特别称赞：“现以节用为理财之要，世之言理财者，未有及此。”（《曾巩传》，《宋史》卷三百一十九）在《请减五路城堡札子》中，他认为秦风（今甘肃省庆阳市）、并代（今山西省太原市、忻州市之境）等五路，城堡修筑过多，必须精减，“夫将之于兵，犹弈之于棋。善弈者置棋虽疏，取数必多，得其要而已……守边之臣，知其要者，所保者必其地，故立城不多，则兵不分，兵不分，则用士少，所应者又能合其变，故用力少而得算多，犹之善弈也。不得其要者，所保非必其地，故立城必多，立城多，则兵分，兵分则用士众，所应者又不能合其变，故用力多而得算少，犹之不善弈也”[③]。

曾巩这五道札子从官制、科举制、兵制、财经制度以及国防设施等方

① 曾巩撰，陈杏珍、晁继周点校：《曾巩集》，中华书局 1984 年版，第 447—448 页。
② 曾巩撰，陈杏珍、晁继周点校：《曾巩集》，中华书局 1984 年版，第 450 页。
③ 曾巩撰，陈杏珍、晁继周点校：《曾巩集》，中华书局 1984 年版，第 453 页。

面，阐明了自己的观点。这五道札子，是曾巩最集中、最系统、最全面、最详尽地发表自己政治主张的文章。这五道札子呈奏不久，曾巩又连上《再议经费札子》《请改官制前预选官习行逐司事务札子》和《请改官制前预令诸司次比整齐架阁版籍等事札子》，进一步阐释和完善了自己的政治主张。总之，这些札子反映了曾巩深思熟虑的政治观点，也是我们研究曾巩政治思想最重要、最可靠的历史文献。

元丰四年（1081），曾巩在京城三班院供事。这一年其弟曾布移守陈州（今河南省淮阳市），曾母得知这一消息，便想随曾布同行，为了奉母往陈州，曾巩又自请到颍州（今安徽省阜阳市）任职，他的这一请求，未获批准。七月，朝廷任命他充史馆修撰，专典史事，主要任务便是修撰五朝史事，宋神宗还特谕他自择下属人员参加这项工作。于是曾巩推荐了晁补之为史馆检讨，后来又推荐陈师道为史馆检讨，但朝廷以陈师道为布衣而加以阻拦。虽然他的荐人主张未被全部采纳，但他对编撰工作却是尽心尽力的，从史书的条目安排到对一些具体史实的处理，他都有一套总体设想和规划，并在《史馆申请三道札子》中，一一加以陈述。宋神宗十分赞赏他的设想和规划，一反惯例，让他去组织人员完成这项任务（以往编修国史，朝廷都要委派大臣总揽），由他“专典之，不以大臣监总”，此足见宋神宗对他的器重和信任。

曾巩性格直率，而又不善应酬，以致造成一些不必要的误会。在编修国史期间，发生过这样一件事：有一次，曾巩偶遇御史中丞徐禧（此人也是江西人），徐禧主动前往，曾巩却只是平淡地询问：“贤是谁？”徐答曰：“禧姓徐。”曾巩仍是平淡地说：“贤便是徐禧？”徐听后，以为曾巩瞧不起他，便十分恼怒地说：“朝廷用某作御史中丞，公岂有不知之理？”“其后，子固除翰林学士，德占（徐禧字）密罢之，又攻罢修《五朝史》。”由于徐禧的挟私报复，再加上曾巩在撰写《太祖皇帝总叙》时，不合神宗之意，结果五朝国史未能成书。据徐度《却扫编》记载，曾巩撰写的《太祖皇帝总叙》，论述了宋太祖与汉高祖异同之处，主要篇幅用于说明汉高祖不及宋太祖的十件事，曾巩原打算把这篇二千余字的文章附于《太祖本纪》篇末，但是，“神宗览之不悦，曰：‘为史但当实录，以示后世，亦何必区区与先代帝王较优劣乎？且一篇之赞，已如许之多，成书将复几何？’于是，书竟不果成”。虽然五朝国史未能修成，但是，曾巩却将搜集的史料，以会要体编撰成《隆平集》，后被《宋史》《通鉴》借为根柢。

曾巩自元丰三年（1080）重返京师，其主要精力都用在国史编修的工作上，因而生活面比较窄，除了官场应酬交际之外，很少有其他的活动，这与他任职州县时的生活已是大不相同了。这种生活，也决定了他文学创作中内容的单调，从他现存的作品来看，其后期的创作，无论是散文，还是诗歌，都缺乏像前期作品那样的艺术魅力。这时期他的散文，大都是表、状、札子之类，真正具有文学价值的散文几乎没有。这时期他的诗歌数量也很少，而且质量也不高，大多是酬和之作，例如元丰四年（1081）元宵节，朝廷大宴百官，神宗皇帝兴致勃勃，赋诗一首，朝廷百官争相唱和，以诗助兴，曾巩也和诗一首：“翠幰霓旌夹露台，夜凉宫扇月中开。龙衔烛抱金门出，鳌负山趋玉座来。砀极戏添夷客喜，柏梁篇较从臣材。共知天意同民乐，愿奏君王万寿杯。”这首诗除了对金碧辉煌的皇宫之夜进行描绘和对皇帝歌功颂德外，别无价值。元丰五年（1082）四月，曾巩官拜中书舍人，持且负责官制更改工作，当他看到所谓“锦袍周卫一番新，警跸朝严下紫宸”的盛景时，非常高兴，特别是在他的成绩得到了宋神宗的肯定时，更觉春风得意，颇有贤士遇明主之感：“君恩倍觉丘山重，长日从容笑语欢”。在这种环境里面，曾巩是很难写出像以前那种内容丰富、生动感人的诗作来的。

元丰五年（1082）官拜中书舍人不久，曾巩便卧病不起。这年九月，其母朱氏病逝，这对重病中的曾巩，无疑是一个沉重的打击。元丰六年（1083）四月十一日，这位著名的文学家，在江宁府（今江苏省南京市）病逝，享年六十五岁。元丰七年（1084）六月，曾巩灵柩送回故乡，安葬在南丰县源头村曾家墓地。曾巩逝世后很久（据《建昌府志》载，为南宋理宗时），才被追谥为文定，故后人又称之为曾文定公。曾巩的逝世，是北宋文坛的一个重大损失，北宋文坛也为这颗巨星的陨落而悲哀。陈师道得知曾巩逝世的噩耗，悲痛不已，特作《妾薄命》诗和《挽词》，以表达对恩师的哀思。著名词人秦观也作《哀词》一首，抒发了自己对曾巩的哀思："悲填膺而茀郁兮，聊自讬于斯文。"

苏辙在悼念曾巩的《挽词》中写道："少年漂泊马光禄，末路骞腾朱会稽。儒术远追齐稷下，文词近比汉京西。平生碑版无容继，此日铭诗谁为题？试数庐陵门下士，十年零落晓星低。"韩维在《神道碑》中，盛赞曾巩道："伟望广誉，如星如日。石可磷兮，公名不没。"这些评语基本上代表了北宋文坛对曾巩的评价。

正是因为曾巩有以上的家世和成长经历，所以他认为写诗必须有感而发、反映现实，不能无病呻吟。这一点，在我国古代诗人的诗歌创作中，似乎已经形成了一个优良传统。"'诗言志，歌咏言。'故哀乐之心感，而歌咏之声发"（班固《汉书·艺文志》）；"人禀七情，应物斯感，感物吟志，莫非自然"（刘勰《文心雕龙·明诗》）等等，都是说写诗必须言情传志，抒情达意，要有充实的内容。

曾巩也不例外地继承了这一传统。他的诗歌创作大多是有感而发，抒发了自己的真情实感，这在当时，对欧阳修倡导的方兴未艾的诗文革新运动无疑是一个极大的支持。同时，这对消除北宋初期"西昆体"的余毒，也起了一定的作用。正如元朝著名诗论家方回所说："子固诗一扫昆体，所谓饾饤刻画咸无之，平实清健，自为一家。"（方回《瀛奎律髓》卷十六）

曾巩的议论诗歌，有许多是以硬汉人生、议论国事为内容的。曾巩的一生，虽无惊人之举，也未干出一番轰轰烈烈的事业，但是，他生活的道路却也是坎坷不平的。像他登上仕途，就颇费了一番周折。他从风华正茂的少年，一直考到年近不惑，屡试不第，名落孙山，直至三十九岁才中举入仕。这种考场失意的痛苦，往往在其诗中表现为怀才不遇，人生蹇滞的慨叹。比如他的《一鹗》：

北风万里开蓬蒿，山水汹汹鸣波涛。
尝闻一鹗今始见，眼驶骨紧精神豪。

天昏雪密飞转疾，暮略东海朝临洮。
社中神狐倏闪内，脑尾分磔垂弓櫜。
巧兔狞鸡失草木，勇鸷一下崩其毛。
窟穴呦呦哭九子，帐前活送双青猱。
啁啾燕雀谁尔数，骇散亦自亡其曹。
势疑空山竭九泽，杀气已应太白高。
归来礌嵬载俎豆，快饮百瓮行春醪。
酒酣始闻壮士叹，丈夫试用何时遭。[①]

该诗先极言鹗的勇猛，非一般燕雀所能比拟。然后，又以“酒酣始闻壮士叹，丈夫试用何时遭”结尾，语气一转，抑郁不得志之感油然而生。他的老师欧阳修对此似乎也有所察觉，在《送杨辟秀才》诗中，欧公说：“吾奇曾生者，始得之太学。初谓独轩然，百鸟而一鹗。”欧公不仅有惜才之感，而且还有荐才之意，但由于欧公那时也有心有余而力不足，故只能发出“嗟吾虽得之，气力独何弱？帝阍启岩岩，欲献前复却”的慨叹。我们说《一鹗》诗，表面似在写鹗，而实际上是一首自况诗，诗中表达了诗人空怀壮志、生不逢时的郁愤。而这种郁愤在他的《初夏有感》诗中也有表现。这首诗写诗人卧病家中，面对生机盎然，“无一不自盈其情”的初夏景致，感慨万分，触景生情：

初夏有感

我从得病卧闾巷，三见夏物争滋荣。
红英紫萼逐风尽，高干密叶还阴成。
山亭水馆处处好，朱碧万实相骈擎。
林乌梁燕各生子，翅羽已足争飞腾。
雉鸡五色绣新翮，鸑鷟慕匹相随鸣。

① 曾巩撰，陈杏珍、晁继周点校：《曾巩集》，中华书局 1984 年版，第 1—2 页。

穴蜂露蝶亦有类，欻往复聚何翾轻。
箔蚕满室事方盛，茧缀下上如连星。
麦芒身颍错杂出，高垅大泽填黄青。
物从草木及虫鸟，无一不自盈其情。
嗟我独病不如彼，胸气卧立常怦怦；
筋酸骨楚头目眩，强食岂得肌肤盈。
我身今虽落众后，我志素欲希轲卿。
十年万事常坎壈，奔走未足供藜羹。
愁勤未老鬓先白，多学只自为身兵。
自然感疾惫形体，后日虽复应伶俜。
非同世俗顾颜色，所慕少壮成功名。
但令命在尚可勉，屑细讵足伤吾平。[①]

诗人由描景而抒情，对人生大发议论，虽有哀怨之感，却无消沉之意，表现了诗人壮志不衰、奋发上进、不甘落后的精神。他的《雪咏》诗名为咏赞白雪，其实为议论政治，描景与抒情，抒情与议论，有机地结合在一起。“尤民既非职，空致新诗章”，却似有“不在其位，不谋其政”的意思，其实，诗人的真意并不在此，而在于对朝廷不识人才的愤激。这在《高松》一诗中也可看到：“君求百常柱，星日此可造。般匠世有无，方钟野人好。”[②] 再如《庭木》《落叶》《多雨》等等，哀怨愤懑之情，都在诗歌中得到了委婉的表现。曾巩这种怀才不遇的愤激情感，确实反映了一些有才华有思想的封建文人对当时陈腐的科举制度的不满。嘉祐二年（1057），欧阳修顺应时代，对科举制度进行了大胆改革：“时士子尚为险怪奇涩之文，号‘太学体’，修痛排抑之，凡如是者辄黜。毕事，向之嚣薄者伺修出，聚噪于马首，街逻不能制；然场屋之习，从是遂变。”（《宋史》卷三百一十九）曾巩、苏轼、苏辙等就是这

① 曾巩撰，陈杏珍、晁继周点校：《曾巩集》，中华书局 1984 年版，第 20 页。
② 曾巩撰，陈杏珍、晁继周点校：《曾巩集》，中华书局 1984 年版，第 40 页。

一年中举入第的。这说明，曾巩此类诗歌，确实是有感而发，根于现实，并有一定的社会意义。

但是，曾巩的诗笔并没有停留在怀才不遇、生未逢时的感叹上，他的目光也注视到了更重大的社会问题，并且能够直视这些问题而表明自己的观点。从这些诗中，我们的确可以看出诗人胸怀一颗忧国忧民的苦心。如《湘寇》云：

衡湘有寇未诛剪，杀气凛凛围江浔。
北兵居南匪便习，若以大舶乘高岑。
伧人操兵快如鹘，千百其旅巢深林。
超突溪崖出又伏，势变不易施戈镡。
能者张弓入城郭，连邑累镇遭驱侵。
群党争夸杀吏士，白骨弃野谁棺衾？
貔貅数万直何用？月费空已逾千金。
楚为贫乡乃其素，应此调发宁能禁？
捷如马援不得志，强曳两足登嵚崟。
乌蚁睢盱倚岩险，此虑难胜端非今。
较然大体著方册，唯用守长怀其心。
祝良张侨乃真选，李瑑道古徒为擒。
呜呼庙堂不慎择，彼士龃龉何能任？
大中咸通乃商鉴，养以岁月其忧深。
愿书此语致太史，献之以补丹扆箴。①

该诗写的是诗人对平除寇患的看法，诗里对其“致平者在太守身也明矣”（《送赵宏序》）的观点作了进一步的说明，并在诗中直言庙堂除寇无方、任人不当：“呜呼庙堂不慎择，彼士龃龉何能任。”这首诗是一首献策诗：“愿

① 曾巩撰，陈杏珍、晁继周点校：《曾巩集》，中华书局1984年版，第46—47页。

书此语致太史，献之以补丹扆箴。”同时也是一首表明自己政治观点的诗。诗人认为，平寇不在兵多，而在为官者用得是否得当。他反对那种用兵扰民、借剿寇为名、行盘剥百姓之实的做法。这与他后来任地方官时，所采取的措施是一致的。如知齐州时，“章丘民聚党村落间，号‘霸王社’，椎剽夺囚，无不如志。巩配三十一人，又属民为保伍，使讥察其出入，有盗则鸣鼓相援，每发辄得盗。有葛友者，名在捕中。一日，自出首。巩饮食冠裳之，假以骑从，辇所购金帛随之，夸徇四境。盗闻，多出自首……自是外户不闭”。（《宋史》卷三百一十九）从这首诗的主张，以及曾巩后来所采取的措施来看，曾巩对那些揭竿而起而被统治阶级称为“盗寇”的农民起义军的认识是不正确的，他作为封建文人以及统治阶级中的一员，对农民起义他是不可能摆脱阶级影响而留下的烙印，这也反映出他的阶级局限性。但从他的主张和措施来看，他采用的是安抚软化手段，并不是像其他人那样，采用血腥镇压的手段。这一点我们应该看到，并加以区别对待。如果说《湘寇》诗只是在表达诗人对平寇的看法中透露了对人民的关注，那么《追租》诗则是直陈时弊，为民请愿：

国用有缓急，时义废量度。
内外奔气势，上下穷割剥。
今岁九夏旱，赤日万里灼；
陂湖燮埃壒，禾黍死硗确。
众期必见省，理在非可略。
谓须倒廪赈，讵止追租阁。
吾人已迫切，此望亦迂邈。
奈何呻吟诉，卒受鞭捶却。
宁论救憔悴，反与争合仑。
…………
公卿饱天禄，耳目知民瘼。
忍令疮痍内，每肆诛求虐。

但忧值空虚，宁无挺犁鑁。
暴吏体宜除，浮费义可削。[①]

这首诗歌仍然借鉴散文铺陈其事的创作手法，全诗共四十八句、二百四十字，该诗开篇描绘了农民耕耘收割的辛劳，幸好有热心善良的乡邻来帮忙，劳作后在一起饮酒忘忧。后来作者用了大量篇幅来叙述官府的追租、官吏的凶恶、租税的繁重、农民的哀苦等，在夹叙夹议中将当时的社会现实真情地和盘托出。诗人以饱含同情的笔触，反映了灾荒中的人民，食不裹腹，却仍要交租服役，遭受盘剥，真是民不聊生，处在水深火热之中。在同情灾民的同时，诗人又以满腔激愤，斥责官府在灾荒之年，不仅不“讵止追租阁”，反而还“上下穷盘剥”，“反与争合仑”。面对这个不合理的黑暗现实，诗人强烈要求：“暴吏体宜除，浮费义可削”。像这类诗还有一些，如《地动》《边将》《胡使》《兵间》《冬暮感怀》等等，就属此类，它们从不同的角度，表现了诗人对国家，对政治、对人民的关注。这类注意政治，关心民生，具有现实意义的诗，在曾巩诗作中，虽不算很多，但也是一个不可忽视的方面，值得一提。

第二节　曾巩的咏物诗分析

曾巩一生，游历较广，特别是步入仕途，任职州县，更丰富了他的生活，开阔了他的视野。于是，祖国的秀美山河，各地的名胜古迹，便都成了他歌吟的对象。而且这些描绘自然风景的诗，往往比其他的诗要写得活、写得美，自然清新，隽永可爱，尤值一读，如《夜出过利涉门》：“红纱笼烛照斜桥，复观翚飞入斗杓。人在画船犹未睡，满堤明月一溪潮。”[②] 这首

① 曾巩撰，陈杏珍、晁继周点校：《曾巩集》，中华书局1984年版，第51页。
② 曾巩撰，陈杏珍、晁继周点校：《曾巩集》，中华书局1984年版，第132页。

诗描绘生动，形象鲜明，寥寥几笔，便将一幅江边月夜图展现在人们的眼前。《出郊》："葛叶催耕二月时，斜桥曲岸马行迟。家家卖酒清明近，红白花开一两枝。"[①] 此诗也以朴实无华的语言，表现出清新淡雅的意境，充满了生活情趣。再如《金山寺》："尘外岧峣鹫岭宫，驾虚排险出青红。林光巧转沧波上，海色遥涵白日东。夜静神龙听咒食，秋深苍鹘起搏风。连荆控蜀长江水，尽在回廊顾盼中。"[②] 写景状物，生动形象，把整个气势宏阔的金山寺描绘得淋漓尽致，神采飞扬。其他如《西楼》"朱楼四面钩疏箔，卧看千山急雨来"，《瀑布泉》"飞泉一支天上来，寒影沉沉泻龙穴"，《城南》"一番桃李花开尽，惟有青青草色齐"，《圣泉寺》"青冥日抱山腰阁，碧野云含石眼泉"，《乱山》"乱山深处转山多，此地栖身奈远何"等，也是清新隽永，耐人咀嚼，充满了对祖国秀丽河山的热爱之情。

曾巩除在其山水景物诗中，直接表露自己从秀山丽水中得到满足和欣慰之情外，还将自己丰富的情感，融于景物的描绘之中，使得烟云泉石、花鸟苔林、万壑千岩、风雨烟虹，在诗人的笔下，都带有浓厚的感情色彩。比如《看花》诗中就可以看到：

春来日日探花开，紫陌看花始此回。
欲赋妍华无健笔，拟酬芳景怕深杯。
但知抖薮红尘去，莫问鬅鬙白发催。
更老风情转应少，且邀佳客试徘徊。[③]

其实，诗人的这种描写，目的并不在于对花的欣赏和对自己恬静生活的满足，而是借赏花来表达自己愤世嫉俗的感情；借喜安乐恬静为由，来抒发自己不与世俗社会同流合污，洁身自好的高尚情操。这正是："借山水以纪其郁结"（《艺文类聚》引孙绰《兰亭后序》）。把对山水自然的客观描

① 曾巩撰，陈杏珍、晁继周点校：《曾巩集》，中华书局1984年版，第131页。
② 曾巩撰，陈杏珍、晁继周点校：《曾巩集》，中华书局1984年版，第118页。
③ 曾巩撰，陈杏珍、晁继周点校：《曾巩集》，中华书局1984年版，第93—94页。

绘，在诗中进一步扩大为对自己内心情感的抒发。又如《山茶花》诗，以热情的笔触，赞美了山茶花的坚强性格："山茶花开春未归，春归正值花盛时……追思前者叶盖地，万木惨惨攒空枝。寒梅数绽少颜色，霰雪满眼常相迷。岂如此花开此日，绛艳独出凌朝曦。为怜劲意似松柏，欲搴更惜长依依。山榴浅薄岂足比，五月雾雨空芳霏。"① 诗人这是在赞美山茶花吗？是的，诗人是在赞美山茶花。但这山茶花既是客观自然中的山茶花，又是诗人心目中的有所寄托的山茶花。山茶花的孤傲清高，不正是诗人迂阔不俗，超轶不群的个性的最好写照吗？我们说，这时的山茶花正是带有浓厚的感情色彩和个性特征：洁身自好，鄙夷功利，超凡脱俗。苏东坡曾对曾巩大加赞赏："曾子独超轶，孤芳陋群妍。"（《送曾子固倅越得燕字诗》）我想此中除了对其文章的赞赏外，恐怕还有对他人的赞赏吧！

在曾巩山水风景诗中，往往还包含着浓郁的情趣和哲理。曾巩除了在描绘山水景物的诗中直接抒发自己从秀山丽水中得到满足和欣慰的情感外，诗人还将自己的思想和感受，融于景物的描绘之中，使得烟云泉石，花鸟苔林，万岩千崖，风雨烟虹，成为传达他思想的载体，因而带有浓厚的感情色彩。如《会稽绝句三首》："花开日日去看花，迟日犹嫌影易斜。莫问会稽山外事，但将歌管醉流霞。""花开日日插花归，酒盏歌喉处处随。不是心闲无此乐，莫教门外俗人知。"年年谷雨愁春晚，况是江湖两鬓华。欲载一乘兴去不知何处有残花。"② 这一组诗表面好像是在写会稽山赏花，使诗人流连忘返，乐不思归；又似乎是在写诗人乐于闲适恬静的安逸生活。又如前面所提到的《出郊》诗就颇有生活情趣，再如《咏柳》诗："乱条犹未变初黄，倚得东风势便狂，解把飞花蒙日月，不知天地有清霜。"③ 也写得妙趣横生，有一定的哲理，耐人寻味。由于十分注意诗歌的形象化描绘，因而感情的表露也比较委婉含蓄。例如他写的组诗《荔枝四首》，由于他要借对荔枝的描绘来传达自己的情感，所以全诗写得形象生动，婉曲多蕴："玉润冰清不

① 曾巩撰，陈杏珍、晁继周点校：《曾巩集》，中华书局 1984 年版，第 26 页。
② 曾巩撰，陈杏珍、晁继周点校，《曾巩集》，中华书局 1984 年版，第 94 页。
③ 曾巩撰，陈杏珍、晁继周点校，《曾巩集》，中华书局 1984 年版，第 108—109 页。

受尘，仙衣裁剪绛纱新。千门万户谁曾得？只有昭阳第一人。”“丝縠囊收白露团，未曾封植向长安。昭阳殿里才闻得，已道佳人不奈寒。”[①] 诗人对荔枝的描写本身就很传神，但这种描写又是为了借物抒情，以表达诗人对统治阶级骄奢淫逸生活的强烈不满，由于这种感情是隐含在对荔枝形象的描绘之中，因而兴味深远，言外之意尤耐人琢磨。比如咏物诗《高松》“高松高干云，众林安可到。汤汤鸣寒溪，偃偃倚翠纛。侧听心神醒，仰视目睛眊。风雨天地动，一叶不敧倒。岂同涧中萍，上下逐流潦。岂同墙根槐，卷卷秋可扫。凤凰引众禽，此木阴可焘。君求百常柱，星日此可造。般匠世有无，方钟野人好。”[②] 诗人把高松的形象人格化，赋予它以人的思想和感情，并对它进行美和讴歌，但由于篇幅冗长，感情的表露就显得不那么凝炼集中和自然流畅了，而且还难免出现隐艰涩的味道。

这里尤值一提的是，曾巩出知齐州时写下的大量风景诗。熙宁五年（1072）至熙宁六年（1073），曾巩知齐州。在前后不到两年的时间里，曾巩的诗歌创作进入了一个繁荣的阶段，他在齐州写下了70余首诗，而其中尤以吟咏齐州风情的山水景物诗居多。像“何须辛苦求天外，自有仙乡在水乡”（《西湖二首》）；“烟波与客同樽酒，风月全家上采州”（《百花台》）；“最喜晚凉风月好，紫荷香里听泉声”（《西湖纳凉》）；“太守自吟还自笑，归时乘月尚留连”（《鹊山亭》）等等，都充分表现了诗人对齐州山水美景的赞扬，以及对济南的深厚感情。所以有人说他的诗“多齐州所作，有欣然安之之意。徙为他州，不多作。虽作，不乐之。”确实，济南的山水强烈地吸引着诗人，诗人在这优美的“泉城”中，得到了美的享受。“总是济南为郡乐，更将诗兴属何人。”（《郡斋即事》）好山好水，使曾巩诗兴豪发，写下了许多赞美济南的山水风景诗，而且颇有“欣然安之之意”。但是，无可否认，即使在赞美济南风光的诗中，也淡淡地流露出诗人对京都的思念和思归之情，这也属人之常情，毫不奇怪。比如《西湖二首》：“塞上马归终反复，泰山鸱

① 曾巩撰，陈杏珍、晁继周点校，《曾巩集》，中华书局1984年版，第132页。
② 曾巩撰，陈杏珍、晁继周点校，《曾巩集》，中华书局1984年版，第39—40页。

饱正飞扬。”以“塞翁失马，安知非福”的典故，隐喻思京盼归的意思。《西亭》诗的最后一句，也是因为抓住了浮萍在万里波漭中飘浮动荡的持征来比喻国事、人身的不安定，所以给人留下了深刻的印象，这与曾巩长期在外为官的经历也有着密切的联系。总而言之，曾巩的山水风景诗，以形象生动描绘，展现了祖国大好河山的壮丽景色，抒发了自已真挚而又丰富的思想感情，以美的享受。清朝著名诗人王士祯对曾巩诗有一评价：“彭渊才恨曾子固不能诗，今人以为口实。今观《类稿》中诸篇，亦荆公之亚，但天分微不及耳。”（《池北偶淡》卷十四）若论其他诗篇此论较当，若论其山水景物诗，此论却有欠当之处，曾巩在写这类诗时，天分并不在荆公之下。

第三节　曾巩的交游诗分析

在曾巩诗歌中还有两个方面的内容不可忽略，这就是曾巩与朋友同僚之间的交游酬和诗，以及对家人故乡的思念诗。这类诗所表现的内容和感情也是相当广泛的。曾巩创作了189首如《上杜相三首》《答裴煜二首》《送任逵度支监嵩山崇福宫》《寄致仁欧阳少师》等有关交游的诗歌，约占其全部443首诗歌的42%，由此可见其交游诗的比重。

我们首先来谈酬和诗。在曾巩400多首诗中，酬答应和的诗为数不少。这些诗或述敬慕之情，或论国家政事，或叙友谊，或谈思念惜别。

曾巩对欧阳修一向敬佩，并尊为师长。庆历五年（1045），欧阳修因朋党之事，上疏为范仲淹等人辩护，而遭政敌谗言诬谤，被贬滁州。曾巩闻知此事，即撰《上欧蔡书》为他们鸣不平。次年，曾巩又作《奉和滁州九咏九首》，以表达对欧公敬慕之情。其中《琅琊泉石篆》诗有云：“先生抱材置荒郡，有若此字存岩扃。当还先生坐廊庙，悉引万事归绳衡。”[①]《游琅琊山》诗云：“先生鸾凤姿，未免燕雀猜。飞鸣失其所，徘徊此山隈。万事于人身，

① 曾巩撰，陈杏珍、晁继周点校：《曾巩集》，中华书局1984年版，第28页。

九州一浮埃。所要挟道德，不愧丘与回。”[1] 面对欧公遭难，曾巩不避身祸，为欧公抱不平，并对欧公人品才学推崇备至，此足见曾巩对欧公敬慕之情一如既往，非势利小人所能比。再如曾巩曾在杜衍退寓南都时登门拜访了这位清介正直的相公，并作《上杜相公》诗以表仰慕："水为舟楫旱为霖，社稷生民注意深。岂谓便辞黄阁议，翻然求就紫芝吟。始终好古儒林士，进退忧时国老心。只有声名随日远，不令功被管弦音。"[2] 曾巩拜见杜衍，并非捞取什么资本，更无沽名钓誉之意，"盖其忻慕这而已耳"。

曾巩交朋结友，十分珍重友情。这一点在与王安石的交游诗中，表现得尤为突出。曾巩与王安石定交甚早，二人既属同乡，又在才学上相互倾慕，所以他们友情笃深。在互相交往之中，曾巩除致书文外，还写下了不少寄赠诗，如《发松门寄介甫》：

南风夜发吹孤舟，起视北极星辰稠。
晓开征帆破长浪，挟以两橹当中流。
松门东面见庐阜，其上少日烟气浮。
舟人指我极四望，黑处无底蛟龙湫。
楮溪左蠡信浩荡，两涘若粒分冈丘。
落星囷囷孰可状？清汉夜独垂牵牛。
故人曾期此同载，舍棹直抵云山游。
念今五载负斯语，心独动荡风中斿。
况闻肥遁须山在，早时事力胡能谋。
所嗟亲老食未足，安得一亩操锄耰。
此言此笑吾此取，非子世孰吾相投。
今谐与子脱然去，亦有文字歌唐周。[3]

---

① 曾巩撰，陈杏珍、晁继周点校：《曾巩集》，中华书局 1984 年版，第 28 页。
② 曾巩撰，陈杏珍、晁继周点校：《曾巩集》，中华书局 1984 年版，第 86 页。
③ 曾巩撰，陈杏珍、晁继周点校：《曾巩集》，中华书局 1984 年版，第 41—42 页。

该诗中曾巩更是把王安石当作世上知音。《之南丰道上寄介甫》“吾心本皎皎，彼诟徒嚾嚾。方投定鉴照，即使征马班。相期木兰楫，荡漾穷川湾”则是诗人向自己知心朋友王安石倾诉衷肠。《江上怀介甫》：“故人在千里，樽酒难独把……朱弦任尘埃，谁是知音者。”更见曾巩与王安石友情之深厚。《过介甫》写的是诗人与王安石夜谈的情景：“颇谙肺腑尽，不闻可否言”，两人相互了解，倾心交谈，真诚坦率，无所不言，直至夜深，仍是“徘徊望星汉，更复坐前轩”。在这些寄赠诗中，除写友情外，诗人还往往有感而发，与朋友切磋国事。如《秋日感事示介甫》：“秋日气已盛，阴出朝暮声。烟云断海树，风雨入山城。沙碛有遗虏，旌旗多远行。生民苦未息，吾党耻论兵。”再如《酬介甫还自舅家书所感》也表达了诗人对人民生活的关心和同情：“民期得霖雨，吾岂灌园疏。”曾巩与王安石在变法过程中曾产生过分歧，这也在他诗中有所表现：“结交谓无嫌，忠告期有补。直道讵非难，尽言竟多迕。知者尚复然，悠悠谁可语？”(《过介甫偶成》)蔡上翔认为这是“在朝言朝，其于交流故旧何嫌何疑哉！”(《王荆公年谱考略》)但这种分歧在《宋史》的记载中也可看见：“(曾巩)少与王安石游，安石声誉未振，巩导之于欧阳修。及安石得志，遂与之异。神宗尝问：‘安石何如人？’对曰：‘安石文学行义，不减扬雄，以吝故不及。’帝曰：‘安石轻富贵，何吝也？’曰：‘臣所谓吝者，谓其勇于有为，吝于改过耳。’”(《宋史》卷三百一十九)由此可见，分歧是事实存在，至于二人的感情是否破裂，乃至始合终睽，此非三言两语可以澄清，本文就不作细论了。我们提出这一分歧，只是想说明，曾巩珍重友情，但又不无原则地谦让，更不会隐瞒自己对朋友的看法。他直言不讳，心胸坦荡。这种品格，与当时官场上尔虞我诈，阳奉阴违的现象相比，真有天壤之别，而这种诤友之情，更是难能可贵。

曾巩珍重友情，不独表现在与王安石的寄赠诗中，而在其他酬答诗中也有表现，如《送陈商学士》：

柳黄半出年将破，溪溜浸苔强万个。
溪头蒲苇各萌芽，山梅最繁花已堕。

物色撩人思易狂，况跻别馆情何那。
城东日晚公将去，纛影未离愁四座。
公于万事不雕镌，心意恢恢无坎坷。
来从奎壁光铓下，笑倚樽筵成郡课。
嗟予龊龊才性下，弃置合守丘樊饿。
公持姓名动人主，祓饰宁嫌笔端挫。
从今清夜思江路，梦送公船先北过。①

该诗可见曾巩与友人陈商学士惜别之情尤深。《送钱生》："吾无一亩宫，留子为发挥。去矣善自立，毋使嗣音稀。"人才远去，自叹无力挽留，临行再三叮嘱，却也情深意长。《送郑秀才》："当今文人密如栉，子勿浪漫西与东。处身不可不择处，一跌万里无还踪。"谆谆告诫，殷殷嘱咐，足见师生情谊。总之，这些诗都情感诚挚，令人铭记难忘！再谈思念诗。曾巩自嘉祐二年（1057）中进士后，历任馆阁校勘、集贤校理、史馆修撰、中书舍人等职，而且较长时间担任地方官，他任过越州通判，先后知齐、襄、洪、福、明、亳等州。"巩负才名，久外徙，世颇谓偃蹇不偶。"（《宋史》卷三百一十九）这种屡屡改迁、长期外任、忽南忽北、漂流不定的宦海生涯，使曾巩十分厌倦，他迫切希望有一个安定的环境，能使家人长聚。这些思乡怀亲的诗，多产生在他任地方官的时候。如《喜二弟侍亲将至》："我于两处抱饥渴，恨寄一官如束缚。周南留滞勿复论，平陆可来无厌数。慈亲况不倦行役，官长幸复宽期约。似闻笑语已仿佛，想见追随先踊跃。共眠布被取温暖，同举菜羹甘淡薄……春风为子送帆樯，速放船头来此泊。"②这是曾巩在齐州时写的，虽然曾巩非常喜爱济南的山山水水，但这也隔不断诗人对亲人的思念。当他听到亲人将至的消息后，真是欣喜万分，恨不得立刻与家人相聚。如《麻姑山送南城尉罗君》中浓墨重彩地描写麻姑山

① 曾巩撰，陈杏珍、晁继周点校：《曾巩集》，中华书局 1984 年版，第 23 页。
② 曾巩撰，陈杏珍、晁继周点校：《曾巩集》，中华书局 1984 年版，第 59 页。

陡峭险峻的道路，衬托对友人行程的担心，最后直接呼出“我行送之思故园，引领南望心长悬”的心声。再如《听鹊寄家人》：“鹊声喳喳宁有知，家人听鹊占归期。”由鹊声而想到家人翘首待归，盼望团聚的情景，而诗人却只能是“乡园物物可想见，我意只随魂梦飞。家人未用占鹊语，应到归时春亦归。”诗写得自然深切，朴实无华。《路中对月》《秋怀》等诗，也有这种感情色彩。嘉祐七年（1062）二月，夫人晁氏病故，曾巩悲痛万分，除撰《亡妻宜兴县君文柔晁氏墓志铭》和《祭亡妻晁氏文》以表哀悼外，还写有《合酱作》诗，诗中云：“孺人舍我亡，稚子未堪役。家居拙经营，生理见侵迫。”思念亡妻，情深意挚，颇有人情味。《北归三首》是诗人召判太常寺写的，诗人为结束“江海多年似转蓬”的生活异常欣喜。其一云：“终日思归今日归，着鞭鞭马尚嫌迟。曲台殿里宫虽冷，须胜天涯海角时。”欣喜之情，溢于诗中。其二云：“拜捧恩书喜满颜，马蹄遥望斗杓还。从今步步行平地，出得千山与万山。”浪迹天涯，宦游他乡，“江汉置身贫作客，溪山合眼梦还家”（《遣兴》），使诗人倍受羁旅行役之苦，如今“白头归拜未央宫”（《北归三首》其三），结束了多年游宦生涯，这怎能不令诗人感到由衷的喜悦呢？曾巩写这类诗，毫无做作雕琢之感，往往是语言平实，情思浓郁，感人肺腑，动人心弦。

第四节 曾巩诗歌体式分析

曾巩的诗歌按照诗歌体式来划分，大致可分为古体诗和近体诗。仔细品读曾巩的诗歌，我们很容易发现其前期的古体诗在遣词造句、立意构思和诗歌风格等方面借鉴了先贤的诗歌创作，比如《靖安县幽谷亭》中“岂如此中吏”的反复出现正是借鉴《诗经·秦风·无衣》中“岂曰无衣”的立意构思和用语形式。《寄子进弟》的中心思想和句式使用等方面都深受《饮马长城窟行》影响，是化用古乐府歌辞抒写相思的优秀代表作之一：“思子兼昼夜，何啻如渴饥”于平淡之中透着热烈而深厚的情感，“子行何时反，我眼日已晞”情感激荡中蕴涵朴拙自然之美。再如其古体诗代表作《青青间青青》：

青青间青青，尽望密如罅。
风柔声自和，草蓐阴可藉。
游蜂不暂去，啼鸟时独下。
缭墙隔深园，高枝出虚榭。
贵人无余事，欢言持玉斝。
詹屋亦自好，吾庐四如画。
故人傥可迟，倒屣不辞迓。[①]

整首诗歌以轻松的笔调和欢快的节奏描写春光明媚、惠风和畅中诗人愉悦的心情。但是值得注意的是，曾巩在借鉴汉乐府诗歌时在诗歌格调和立意上又有所创新。因为古诗词中有很多诗歌是以“青青”开篇，但多是用反衬的手法来表达虽然是和煦春风，但内心莫名生出一缕惆怅。比如汉乐府《长歌行》以“青青园中葵”起兴，最终归结于“少壮不努力，老大乃伤悲。”又如《饮马长城窟行》在“青青河边草”之后流露“绵绵思远道”的思念感伤之情，以及《古诗十九首》在“青青陵上柏”之后生出“极宴娱心意，戚戚何所迫？”的生命无常之感。从此以后，这一篇名和题材俨然成为了一种传统，形成了固定模式。汉朝以后如晋朝傅玄《青青河边草篇》(“青青河边草……要君黄泉下。”)、六朝的《读曲歌》、隋朝的《送别诗》(“杨柳青青著地垂……借问行人归不归？”)，一直到唐代刘希夷《采桑》(“杨柳送行人……归去梦青楼。”)、韦应物《有所思》(“借问堤上柳……要非心所亲。”)、韩愈《青青水中蒲三首》都是如此。但是曾巩此诗虽然也以“青青”起兴开篇，这是对“青青”这一传统模式进行变化，兴起一种欢快愉悦的气氛，这可以说是一种创意。

① 曾巩撰，陈杏珍、晁继周点校：《曾巩集》，中华书局1984年版，第40页。

曾巩古体诗的这种风格与他成长经历、思想性格和个人气质有着密切的关系。《曾巩集》所收第一篇为古体诗《一鹗》，诗中所描写的面对万里北风、汹汹波涛中“眼骏骨紧精神豪”的鹗鸟，正是曾巩“酒酣始闻壮士叹，丈夫试用何时遭”内在精神和品格的具体体现。《汉书·邹阳列传》云：“臣闻鸷鸟累百，不如一鹗。”曾巩《送李莘太傅》亦云:“久待连城价，谁腾一鹗书。”欧阳修在《送杨辟秀才》中也曾称赞曾巩“吾奇曾生者，始得之太学。初谓独轩然，百鸟而一鹗。”怀有如此雄心壮志的曾巩，一旦以诗歌来抒写自己内心的所思所想时，会很自然地塑造出雄奇壮阔的境象。

曾巩现存有 226 首近体诗歌，除了 4 首难以判断为绝句或律诗的残诗外，共有 146 首七言律诗，其中 59 首七言绝句，16 首五言律诗、6 首五言排律，现存诗中没有五言绝句及七言排律的创作。

曾巩的七言律诗多抒发超旷、闲适、幽然之情，诗歌中有着大量以“清”修饰的词语，比如《酬王微之汴中见赠》“不关清赏合留连”中的“清赏”、《西湖二首》其一“碧天垂影入清光”中的“清光”、《疏山》“一见云山病眼清”中的“眼清”、《简翁都官》“一乡清问更谁知”中的“清问”、《以白山茶寄吴仲庶见贶佳篇依韵和酬》“清香先得五峰春”中的“清香”、《送关彦远赴河北》“苗裔清材世所推”中的“清材”、《上巳日瑞圣园锡燕呈诸同舍》“华林清集缀儒冠”中的“清集”等等。下面我们就来欣赏其中的代表作《西湖二首》其二：

湖面平随苇岸长，碧天垂影入清光。
一川风露荷花晓，六月蓬瀛燕坐凉。
沧海桴浮成旷荡，明河槎上更微茫。
何须辛苦求天外，自有仙乡在水乡。①

该诗描写的夏季的湖水水面与湖边的芦苇一起上升，蓝天碧云倒映在平

① 曾巩撰，陈杏珍、晁继周点校，《曾巩集》，中华书局 1984 年版，第 102 页。

静的湖面闪现着粼粼波光。伫立在湖中的荷花独自感受着日月风露的滋润，想象六月的蓬莱、瀛洲仙境应该是凉爽的。广阔的沧海中驾一扁舟，任由其漂浮或隐或现的美妙场景。如果每个人都能闲适豁达，何须到处苦苦追求长生不老的方法呢？因为仙境就是在每个人的心中。这首诗歌内容清静优美、诗风清新洒脱，充分体现了作者应对世事和人生的旷达，表现了作者淡泊高远的境界。

第四章

曾巩诗歌的艺术特色

曾巩的诗歌不仅题材广泛、内容丰富，而且在艺术手法和风格方面也有其特色。前人在评价曾巩的诗歌成就时，对此也作了不同层次不同角度的探索。何乔新在《读曾南丰诗》中，指出曾巩诗歌具有“峻”“壮”“清”“淡”和“雄拔”的特点，并将曾巩诗歌的艺术特色归纳为“峻拔”；符遂在《曾南丰先生诗注序》中则认为，曾巩的诗“格调超逸，字句清新”；杨希阅在《乡诗摭谭》中指出“文定诗有风骨，有韵味，但流澹隐秀之致多，缛采锵音之篇少，故人多忽略耳”；在《养一斋诗话》中，潘德舆认为，曾巩的诗“五、七言古甚，排宕有气，近体佳句……皆清深婉约，得诗人之风旨”；方东树在《昭昧詹言》中云：“宋以后不讲句字之奇，是一大病。余谓独南丰讲之，而世人不之知。尝论南丰字句极奇，而少鼓荡之气；又篇法少变换，断斩逆折顿挫，无兀傲起落，故不及杜、韩。大约南丰学陶、谢、鲍、韩工夫到地，其失在不放一字一句，有有车之用，无无车之用。然以句格求之，则其至者直与陶、谢、地、韩并有千古，其次者亦非宋以来诗家所梦及。”总之，前人或从气势，或从格调，或从字句等方面，对曾巩诗歌的艺术特征作了总结和阐述，他们的分析都有一定的道理。我们认为，曾巩诗歌的艺术风格，既有雄伟奇崛的一面，又有平淡清婉的一面，而尤以后者突出，这具体表现为白描、抒情、叙事、含蓄、古朴等。下面笔者将逐一来分析其诗歌的创作手法。

第一节 曾巩诗歌的峻壮奇伟特色

曾巩诗歌中峻壮奇伟的艺术风格，多体现在他的古体诗中。曾巩创作的古体诗，场面描写比较广阔，感情流露也非常直率，而且夹叙夹议，结构稳重，层次清晰，情感跳跃不大。比如他的《冬望》诗，一开头便写道："霜余荆吴倚天山，铁色万仞光铓开。麻姑最秀插东极，一峰挺立高嵬嵬。"这起首四句，气势雄伟，风格豪放，给人以一种险峻挺拔之感。紧接着，诗人放开手笔，直抒胸臆："我生智出豪俊下，远迹久此安蒿莱。譬如骅骝踏天路，六辔岂议收驽骀。"感情的激流，就如高山流水，直泻而下，大有不可遏制之势，而这种激情的奔泻，又是与起首四句描绘景物的气势非常吻合，高山峻岭与澎湃激情有机地融合在一起，正如明朝人何乔新在《读曾南丰诗》中的感受一样："峻如登华岳，石磴何嵌崎。壮如雷电惊，白昼腾龙再。"如《南源庄》诗，一开头便出手不凡："床上不废看青山，门前便踏南涧路。绕墙顿失车马喧，岸帻日得沧洲趣。"诗人写的是南源庄的幽雅恬静，但我们看到的却是诗人豁达坦荡的胸怀。后面诗人又大发议论："尝嗟秋蓬转，未有茅屋据。对此耳目新，始觉精爽聚。沧溟未可泛舟入，雁荡谁能胝足去。医闾在夷蛮，罗浮苦烟雾。子真自爱谷口家，孔丘老亦洙泗住。"诗人心目中的南源庄，胜过其他名山大川。诗中描写和议论的焦点虽然是在南源庄，但是，诗人的眼光却是那样宽广，从古代先贤写到眼前的社会，涵盖了"攘攘天地间，万类殊好恶"，将景、情、事、理，融为一个艺术整体，叙述议论，从容不迫，抒情达意，一脉贯通，颇有大家风度，大家气势。

在五言律诗《寄王介卿》中，曾巩写道：

忆昨走京尘，衡门始相识。
疏帘挂秋日，客庖留共食。
纷纷说古今，洞不置藩域。

有司甄栋干，度量弃樗栎。
振辔行尚早，分首学堧北。
初冬憩海昏，夜坐探书策。
始得读君文，大匠谢刀尺。
周孔日已远，遗经窜墙壁。
倡佯百怪起，冠裾稔回慝。
君材信魁崛，议论恣排辟。
如川流浑浑，东海为委积。
如跻极高望，万物着春色。
寥寥孟韩后，斯文大难得。
嗟予见之晚，反覆不能释。
胡然蕴环堵，不救谋者惑。
明朝渡江还，念念非可抑。
如酲冒炎暑，每进意愈塞。
维时南风薰，木叶晃繁碧。
颓云走石濑，逆坂上文艋。
欣闻被檄来，穷阎驻镳轼。
促榻叩其言，咸池播纯绎。
行身抗渊损，及物窥龙稷。
绸缪指疵病，攻砭甚针石。
浅沚有停沙，亦可洗珠璧。
论忧或共嚬，遇惬每同赦。
正值祝融横，金隅未提职。
高楼豁可望，命载屡攀陟。
一不罗俗嬉，怡然治纨墨。
露注尚忘疲，更待蟾蜍昃。
雅爱张与余，挽之置茵席。
群儿困不酬，吽嚬聚讥谪。

仁义殊龃龉，昧者尊恶砺。
雾草变衰黄，吟蛩闹朝夕。
君子畏简书，薄言返行役。
商歌孺子别，失泪染衣袱。
自从促棹去，会此隆冬逼。
何神鼓阴鞴，万窍动謞激。
城颠睨江浪，蛟怪助掀射。
仁贤保无恙，所想挂惊惕。
烨烨多隶从，良已匮藜藿。
迨兹尺书至，疑念始冰析。
兰滫沓慈祥，筠梧肆谐适。
缤纷众胥士，署坐各嬉息。
其余书牍背，粟密缕机织。
卷书劳来干，寸怀良自怿。
野泊转平绿，梅梢弄繁白。
金縚引柳荑，芳气满原泽。
出门无所抵，归卧四楹寂。
术学颇思讲，人事多可恻。
含意不得发，百愤注微臆。
摇摇咏颜色，企足关途隔。
自惭儿女情，宛转抑悽感。
吾念非吾私，何当托云翼。
奇偶转如轮，终期援焦溺。①

这首诗歌长达一百〇八句、共五百四十字，曾巩从回忆与友人王介卿在京城衡门相识开始，娓娓道来两人交往的情景，描写了他们两人共同吃饭、

① 曾巩撰，陈杏珍、晁继周点校 :《曾巩集》，中华书局 1984 年版，第 18—19 页。

一起探讨书策的点点滴滴，再到称赞友人“君材信魁崛，议论恣排辟。如川流浑浑，东海为委积。”整首诗歌内容丰富、感情真挚、逻辑严密、气势浩荡、一气呵成，再现了其诗歌艺术峻壮奇伟的特色。

在《喜寒》中，曾巩也是气势奔放，感情汹涌，诗人那种抑郁愤激之情充满了字里行间。开篇“纯阳四时行，无复气节劲。日火相吐吞，乾离力还并”就充满了豪迈奔放的气势，接着又以“正嗟天之高，玉色万里净。忽惊西山云，毫末生一镜”的跳跃性笔锋继续将内心的激荡情感进行倾泻，最后几句“争难夺刀殳，发巧搜堑阱。收功当在今，杀伐顺天正。况云斢麦祥，已觉闾里庆。高歌叩吾辕，上颂天子圣”表现了作者直接对现实的不满，用直陈的铺写将内心的想法托盘而出，夹叙夹议，特色鲜明。

其他如《雪咏》《初夏有感》《雪》等诗，也都具有这种雄伟奇崛的气势和豪放奔腾的风格，感情充沛、妙用比喻、想象丰富。然而，曾巩这类古体诗，往往由于叙述语言较多，篇幅较长，而且感情的发展基本上是直线型的，所以，影响了诗歌的形象性和生动性，有些诗读起来颇感生硬古奥，非常吃力。

第二节　曾巩诗歌的清淡深婉特色

与其古体诗相比，曾巩的近体诗（律诗绝句）就显得轻松活泼，平淡自然，清深婉约，情趣盎然，可读性很强。比如《凤池寺》:“经年闻说凤池山，蜡屐方偷半日闲。笑语客随朱阁上，醉醒身在白云间。溪桥野水清犹急，海岸轻寒去却还。为郡天涯亦潇洒，莫嗟流落鬓毛斑。”[①]《寄齐州同官》诗:“西湖一曲舞霓裳，劝客花前白玉觞。谁对七桥今夜月？有情千里不相忘。”[②]《鲍山》诗 :“云中一点鲍山青，东望能令两眼明。若道人心是矛戟，山前那得

① 曾巩撰，陈杏珍、晁继周点校 :《曾巩集》，中华书局 1984 年版，第 128 页。
② 曾巩撰，陈杏珍、晁继周点校 :《曾巩集》，中华书局 1984 年版，第 117 页。

叔牙城？”[1]读了这些诗后，我们产生了这样一种感觉：读曾巩的古体诗，虽然也会被诗中的气势和感情所打动，但总觉得隔了那么一层，而读他的近体诗则很少有这种“隔”的感觉，我们仿佛与诗人一道，走出了门窗四闭的小屋，尽情地呼吸着大自然的清新空气，诗人的感情，诗人的喜怒哀乐，都通过形象生动的诗句，非常自然地引起我们内心的共鸣。

曾巩的近体诗为什么会有这么大的艺术魅力呢？我们觉得最重要的一点，就是因为曾巩在近体诗的创作中，更注意形象地描绘和表达，而且尤其注意比、兴手法的运用。虽然在他的古体诗创作中，也注意到“赋中有比”，如《丹霞洞》，先极言山洞的险怪阴森，后笔锋一转而为对国事和社会的议论。这样写虽然比单纯地抽象地议论要生动些，但写景与议论的结合总有那么一点斧凿之痕，给人不尽完美之感。有的古体诗虽然是“通篇用比”，如《高松》，诗人把高松的形象人格化“侧听心神醒，仰视目睛眊”，赋予它以人的思想和感情，并对它进行赞美和讴歌，但由于篇幅冗长，感情的表露就显得不那么凝练集中和自然流畅了，而且还出现隐晦艰涩的味道。在他的近体诗创作中，比兴手法的运用就比较成功，像我们前面提到的《咏柳》诗，借柳条影射那些趋炎附势、狐假虎威的小人，诗的象征和隐喻都十分成功，真是趣味无穷。再如《照影亭》诗：“河流萦槛色辉辉，无数幽禽入镜飞。已映诸花红四出，更涵沙柳翠相围。不欺毫发公虽有，太尽妍媸道恐非。自笑病容随步见，未衰华发满缁衣。”[2]这首诗借照影亭的自然景色比况人生，其中虽也夹有议论和慨叹，但却丝毫未给人以枯燥之感。《西亭》诗：“团扇频挥到此亭，他乡愁坐思冥冥。空羞避俗无高节，转觉逢人恶独醒。岁月淹留随日老，乾坤狼狈几时宁？欲知事事今何似，万里波涛一点萍。”[3]这首诗开头部分几乎全用赋体，然而最后一句以一点浮萍在万里波涛上飘浮作比，恰到好处地表现了国事的动荡不安和诗人身处逆境的遭遇。由于这最后一句能够引人入胜，使人联想万千，因而把整首诗都带“活”了，而且使

① 曾巩撰，陈杏珍、晁继周点校：《曾巩集》，中华书局 1984 年版，第 115 页。
② 曾巩撰，陈杏珍、晁继周点校：《曾巩集》，中华书局 1984 年版，第 84 页。
③ 曾巩撰，陈杏珍、晁继周点校：《曾巩集》，中华书局 1984 年版，第 83 页。

全诗的意境得到升华，真有点睛之妙。

在注重比兴手法运用的同时，诗人还特别注意对形象特征的描绘。在他的诗中，对景物的描绘，往往能够抓住其特征，寥寥几笔，便给人留下极其鲜明的印象。例如《咏柳》诗便是抓住柳条和柳叶随风飞舞的特征，以此来隐喻势利小人的本性。《西亭》诗的最后一句，也是因为抓住了浮萍在万里波涛中飘浮动荡的特征来比喻国事、人身的不安定，所以给人留下了深刻的印象。再如《南轩竹》诗："密竹娟娟数十茎，旱天萧洒有高情。风吹已送烦心醒，雨洗还供远眼清。新笋巧穿苔石去，碎阴微破粉墙生。应须万物冰霜后，来看琅玕色转明。"[①] 全诗抓住竹子在旱、风、雨、冰霜季节及新笋生长时期的特征，着墨不多，便把竹子的气节生动活泼地展现在读者的眼前。

曾巩的近体诗还有平淡流畅，语句清新，音韵优美，自然明快的特点。如《再赋喜雪》"六花飞舞势蹁跹，点缀寒林态更妍。山险龙蛇盘鸟道，野平江海变畬田。人狂奔月非关夜，马健乘云别有天。况值白羊新酒熟，可能相就庆丰年。"[②]《夜出城南祷雨》"海天重叠四山云，半出星辰亦半昏。上得篮舆是中夜，两街灯照九重门。"[③]《西湖纳凉》"问吾何处避炎蒸，十顷西湖照眼明。鱼戏一篙新浪满，鸟啼千步绿阴成。虹腰隐隐松桥出，鹢首峨峨画舫行。最喜晚凉风月好，紫荷香里听泉声。"[④]《离齐州后五首》其一"云帆十幅顺风行，卧听随船白浪声。好在西湖波上月，酒醒还到纸窗明。"[⑤] 这首诗或写雪景，或描夜色，或记西湖泛舟，或叙别后思念之情，无不写得生动活泼，声色俱佳，意境优美，感情凝练。

---

① 曾巩撰，陈杏珍、晁继周点校：《曾巩集》，中华书局 1984 年版，第 84 页。
② 曾巩撰，陈杏珍、晁继周点校：《曾巩集》，中华书局 1984 年版，第 99 页。
③ 曾巩撰，陈杏珍、晁继周点校：《曾巩集》，中华书局 1984 年版，第 132 页。
④ 曾巩撰，陈杏珍、晁继周点校：《曾巩集》，中华书局 1984 年版，第 109 页。
⑤ 曾巩撰，陈杏珍、晁继周点校：《曾巩集》，中华书局 1984 年版，第 117 页。

第三节　曾巩诗歌的博雅厚重特色

因为曾巩出身书香门第，天资聪慧，记性超群，幼时读诗书，脱口能吟诵。饱读诗书、见识广泛的他在诗歌中喜欢用典，这也就形成了他诗歌博雅凝重、词汇丰富的艺术特色。对此，严羽在《沧浪诗话·诗辨》批评宋代诗歌时说："近代诸公作奇特解会，遂以文字为诗，以议论为诗，以才学为诗，以是为诗，夫岂不工，终非古人之诗也。盖于一唱三叹之音，有所歉焉。"

我们细细品读曾巩的诗歌，就会轻易发现其诗歌中有丰富的典故，洋溢着其深厚的学养和博雅凝重的诗歌风格。比如在《江上怀介甫》"江上信清华，月风亦萧洒。故人在千里，樽酒难独把。由来懒拙甚，岂免交游寡。朱弦任尘埃，谁是知音者"[①]中，曾巩用俞伯牙与钟子期的典故，以他们两人高山流水的千古友情，来烘托自己与王安石笃厚的情谊。又如《冬望》：

霜余荆吴倚天山，铁色万仞光铓开。
麻姑最秀插东极，一峰挺立高嵬嵬。
我生智出豪俊下，远迹久此安蒿莱。
譬如骅骝踏天路，六辔岂议收驽骀。
巅崖初冬未冰雪，藓花入屡思莫栽。
长松夹树盖十里，苍颜毅气不可回。
浮云柳絮谁汝碍，欲往自尼诚愚哉。
南窗圣贤有遗文，满简字字倾琪瑰。
旁搜远探得户牖，入见奥阼何雄魁。
日令我意失枯槁，水之灌养源源来。
千年大说没荒冗，义路寸土谁能培。
嗟予计真不自料，欲挽白日之西颓。

① 曾巩撰，陈杏珍、晁继周点校：《曾巩集》，中华书局 1984 年版，第 43 页。

尝闻古者禹称智，过门不暇慈其孩。
况今尪人冒壮任，力蹶岂更余纤埃。
龙潭瀑布入胸臆，叹息但谢宗与雷。
著书岂即遽有补，天下自古无能才。[①]

作者用了周穆王的八骏之一“骅骝”、“南窗圣贤”、南朝刘宋时期的隐士宗炳和雷次宗等典故，表现面对祖国大好河山、美丽山水，想畅游山水、纵情山水，可是又有家国责任在身而不能悠闲游玩的矛盾心情。再如《庭木》：

庭中有佳树，清影四面垂。
往往风雨夜，蛇龙此投依。
留之待鸾凤，未许燕雀窥。
谁谓乌鸟恶？安巢最高枝。
不顾白日照，直傍阴虹飞。
自恃栖托稳，岂忧弹射危。
三春独翱翔，百鸟敛羽仪。
凤凰不能争，况乃凫雁微。
既务志意得，都为世可欺。
白昼攫鼎肉，从容择牲牺。
近人不肯避，一怒终夜啼。
遭其瞰墙屋，祸患岂可移。
听之欲占救，妇女固已痴。
忿害乃其所，何肯报福釐。
行路指之叹，童稚争骂讥。
鹦鹉献至尊，言语固可奇。

① 曾巩撰，陈杏珍、晁继周点校：《曾巩集》，中华书局 1984 年版，第 1 页。

翡翠轮太府，器服所取资。
雉鸡美文章，贽赠理亦宜。
鹰鹯逐恶鸟，天威得施为。
关雎于周室，耿洁配后妃。
莫如此鸟顽，饱食无所裨。
一善不能有，丑声日交驰。
但知择嘉处，巍然治其栖。
众怒未易忽，徼幸亦有斯。
安知无刀斧，崩分弃毛皮。
且勿引蠹虫，使树心本披。
亦有爱搏击，钩连枭与鸱。
亦勿乐顺己，窟穴藏狐狸。
凡能致大患，尠不自豪釐。
未知引避去，此语足自规。
惜哉种树意，长与事乖违。
古来亦如此，壮士徒嗟悲。[①]

曾巩在这首诗歌中描写了蛇龙、鸾凤、燕雀、乌鸟、凫雁、鹦鹉、雉鸡、鹰鹯、枭鸱、狐狸、蠹虫等众多动物，词汇丰富、语气厚重，体现了他知识渊博，同时“关雎于周室，耿洁配后妃”“古来亦如此，壮士徒嗟悲”又化用了《诗经・关雎》《乐府诗集・长歌行》等典故，使得其诗歌表现出博雅厚重的艺术特色。在《明妃曲二首》中“明妃未出汉宫时，秀色倾人人不知。何况一身寸汉地，驱令万里嫁胡儿。喧喧杂虏方满眼，皎皎丹心欲语谁？延寿尔能私好恶，令人不自保妍媸。丹青有迹尚如此，何况无形论是非。穷通岂不各有命，南北由来非尔为。黄云塞路乡国远，鸿雁在天音信稀。席成新曲无

① 曾巩撰，陈杏珍、晁继周点校：《曾巩集》，中华书局 1984 年版，第 43—44 页。

人听，弹向东风空泪垂。若道人情无感慨，何故卫女苦思归。”[①] 曾巩模仿王安石的《明妃曲二首》题材内容，自己也创作了《明妃曲二首》。“延寿尔能私好恶，令人不自保妍媸”巧妙地运用了《西京杂记》中记载画工毛延寿收受贿赂，故意丑化王昭君的典故。在《晚望》中，曾巩熟练地妙用《史记》中楚怀王的宠妃郑袖误国和屈原遭谗的典故，写道“郑袖风流今已尽，屈原辞赋世空悲”，而“深山大泽成千古，暮雨朝云又一时”则是化用宋玉《高塘赋》中楚怀王梦游高塘的典故，这也说明作者的忧国忧民之心。在《黄金》“陈侯坐收百战楚，吕氏行取万乘秦。田生立顾开两国，陆公微辞交二臣。道旁白日忽再出，囊中黄金如有神。何须首阳二夫子，不是九鼎输西邻”[②] 中，他对陈胜、吕不韦、齐国田氏、伯夷、叔齐等历史人物如数家珍。因此这也形成了曾巩诗歌喜好运用历史典故、词汇丰富、古朴厚重的特点。

以上只是列举了曾巩一些比较有特点的用典诗歌，其实曾巩诗歌的用典现象比比皆是，比如《豪杰》“老哺薇蕨西山翁，乐倾瓢水陋巷士。不顾无复问周公，可归乃独知孔子”中引用伯夷、叔齐、颜回、周公、孔子等典故，《侯荆》“侯嬴夷门白发翁，荆轲易水奇节士”引用刺客荆轲的典故，《扬颜》“扬雄纂言准仲尼，颜氏为身慕虞舜”化用扬雄《法言》、孔子、颜回、虞舜等典故，《论交》“夷吾鲍叔贫贱间，分财亦不辞多取”运用齐国管仲与鲍叔牙友情的典故，《兵间》“赵括敢将亦已危，李平请守那复议”采用战国时赵国将领赵括的典故。通过以上对曾巩诗歌用典情况的浅析，我们可以发现，这些用典诗歌恰到好处，用很少的字词，表达描绘了厚重的内容，丰富了诗歌的情感，增强了诗歌的深度，从而形成了曾巩诗歌博雅厚重的艺术风格，透露出来诗人含蓄雅洁的品格。而这一切又与曾巩的家世、思想和性格有着密切的关系。在前面我们已经介绍了曾巩的家世，因此我们知道他首先是一个深受儒家思想熏陶的儒者，然后才是一位诗人。因为曾巩在思想上赞同孟

① 曾巩撰，陈杏珍、晁继周点校：《曾巩集》，中华书局 1984 年版，第 58—59 页。
② 曾巩撰，陈杏珍、晁继周点校：《曾巩集》，中华书局 1984 年版，第 6 页。

子的“性善论”，强调遵循儒家的“中庸之道”，并且撰文《洪范传》来阐明他的这些观点。在政治上，曾巩一直主张儒家的“仁政”，并且在他担任州郡官员时制定了一系列安民、富民的民本措施。在文学观上，曾巩更是继承了儒家正统思想，把儒家思想作为文学创作的指导方针，把尊敬明道作为文学创作的衡量标准。他在《鲍溶诗集目录序》中称赞鲍溶诗歌符合“违理者少”儒家正统思想。他在《李白诗集后序》中指出李白诗歌“中于法度者寡”，不太符合儒家法度。这些用典风格和诗论主张都充分表明曾巩是一位深谙儒家思想的正统文人，他大力提倡儒家诗教，要求诗歌思想内容要合于儒家之法，忠于圣人之说。因此他的诗歌艺术特色就是温柔敦厚、博雅厚重。这也正如明代著名文学家宋濂所评价曾巩道“信口所谈，无非三代礼乐”。

第四节　曾巩诗歌的散文化特色

清代著名学者赵翼在其诗论《瓯北诗话》中说：“以文为诗，自昌黎始，至东坡益大放厥词，别开生面，成一代之大观。”以文为诗是宋代诗歌的三大特色之一，它端倪于唐朝韩愈，萌芽于北宋欧阳修，光大于苏轼。曾巩作为欧阳修的门生，深受欧阳修的思想影响，并且在诗歌散文化上是作出了贡献。作为著名的散文家，曾巩经常以散文家的气度和笔调来创作诗歌，因此使得其诗歌结构严谨，逻辑严密，句式得体，章法有度，铺陈其事，思想流畅，整体呈现出散文化的特色。

首先，曾巩喜欢经常借鉴散文的铺叙手法来创作诗歌。铺叙手法，也就是“赋比兴”中的“赋”。刘勰在《文心雕龙·诠赋》中指出：“赋者，铺也；铺采摛文，体物写志也。”朱熹在《诗集注》中也指出：“赋者，敷陈其事而直言之者。”散文家曾巩经常运用散文中惯用的铺陈直叙手法来创作诗歌，使得诗歌能够倾情地表达其思想，不受诗歌章节的限制，比如在长篇诗歌《雪咏》：

雪花好洁白，不待咏说知。
区区取相似，今古同一辞。
薛能比众作，小去笔墨畦。
谁能出千载，为雪立传碑。
四座且勿歌，听我白雪诗。
天地于降雪，其功大艰难。
去年暖风日，冬在春已还。
山屏尽深碧，危溜声亦潺。
草萌各已动，梅花开最繁。
炉火殆可谢，衣絮谁复言。
推排腊已过，一变天更寒。
飘风动木石，激射难出关。
深房拥高燎，领肘曾不温。
仰视云压叠，垂欲藉屋山。
元气不复呵，飞鸟折羽翰。
谁排河汉流，欲堕莽苍间。
道为黑风遮，凝冻无住著。
纷纷成片缕，六出非刻削。
初时漏余滴，杂雨犹可恶。
迤逦纵飞洒，態状不可名。
或稀若有待，或密似李索。
或弱久宛转，或狂自轩腾。
群来信汗漫，孤飘亦零丁。
屋角初渐斑，瓦沟忽皆平。
坳洼一已满，茅茨压将倾。
树木遍封裹，冈山助峥嵘。
阶除断纤秽，池台有余清。
流尘寂已掩，物象窅皆明。

厨烟或中镵，里表仍孤擎。
长街隐缺甃，荒城混觚棱。
沙水渺相合，扁舟在图屏。
啄草鸟雀踪，篆字贵纵横。
顿惊宇宙内，侈丽皆天成。
引望谁倚楼，秀色乱目睛。
永怀衡门士，辛苦守六经。
山藜不充腹，笔砚久已冰。
柔茵坐中堂，谁问公与卿。
世事泊无意，烛换犹飞觥。
文犀压朱箔，阳春谢秦筝。
所处殊处所，苦乐固异情。
谁致此不齐，上天意何营。
苍苍不可问，奕奕洒未停。
明晨起相处，寒日已满窗。
井甃破圆素，砌苔还故苍。
万物去覆冒，颜色皆复常。
融为大田水，其流日滂滂。
方塘接深甽，澄彻碧玉光。
岂惟疠疫消，庶验百谷祥。
愿彼守经士，幸可继糗粮。
忧民既非职，空致新诗章。①

作者用了长达一百句、五百字来詠颂白雪，尽情地铺叙、倾情地表达，从开篇描写天降瑞雪，然后到大篇幅地铺陈瑞雪美景，再到由雪景天冷想到人们的贫富差距，最后到称赞瑞雪给人们带来的希望。整首长篇诗歌打破了

① 曾巩撰，陈杏珍、晁继周点校，《曾巩集》，中华书局 1984 年版，第 24 页。

最初诗歌结构短小而难以长篇叙事的瓶颈，让作者可以如创作散文般自由自在地铺叙展衍，天马行空、行云流水，是作者喜欢经常借鉴散文的铺叙手法的重要表现。在曾巩的《追租》《游麻姑山》《胡使》《边将》等其他诗歌中，也经常可以看到这种铺叙的诗歌创作手法。这与当时的学术风气有着密切的关系，宋末元初的学者刘壎在《隐居通议》卷七中说“宋人诗体多尚赋，而比兴寡，先生（笔者按：指曾巩）之诗亦然。”

其次，曾巩喜欢借鉴散文的议论手法来创作诗歌。议论是散文常见的创作手法，比如政论文、说理文、议论文等就是鲜明的例子。诗歌议论化也是肇自唐朝的韩愈，到了宋代便成为诗歌界中的一种风气，并且成为宋诗三大特色之一。作为主张诗歌要反映现实、反映生活的曾巩，他在诗歌汇总经常借助议论事件来表达自己的看法、阐述自己的观点，比如在《写怀二首》其一：

群生各有趣，营虑自缠结。
各网智已罗，利械愚所绁。
古今递主客，真赝两兴灭。
洗然大人意，杳与能者别。
不必条蔓荣，中自老根节。
曾非故饶培，独得较霜雪。
蛟龙无安舟，虎兕有危辙。
将能此人追，得匪合明哲。①

先述群生的动物各有自己的情趣和性格，各自为了自己的利益打着纠结的小算盘。并由此联想到社会上复杂的人际关系，直抒胸怀地发表议论道，有凶猛的蛟龙存在的水域就没有安全的舟船，有老虎的围栏中就没有安全的栅栏，如果人人都知晓这个道理，就不会采取鸵鸟战术而麻木不仁、明

① 曾巩撰，陈杏珍、晁继周点校：《曾巩集》，中华书局 1984 年版，第 12 页。

哲保身。另外，曾巩在其他诗歌中也是经常发表自己的意见，比如在《秋日感事示介甫》“秋日气已盛，阴虫朝暮声。烟云断溪树，风雨入山城。沙碛有遗虏，旌旗多远行。生民苦未息，吾党耻论兵”[①]中，他开始采用比兴手法，借用秋天虫子的朝暮声，来感叹民生聊苦、战事不断，最后直接感叹道百姓一直苦不堪言，世人以讨论战事为耻。在《上杜相三首》中，他直接提出“万里声名开学校，四方根本劝农桑”的观点。在《胡使》中，他主张“九州四海尽帝有，何不用胡藩北隅”。在《促促为物役》中，他发出“所求亦云儿，脱粟与藜羹”的感叹。总之，曾巩这些诗歌中充满了带有情感的议论，表达了他对世事、对社会、对人生的各种体会与感悟，感情充沛、一气呵成，富有极大的感染力和说服力，形成了自己带有感情褒贬的议论风格。

最后，曾巩经常借鉴散文的散句手法来创作诗歌。散文不像诗歌有格式和韵律要求那么严格，可以较自由地可长可短、可单可双地运用字句词进行创作。曾巩正是深谙散文创作的这种手法，所以他在创作诗歌时也有意无意地或用单行、或用散句、或用虚词。比如《寄子进弟》：

忆子去家日，南风始吹衣。
今来日未几，蝇蚊已群飞。
思子兼昼夜，何啻如渴饥。
喜闻远客至，手自排荆扉。
客送书一纸，翰墨子所挥。
上言山居恶，梦寐接庭闱。
次言服畎亩，禾黍膴已肥。
其余业文字，颇测幽与微。
题诗在纸尾，语老意不非。
我喜何所似，大似客得归。

① 曾巩撰，陈杏珍、晁继周点校：《曾巩集》，中华书局 1984 年版，第 85—86 页。

我与子事亲，未饱藿与薇。
常苦去左右，辛勤治鞍鞿。
子行何时反？我眼日已睎。
应须毕秋刈，相见慰依依。[①]

这首诗是曾巩运用借鉴散文创作诗歌的典范。首先，该诗在词汇上采用了类似散文结构层次的“上言”“次言”“其余”“纸尾”等逻辑结构非常清晰的词语，让人读起来犹如读历史性散文。其次，该诗叙事详略得当、语言流畅，简单回忆了与弟弟子进分别的情形，表达了对弟弟的思念。重点描绘了收到弟弟来信后的激动喜悦的心情，作者一口气将弟弟的来信仔细认真地看完，“我喜何所似，大似客得归”油然而生。整首诗歌中都如散文形散而神不散地贯穿着作者对弟弟的思念和收到弟弟来信的喜悦，感情真挚、自然流畅。另外，曾巩还喜欢采用虚词来创作诗歌，比如《上翁岭》“但觉耳目胜，未知筋力勤。颠毛已种种，世患方纷纷。何当啸吟此，日与樵苏群”中的“但”“未”“已”“方”“何”“与”等虚词，《茅亭闲坐》“岂惟智所拙，曾是力难任。为乐聊在此，焉知玉山岑”中的“岂”“曾”“为”“焉”等虚词，《杂诗》其五“嗟哉二子独有名，义烈乃能长不死。当时美人欢未足，一日苍皇行万里。岂无公卿尊且宠，急反与胡为眼耳。丈夫感激世莫测，二子引身蒿下起”中的“嗟哉”“乃”“岂”“且”“莫”等虚词。曾巩诗歌化骈为散的特点还表现在诗句的不对仗，比如《送宣州杜都官》中的“鷦鹩一枝亦自得，去矣黄鹄高飞鸣”；《咏史》其二中的“赐也相国尊，子思终不慕”；《流池杯》中的“行尽坛前石崖路，忽见一曲清泠，酒行到我不辞醉，安用了了分愚贤”。

① 曾巩撰，陈杏珍、晁继周点校：《曾巩集》，中华书局 1984 年版，第 15 页。

第五节　曾巩诗歌的转益多师特色

曾巩学习诗歌创作，首先是诵读学习了很多先贤的诗歌，在诵读学习过程中再结合自己的实际和特点，挑选自己喜欢的先贤诗歌进行模仿和创作，然后再进行创造创新，形成自己的诗歌特色。这也是文学的传承、流变和发展的过程。我们仔细认真品读曾巩的诗歌后就会发现，曾巩经常转益多师、广泛取经、取长补短，他深受魏晋时期陶渊明、谢灵运、鲍照等人的诗风影响，又继承了唐朝李白、杜甫、韩愈等人的诗歌艺术特色，特别是对宋朝王安石、欧阳修等人的诗歌最为效仿。这也正如明朝何乔新在《椒丘文集·读曾南丰诗》中所言“寥寥数百载，天子起绍之。一扫西昆陋，力追骚雅遗……雄拔追李杜，奇涩薄宗师……岂知韩公后，何人能庶几。”清朝人方东树在《昭昧詹言》卷一中评价曾巩诗歌时也指出，“大约南丰学陶、谢、鲍、韩功夫到地，其失在不放，一字一句，有有车之用，无无车之用。”

第一，我们先来欣赏曾巩是如何学习陶渊明的诗歌的。曾巩是非常羡慕陶渊明的，他在《过彭泽》中写道：“渊明昔抱道，为贫仕兹邑。幡然复谢去，肯受一官絷。予观长者忧，慷慨在遗集。岂同孤蒙人，剪剪慕原隰。遭时乃肥遁，兹理固可执。独有田庐归，嗟我未能及。”[①] 该诗开篇就称赞陶渊明固穷恪守儒家大道，虽然出来担任过官员，但也是以为可以实现自己的儒家政治理想。当陶渊明发现社会黑暗，无法实现自己的政治抱负时，他不肯为五斗米折腰而辞官归隐，不愿意沆瀣一气、违背良心地做蒙尘人。当檀道济向陶渊明馈赠粱肉时，陶渊明效仿孔子不接受乱臣阳虎赠予的豚的做法。陶渊明这种高尚品德、固穷守道、归隐明哲的精神是非常了不起的，可惜仕途坎坷的曾巩无法做到，因此非常羡慕陶渊明。陶渊

① 曾巩撰，陈杏珍、晁继周点校：《曾巩集》，中华书局 1984 年版，第 42 页。

明喜爱菊花，写了“采菊东篱下，悠然见南山”等名句，曾巩更是如此，创作了直接以“菊花”为诗名的七律《菊花》诗歌，如“东篱菊花今已开，万物各自相驱催。却寻桃杏那复有，旧树惨惨空墙隈。年光日日已非昔，人世可能无盛衰。朱颜白发相去几，势利声名相抑排。三公未能逃饿死，九鼎竟亦为尘埃。乃知万事皆自枉，有便只宜持酒杯。”①陶渊明开创了中国田园诗风，曾巩也模仿陶渊明的田园诗风，写了很多有关读书耕作的田园诗歌，比如《种园》“于陵为人灌园蔬，我今园地不自种。惰慵苟恃乡井助，缓急孰与朋友共？支离有疾上虽恕，陈平不事家焉用。著书傥得一言利，长者或许酬内讼。”②该诗写作者曾经为友人灌溉田园时蔬，而今自己的田园却不亲自种植，这是有意模仿陶渊明《归园田居》中的“种豆南山下，草盛豆苗稀”。“惰慵苟恃乡井助，缓急孰与朋友共”又与陶渊明《移居》其二“过门更相呼，有酒斟酌之。农务各自归，闲暇辄相思”有着异曲同工之妙。《南源庄》中的“绕墙顿失车马喧，岸帻日得沧洲趣”化用陶渊明“结庐在人境，而无车马喧”，《茅亭闲坐》中的“荆门常昼掩，不必云山深”妙用陶渊明《归园田居》其二中的“白日掩荆扉，虚室绝尘想”，其他的诗歌如《南轩》《上翁岭》《靖安县幽谷亭》都有模仿陶渊明诗歌的痕迹，呈现出清新平淡的诗歌风格。同时，曾巩还非常敬重陶渊明恪守正道、不同流俗的高尚人格，效仿陶渊明《读山海经》中的“精卫衔微木，将以填沧海。刑天舞干戚，孟志故常在”，创作《初夏有感》“我身今虽落众后，我志素欲希轲卿……非同世俗顾颜色，所慕少壮成功名”③来抒发内心的雄心壮志。

第二，我们来欣赏曾巩是如何学习谢灵运的诗歌的。由于仕途不得志，曾巩在州郡任职期间经常模仿谢灵运一样寄情于山水，创作了许多描写景色美丽、诗调清新的山水诗歌，比如《游麻姑山九首·游麻姑山》：

① 曾巩撰，陈杏珍、晁继周点校：《曾巩集》，中华书局1984年版，第44页。
② 曾巩撰，陈杏珍、晁继周点校：《曾巩集》，中华书局1984年版，第4—5页。
③ 曾巩撰，陈杏珍、晁继周点校：《曾巩集》，中华书局1984年版，第20页。

军南古原行数里，忽见峻岭横千寻。
谁开一径破苍翠？对植松柏何森森。
危根自迸古崖出，老色不畏莓苔侵。
修竹整整俨朝士，下荫石齿明如金。
遂登半岭望城郭，但见积霭萦江浔。
冈陵稍转露楼阁，沙莽忽尽横园林。
秋光已逼花草歇，寒气况乘岩谷深。
我驰轻舆岂知倦，倏忽遂觉穷嵚崟。
龙门谁来此中凿，玉简不记何年沉。
泉声可听真众籁，泉意欲写无瑶琴。
斗回地势平如削，䆉稏百顷黄差参。
横开三门两出路，却立两殿当崖阴。
深廊千步抵岩腹，桀木万本摩天心。
碑文磊嵬气不俗，笔画缥缈工非今。
世传仙人家此地，天风泠泠吹我襟。
今人岂解不老术，可怪绿发常盈簪。
根源分明我能说，一室倾里输琅琳。
相高既不拥耒耜，方壮又不持戈镡。
我丁轗轲岂暇议，直喜虚旷开烦襟。
清谣出口若先构，白酒到手无停斟。
山人执袂与我语，留我馈我山中禽。
玲珑当窗急雨洒，窈窕隔溪孤笛吟。
未昏已移就明烛，病骨夜宿添重衾。
神醒气生目无睡，到晓独爱流泉音。
起来身去接尘事，片心未省忘登临。[①]

① 曾巩撰，陈杏珍、晁继周点校：《曾巩集》，中华书局 1984 年版，第 31—32 页。

该诗描写了麻姑山秀丽的景色、怡人的风光、特殊的地势、热情的山人，作者可以在此尽情游山玩水，忘却世间烦恼。这与谢灵运的山水诗《登永嘉绿嶂山》有很多神似处。另外曾巩的这些田园山水诗还特别讲究用词造句，精雕细刻，对仗工整，比如《闲行》中的“鸟啼绿树穿花影，风出青山送水声”，《趵突泉》中的“滋荣冬茹温常早，润泽春茶味更真”，《甘露寺多景楼》中的“云乱水光浮紫翠，天含山气入青红。一川钟呗淮南月，万里帆樯海外风”，《金线泉》中的“云依美藻争成缕，月照寒漪巧上弦”等等。

第三，我们来欣赏曾巩是如何学习鲍照的诗歌的。曾巩对鲍照诗歌的学习和模仿主要体现在古体诗方面，比如咏怀《冬望》“我生智出豪俊下，远迹久此安蒿莱。譬如骅骝踏天路，六辔岂议收驽骀……龙潭瀑布入胸臆，叹息但谢宗与雷。著书岂即遽有补，天下自古无能才”[1]，也像鲍照在《拟行路难》其四“对案不能食，拔剑击柱长叹息。丈夫生世会几时，安能蹀躞垂羽翼？弃置罢官去，还家自休息。朝出与亲辞，暮还在亲侧。弄儿床前戏，看妇机中织。自古圣贤尽贫贱，何况我辈孤且直！”一样抒发了作者急切渴望自己能够功成名就，咏史《论交》“德操庞公林下时，入门岂复知客主。夷吾鲍叔贫贱间，分财亦不辞多取。相倾顿使形迹空，素定已各肝胆许。世间未信亦论交，得失秋毫有乖忤”[2]也是借历史中的著名人物遇到贵人相助而大展宏图来抒发自己的理想。

第四，我们来欣赏曾巩是如何学习李、杜的诗歌的。嘉祐二年（1057），曾巩考中了进士，后来担任太平州司法参军。嘉祐三年（1058），刚上任的曾巩就特地跑去当涂县青山凭吊李白之墓，并写下了《谒李白墓》：

世间遗草三千首，林下荒坟二百年。
信矣辉光争日月，依然精爽动山川。

---

① 曾巩撰，陈杏珍、晁继周点校：《曾巩集》，中华书局1984年版，第1页。
② 曾巩撰，陈杏珍、晁继周点校：《曾巩集》，中华书局1984年版，第4页。

曾无近属持门户，空有乡人拂几筵。
顾我自惭才力薄，欲将何物吊前贤。①

从字里行间中，我们很容易发现曾巩对李白是非常敬仰的，在李白面前真是才华浅薄、自惭不如。嘉祐五年（1060），曾巩被欧阳修举荐到京师当馆阁校勘、集贤校理，期间还整理了《李太白诗集》，现存的《曾巩集》中尚存有《李白诗集后序》一文。由此可见，曾巩对李白的景仰不仅体现在内心上，而且在行动上对李白的诗歌进行过深刻研究，他认为李白的诗歌“连类引义，虽中于法度者寡，然其辞宏肆隽伟，殆骚人所不及，近世所未有也”。这就是说曾巩虽然认为李白诗歌的内容不太符合儒家的正统思想，但是文辞宏肆隽伟、豪迈奔放，这一点是值得学习的。为此，他也创作了一些豪放浪漫的诗歌，比如《麻姑山送南城尉罗君》：

麻姑之路摩青天，苍苔白石松风寒。
峭壁直上无攀援，悬磴十步九屈盘。
上有锦绣百顷之平田，山中遗人耕紫烟。
又有白玉万仞之飞泉，喷崖直泻蛟龙渊。
丰堂广殿何言言，阶脚插入斗牛间。
樛枝古木不记年，空槎枒然卧道边。
幽花自婵娟，林深为谁妍？
但见尘消境静翔白鹤，吟清猿，雏禽乳鹿往往嗥荒颠。
却视来径如缘絙，千重万叠穷岩峦。
下有荆吴粟粒之群山，又有瓯闽一发之平川。
弈棋纵衡远近布城郭，鱼鳞参差高下分冈原。
千奇万异可意得，墨笔尽秃谁能传？
丈夫舒卷要宏达，世路俯仰多拘牵。

① 曾巩撰，陈杏珍、晁继周点校：《曾巩集》，中华书局1984年版，第89页。

偶来到此醒心目，便欲洗耳辞嚣喧。
罗夫子一日远补东南官，爱此层崖峻壑之秀发，开轩把酒可纵观。
喜此披霄插汉之敻起，出门举足得往还。
罗夫子一尉龙蛇方屈蟠，此邦人人衣食足，阖境年年枹鼓闲。
几案剸裁得休暇，山水登蹑遗纷烦。
我行送之思故园，引领南望心长悬。①

该诗颇有李白《蜀道难》的豪放澎湃、跌宕起伏之诗风。开篇就直呼麻姑山之路非常难走，似乎是陡峭接近青天。到处都是青苔峻石苍松，生发出阴阴冷风，让人不寒而栗。陡峭的岩壁让人也是无法无处攀爬，陡峭悬挂的石阶十分之九是弯弯曲曲、绕来绕去的，“上有锦绣百顷之平田……下有荆吴粟粒之群山”直接模仿李白《蜀道难》的“上有六龙回日之高标……下有冲波逆折之回川”的写法，最后说明行走麻姑山，提心吊胆悬。

曾巩对杜甫诗歌的学习，更多是表现在诗歌题材与内容上，他们都关心社会世事、反映民生疾苦，杜甫很多诗歌如《悲陈陶》《悲青坂》《收京三首》《喜闻官军已临贼境二十韵》《三绝句》《石壕吏》等被称作“史诗”，曾巩也创作了很多反映社会现实的纪实诗，比如《地动》《追租》《胡使》《边将》《嗟叹》等，特别是《地动》这首记载发生地震的纪实诗完全可以作为史诗。当然曾巩对杜甫诗歌的其他艺术手法也是有所学习的，比如杜甫的《自京赴奉先县咏怀五百字》《北征》这些长篇大作在诗歌表现功能的拓展上作出了积极的贡献，对于那些欲有所作为的后起诗人而言，可以很方便的予以借鉴并将之运用到自己的诗歌创作中来。同样，曾巩的《读书》也对此作了许多尝试：

吾性虽嗜学，年少不自强。
所至未及门，安能望其堂。

① 曾巩撰，陈杏珍、晁继周点校：《曾巩集》，中华书局 1984 年版，第 57—58 页。

荏苒岁云几，家事已独当。
经营食众口，四方走遑遑。
一身如飞云，遇风任飘扬。
山川浩无涯，险怪靡不尝。
落日号虎豹，吾未停车箱。
波涛动蛟龙，吾方进舟航。
所勤半天下，所济一毫芒。
最自忆往岁，病躯久羸尪。
呻吟千里外，苍黄值亲丧。
母弟各在远，计归恐惊惶。
凶祸甘独任，危形载孤艎。
崎岖护旅榇，缅邈投故乡。
至今惊未定，生还乃非常。
忧虑心胆耗，驰驱筋力伤。
况已近衰境，而常犯风霜。
驱之久如此，负疴固宜长。
朝晡暂一饱，百回步空廊。
未免废坐卧，其能视缣缃。
新知固云少，旧学亦已忘。
百家异旨趣，六经富文章。
其言既卓阔，其义固荒茫。
古人至白首，搜穷败肝肠。
仅名通一艺，著书欲煌煌。
瑕疵自掩覆，后世更昭彰。
世久无孔子，指画随其方。
后生以中才，胸臆妄度量。
彼专犹未达，吾慵复何望？
端忧类童稚，习书倒偏傍。

况令议文物，规摹讵能详？
轮辕孰挠直？冠盖孰纁黄？
珪璋国之器？孰杀孰锋铓？
问十九未谕，其一犹面墙。
几微言性命，萌兆审兴亡。
兹尤觉浩浩，吾讵免伥伥。
因思幸尚壮，曷不自激昂。
前谋信已拙，来效庶云臧。
渐有田数亩，春秋可耕桑。
休问就医药，疾病可消禳。
性本反澄澈，情田去榛荒。
长编倚修架，大轴解深囊。
收功畏奔景，窥星起幽房。
虚窗达深暝，明膏续飞光。
搜穷力虽惫，磨励志须偿。
譬如勤种艺，无忧匮囷仓。
又如导涓涓，宁难致汤汤。
昔废渐开辟，新输日收藏。
经营但亹亹，积累自穰穰。
既多又须择，储精弃其糠。
一正以孔孟，其挥乃韩庄。
宾朋顾空馆，议论据方床。
试为出其有，始如宫应商。
纷纭遇叩击，律吕乃交相。
须臾极万变，开阖争阴阳。
南山对尘案，相摩露青苍。
百鸟听徘徊，忽如来凤凰。
乃知千载后，坐可见虞唐。

施行虽未果，贮蓄岂非良。
何殊厩中马，纵龁草满场。
形骸苟充实，气力易腾骧。
此求苦未晚，此志在坚刚。①

此诗共一百二十四句，长达六百二十字，比杜甫《自京赴奉先县咏怀五百字》还要多出一百二十字。其诗开篇即以“吾性虽嗜学，年少不自强”这样的叙述语气发端，与《自京赴奉先县咏怀五百字》的起句“杜陵有布衣，老大意转拙”相仿。其中对于行旅情景的描写“山川浩无涯，险怪靡不尝。落日号虎豹，吾未停车箱。波涛动蛟蛇，吾方进舟航”，也与《自京赴奉先县咏怀五百字》“岁暮百草零，疾风高冈裂。天衢阴峥嵘，客子中夜发。霜严衣带断，指直不得结”的描写有相通处。此诗最终由壮情结尾，表现的是不畏艰难奋发向上的志气，与杜甫悲天悯人之怀自有厚薄之分。但曾巩作此诗的侧重点不在这里，我们对此诗的分析也就不能以此来权衡。将此诗与杜甫所作相对照可以看出，曾巩此诗将景物描写压缩而加长了叙与论，全诗基本上就是由前半部的叙与后半部的论组成。在这大段的叙、论中正体现出一种新气象，他正试图对于长期传承的诗歌抒写方式，或者说是对唐代在取意造形上已经定型的诗歌样式做一种新的尝试，语气平和、叙事平稳。同时，这也是将曾氏家族特善叙事论说的特点融入诗歌创作中所进行的一次有益探索。因此，此诗虽然在取意上有待进一步地拓展，但在诗歌的抒写功能上则有其可取之处。这也正如清朝人方东树在《昭昧詹言》中所说：“尝论南丰字句极奇，而少鼓荡之气，又篇法变幻，断斩、逆斩、顿挫无匹傲起落，故不急杜、韩。”

第五，我们来欣赏曾巩是如何学习韩愈的诗歌的。曾巩对韩愈是非常推崇和膜拜的，他在《杂诗五首》其五中赞誉道“韩公缀文辞，笔力乃天授。并驱六经中，独立千载后。谓为学可及，不觉惊缩手。如天有日月，厥耀

① 曾巩撰，陈杏珍、晁继周点校：《曾巩集》，中华书局 1984 年版，第 54—55 页。

无与偶。当之万象莹，所照百怪走。此其自然光，万物安得有。其人虽已殁，其气著星斗。穷天破大惑，更觉功业久。其余施诸小，未负风义厚。当身止自善，所遇时则不。致官九列齐，此理嗟亦苟。去就惟用舍，士固无常守。孔孟非其称，斗禄应未取。惜哉天下才，甘受外物诱。”[①] 在北宋诗人中，学习韩愈诗歌成为一种非常普遍的现象，清朝人叶燮在《原诗 · 内篇》中指出：“韩愈为唐诗之一大变，其力大，其思维，崛起特为鼻祖。宋之苏、梅、欧、王、黄，皆（韩）愈为之发端，可谓极盛。”曾巩学习韩愈的诗歌创作手法主要表现为散文化的“以文为诗、化骈为散”，比如《杂诗》其五“嗟哉二子独有名，义烈乃能长不死”;《送宣州杜都官》中的“鷦鷯一枝亦自得，去矣黄鹄高飞鸣”;《咏史》其二中的“赐也相国尊，子思终不慕”;《流池杯》中的“酒行到我不辞醉，安用了了分愚贤”等等。同时，曾巩对韩愈诗歌的学习还体现为喜欢采用铺叙赋法，详尽描摹，只是韩愈好用奇字险韵，而曾巩就相对要平和些，这也诚如清朝著名学者何焯在《义门读书记》中所言“(曾巩《冬望》) 学韩（愈）亦兼有似太白处……（曾巩《山槛小饮》）造句极似韩（愈）。”

第六，我们来欣赏曾巩是如何学习王安石和欧阳修的诗歌的。景祐四年（1037），年仅 18 岁的曾巩跟随父亲去京城，以文结交了同乡王安石，后来两人成为挚友。王安石创作了《明妃曲二首》，后来曾巩模仿王安石《明妃曲二首》，也创作了同名诗歌《明妃曲二首》，他们的诗歌名字相同，内容相近，诗风相似，是曾巩学习王安石诗歌的典范。再从曾巩与王安石的交游诗来看，我们也可明显得知曾巩对王安石是推崇备至的。作为欧阳修的门生，曾巩是深得老师欧阳修的真传和厚爱，欧阳修在《曾巩集·上欧阳学士第二书》中也说：“过吾门者百千人，独于得生（指曾巩）为喜。”欧阳修提倡学习韩愈的诗风，但摒弃其险怪的特点，曾巩也是这样身体力行地践行其老师的作法的。

---

① 曾巩撰，陈杏珍、晁继周点校：《曾巩集》，中华书局 1984 年版，第 55 页。

第六节　曾巩对宋调的贡献

曾巩的诗歌创作在广泛学习借鉴的同时，着意于新风格的探索。在这中间也有着许多后人所谓“宋调”的尝试，现就此方面集中阐述如下。

首先，就诗歌题材而言，在宋以前，诗歌中出现苍蝇这类不洁之物的只有几十首，且都是以丑恶阴暗的寓意出现。如曹植《赠白马王彪》“苍蝇间白黑”、陆机《塘上行》“不惜微躯退，但惧苍蝇前”、鲍照《代白头吟》“点白信苍蝇”、李白《鞠歌行》“楚国青蝇何太多”、杜甫《寄峡州刘伯华使君四十韵》“江湖多白鸟，天地有青蝇”、高适《饯宋八充彭中丞判官之岭南》“慎勿信苍蝇”、白居易《反鲍明远〈白头吟〉》“蝇不点清冰”，这都受到《诗经·青蝇》的影响。郑玄就曾言：“蝇之为虫，污白使黑，污黑使白，喻佞人变乱善恶也。”《毛诗正义》对此诗首句“营营青蝇，止于樊”也解释道：“此虫污白使黑，污黑使白，乃变乱白黑，不可近之。”由此正可看到某一题材内在的意象限定性。宋代梅尧臣诗中以蚊蝇入题的有许多，共达 16 首，并且有专以“蝇”为题的诗歌，这是宋以前的诗歌创作中所没有的。而且其细致地描写也是前人所不及，如《次韵和永叔石枕与笛竹簟》中所言“蝇如远鸡耳初感，蚊若隐雷空际鸣”。故而后人每以此为梅尧臣创立宋调的一个佐证，但将梅尧臣所作此类诗歌并没有在立意上有所突破，仍未脱离此类诗题传承已久的限定性，蚊蝇依然是丑恶事物的形象化身，体现出人们的厌恶心理。在《端午前报之太傅遗水墨扇及酒》中他沿袭着传统的“青蝇”形象。梅诗用意的变化，只是沿着丑化的方向作了更进一步的发展。如《夏虫》中所说“当自厕中蛆，去作盘上蝇”。这比卢仝的怪异诗风有过之而无不及，使得宋诗的创新走向了过激的一面。与之相比，曾巩所作此类诗歌则转出另一层新意。所作《寄子进弟》将此物安置于对子进弟依依思念之中，开篇以“忆子去家日，南风始吹衣。今来日未几，蝇蚊已群飞”起兴，他并没有着意刻画其丑恶的，将此诗歌史上传咏已久的污物放置此中也并没有败了兴致，而是与南风共同烘托出一种夏日的景象。由此作铺垫，文后随即展开了“思子兼昼夜，何啻如渴饥”的描述，从中正可见出着意求新的宋人面貌。其次，在诗歌表现功能的拓展上，曾巩也作出了自己的贡献。曾巩对乐府歌行的种种尝试就是为了在这方面有所创新与突破。曾巩以初唐歌行为媒介上窥汉赋铺张扬厉的表现手法，希望以此来拓展诗歌的表现功能。有时他在诗中直接引用汉赋的词语，如《咏雪》“飞檐轍轍架长浪”之“飞檐轍轍”就是张衡《西京赋》中的语句。 而更主要的是将汉赋铺张扬厉之精神灌注到诗歌创作中来。在《山水屏》一诗中曾巩对山水屏“经营顷刻内，千里在一幅”的景色作了详尽地描述。由回环之山势写到霜雪、烟雾、泉源、轻舟，由此又引出游子，并从画中人的视角对所见之山川物色作一总括，最后再转到看画之人而跳出画外，以“鲜明极万状，指似才一粟”收束。 这一大段的描述，在整体上从“千里”到“一粟”，由极小中见极大，又从极大处收归于极小，在局部上对于山色风景的描述，层层推进有条不紊。整个描述布局合理、层次分明。这种不厌其烦的详尽描述方式正是汉赋铺陈特性在诗中的运用。被赋体扩展了的白描手法在山水风景的描写中起到了很好的效果。这种白描铺陈手法很容易形成以散语入诗，这样也就为以议论说理为诗扫清了道路，宋诗以文为诗的特点也由此充分展现了出来，而这也正是曾巩尝试追求的一个目标。《读书》一诗对读书生活的大段叙述，在借鉴了杜甫诗歌创作手法的同时也正是以赋的铺陈将之作了极大的扩展。《地动》一开篇就地动原由论述道：“吾闻元气判为二，升降相辅非相伤。今者无端越疆畔，阴气焰焰侵于阳。阳收刚明避其势，阴负捷胜尤倡佯。地乘是气亢于下，震荡裂拆乖其常。”① 如此写来不论其在立意上的动因如何，就诗歌本身而言可谓翻出一种新意，他是将作文的思路运用到了诗歌创作中来。曾巩为文总喜探本溯源，以求论断的确定无疑。在此诗中，曾巩也是探其本源以为其后所言确立基础。彭期在《曾文定公集》中就此评道：“每遇一事必有来历、有断制，公作

① 曾巩撰，陈杏珍、晁继周点校：《曾巩集》，中华书局 1984 年版，第 47 页。

诗作文皆如此。”将此思路辅助于铺陈的手法，便产生了以议论为诗的效果。这一新的创作手法在《谢章伯益惠砚》一诗中也有所运用，诗中就小小一砚遥思广议生发出一大段议论，何焯评之为“太迂远”。其实这“迂远”的背后正隐含着曾巩对诗歌表现多样性的努力探索。曾巩集中还有《雪咏》[①]诗，此诗较集中地体现了曾巩在这方面的探索与尝试。全诗长达五百字，诗歌以“雪花好洁白，不待咏说知”开篇，散体化的风格脱口即出。诗中对于大雪覆盖之下诸般景物的描写运用了赋的铺陈方式极尽其能。先由屋角到瓦沟、坳洼、茅茨、树木、冈山、阶除、池台，中间作一局部总述稍作停顿之后，又接着作进一步的描述，由里巷到长街、荒城、沙水、扁舟、鸟雀，将景色层层涂抹。其中又以“或稀若有待，或密似相萦。或弱久宛转，或狂自轩腾”于整饬中求变调。对景物长篇白描之后，进而在贫寒苦读之士与锦帽貂裘的对比中生发出一番议论，以“所处殊处所，苦乐固异情”这一总结性的论述收束笔锋回归于雪景，最后以民胞物与之情作结。诗中“万物去覆冒，颜色皆复常。融为大田水，其流日滂滂”，何焯评之为“此四句极似韩”。“柔茵坐中堂，谁问公与卿。世事泊无意，烛换犹飞觥”四句也正是“朱门酒肉臭，路有冻死骨”之意。而“永怀衡门士，辛苦守六经。山藜不充腹，笔砚久已冰”，“愿彼守经士，幸可继糗粮。忧民既非职，空致新诗章”，与杜甫《茅屋为秋风所破歌》中“安得广厦千万间，大庇天下寒士俱欢颜”的主旨多有相通处，这也是贯穿整个诗篇的精神所在。整首诗在形式上除了融合了赋的铺陈、杜甫《北征》等长诗的表现手法，还蕴含着乐府歌行的风味。诗中所说的“四座且勿歌，听我白雪诗”这种表述方式是乐府古诗中常用的样式。鲍照《堂上歌行》中就说“四座且莫（一作勿）喧，听我堂上歌”。更早的陆机在《挽歌》中就已有了相近的表述：“中闱且勿讙，听我《薤露》诗。”而这又都源自民歌，《上声歌》中就有“四座暂寂静，听我歌《上声》”。曾巩并没有运用被唐代诗人改造过了的更为流利的“白雪歌”诗歌形式，而是选用了更为古老的乐府古诗的歌行体。

① 曾巩撰，陈杏珍、晁继周点校：《曾巩集》，中华书局 1984 年版，第 24 页。

这是因为乐府民歌的风味使诗歌的遣词造句要比唐诗浅白得多，这正是曾巩所求，他试图将赋、歌行与杜甫、韩愈尤其是杜甫的诗歌创作手法相互融合，以此来塑造一种平易浅显近于散文的诗歌风格。由此体现了曾巩在诗歌创作中求变求新的思想，而这也与宋诗的发展方向相一致。全诗形式上的成就要大于思想内容的塑造，形式与内容还存在着脱节，可以看出早期探索的不成熟性。

在宋祝穆撰《古今事文类聚·后集》卷三十四《鳞虫部》中录入了曾巩所作《金陵初食河豚戏书》一诗，此诗《曾巩集》未收入，而《全宋诗》曾巩卷也只录入了前八句。此诗显然是由梅尧臣的《范饶州坐中客语食河豚鱼》引申而来。欧阳修《六一诗话》中曾对梅尧臣此诗评价道："圣俞平生苦于吟咏，以闲远古淡为意，故其构思极艰。此诗作于樽俎之间，笔力雄赡，顷而成，遂为绝唱。"然而两诗相比可见，曾巩此诗构思之"艰"要远胜于梅尧臣。诗歌一开篇又是曾巩诗文阐述事理时的一贯做法，对所述之事深入发掘，由远及近依次叙述。"食肉遗马肝，未为不知味"引用《史记》卷一二一《儒林列传·辕固生传》中景帝所言"食肉不食马肝，不为不知味"，由此而转述到对食河豚之事的论述。首先对其恶状进行了详细地描述，与梅尧臣相比有过之而无不及。言其内暗藏祸心，其外喜好邀朋携党戢戢而动，且善于混淆众听，掩人耳目。接着以亲身经历证明其美只是"虚名"。然后再以历史上的正反事理证明不可慕此虚名喜好这表里不一之物。最后以曲肱而乐表明自己"爱身诚有待"的志向，同时又对世道之不公提出了深婉地批评。此诗在正反对照中对奸佞小人的刻画入木三分。而梅尧臣所作，对恶物的刻画不如曾巩所作细致、形象，由此对抒情主人公形象的塑造也不如曾巩所作深刻。作品的思想深度不及曾巩所作，曾巩在篇尾的大段抒写，梅诗仅以两句"我语不能屈，自思空咄嗟"一笔带过。再以对"韩柳食虾蟆"的态度为例，梅诗是"二物虽可憎，性命无舛差"。可见他是从食物可食性上立论，这样就使得对恶物的批判无力，也淡化了主题思想。而曾巩所作则是将之与褒姒亡周相提并论，在对其持否定态度的同时，也加深了此诗的思想深刻性。而这种否定也正如《荔枝四首》之三中对于他所尊敬的杜甫也有所辨证一样，都体现了曾巩勇于自为、敢于怀疑的精神。梅尧臣所作开篇以“春洲生荻芽，春岸飞杨花”这样抒情性的描述发端，这就给整首诗歌定下了一个平缓的基调，诗篇以平声韵脚相伴，更加衬托出了这种风格。而曾巩此诗通篇俱是论说，且以仄声韵脚为辅，并夹杂“猩狒”“佛蚋”这样逼仄的字眼，宋诗的风格在此诗中要显得更加突出。将之与《雪咏》一诗相比可以清楚地看到曾巩在诗歌创作上的这种转变。

严羽曾言宋人“以文字为诗，以才学为诗，以议论为诗”，综观曾巩的诗歌创作，可见他更侧重于以“文字”“议论”为诗，而不喜“以才学为诗”。这种不喜并非是因其无“才”而不能，曾巩深明“寡闻则无约，寡见则无卓”的道理，他在《南轩记》中曾就其所学而言：“然而六艺百家史氏之籍，笺疏之书，与夫论美刺非、感微托远、山镵冢刻、浮夸诡异之文章，下至兵权、历法、星官、乐工、山农、野圃、方言、地记、佛老所传，吾悉得于此。”[①]由此可见其博学多能。如《和赵宫保别杭州》“紞鼓留公岂是催”的“紞鼓”，《送关彦远赴河北》“诗作士林夸刻烛”的“刻烛”即是如此。曾巩的这种取舍是他的诗歌观念所使然，《冷斋夜话》卷一记载：“曾子固曰：“诗当使人一览语尽而意有余””。用典容易造成晦涩的弊病，这自然为曾巩所不取。

从以上对曾巩的诗歌创作的分析可以看出，无论是古体还是律体，诗歌的功能与唐代相比已发生了变化，随着社会性的消退，个性化的特点醒目地呈现了出来。诗歌中力图表现一种壮阔洒脱的情怀，将之作为自我关爱、涵养性情的重要手段。在与他所作散文相对照中，可以明显地看到这一点。郑献甫在《补学轩文集》甲集卷三《答友人论文书》中所说：“诗不必有用，而文则不可无用”，就其表现功能而言正道出了曾巩诗文的内在差异。但这种内敛也造成了他视野的狭小，使得他的一些诗歌内容苍白、形式单调。如何积极地加以扬弃，曾巩亦作了一些探索与尝试。而这种尝试也正体现出宋诗发展的一种新方向，不论是律体的清健风格还是在古体中更多地融入宋调都是如此。这种创新有成功之处，也有草创的粗糙之处，尤其是与元祐时期

① 曾巩撰，陈杏珍、晁继周点校：《曾巩集》，中华书局1984年版，第285页。

宋诗走向成熟相比就越发明显。但无论成功失败与否对于后来者的诗歌创作都有可资借鉴之处。

总而言之，曾巩上溯陶渊明、谢灵运、鲍照等诗歌，中涉李白、杜甫、韩愈等诗歌，下及王安石、欧阳修等诗歌，吸收其丰富营养，形成自己壮阔开朗的古体诗风。行笔得乐府歌行之助，洒脱、自然。同时，又在一定程度上对诗艺的开拓作了一些积极的探索，无论是思想内容方面，还是艺术特色方面，都有值得我们珍视的地方，虽然他还称不上是一位卓然自成一家的大诗人，但是他的成就也决非中、小诗人可以比拟。

附录一

南丰曾氏家族的诗歌创作

南丰曾氏家族，是一个古老的家族，其远祖原在山东境内，后几经迁徙，来到了豫章郡（今江西南昌市）。曾洪立为南丰曾氏的开基之祖在唐朝官至检校司空、金紫光禄大夫，唐昭宗时，任南丰县令，始籍南丰。曾巩的四世祖曾延铎，官至唐朝右散骑常侍。曾祖父曾仁旺，官至宋尚书水部员外郎，被追赠为沂国公。

1. 曾致尧（947—1012）

曾巩祖父曾致尧，兴国八年（983）进士，历任主簿、秘书丞转运使、右谏议大夫等，被封为密国公。宋初诤臣、著名学者。祥符五年（1012）去世，时年六十六岁。“致尧性刚率，喜言事，前后屡上章疏，词多激讦。所著有《仙凫羽翼》三十卷、《广中台志》八十卷、《清边前要》五十卷、《西陲要纪》十卷、《为臣要纪》十五篇”。[①] 另有《直言集》一卷、《山亭六咏集》等。

曾致尧诗文创作均有成就，其文如《春日至云庄记》，写得生动而有意趣：

吾仲弟士尧，淳化中擢进士第，释褐番禺户掾，历滁州清流令。母老，上章乞解官就养，优诏从之。宜兴县太君周氏夫人，致尧母，士尧世母也，亦年将八十，士尧事之如母焉。癸卯年，余自尚书版曹员外郎解海陵郡事归

① 王称：《东都事略》卷四十八列传三十一，清文渊阁《四库全书》本。

乡里。

明年春，士尧告予曰："兄往年漕运吴越时，数示家法，俾诸儿侄带经而耕，因授垦田种树之法，儿侄辈不获师焉。而乡里师之。盱江南北，地方千里，田如绮绣。树如烟云，原隰高下，稍涉腴美，则鲜有旷土，皆兄教人谋生之术也。今土膏脉起，农人始耕，欲俟兄命驾观焉"①

对于曾致尧的文章，南宋楼钥曾有这样的评价：

宋兴，崇尚儒术，振起一代之治。直史馆赠太师密国公，南丰曾公致尧，以文鸣当世。②

曾致尧对诗律也很精通，他曾和宋初诗人李虚已诗酒唱和，宋初的著名词人晏殊从他那里学到了不少音律方面的知识。

曾致尧谏议一日在李侍郎虚己坐上，见晏元献公，公，李之婿也。时方奉礼郎，曾熟视之曰："他日甚贵，但老夫不及见子为相也。"③

李虚己侍郎，字公受，少从江南先达学作诗，后与曾致尧倡酬，曾每曰："公受之诗虽工，恨哑耳。"虚己初未悟，久乃造入。以其法授晏元献，元献以授二宋，自是遂不传。然江西诸人，每谓五言第三字、七言第五字要响，亦此意也。④

虚己官至工侍，初与曾致尧唱和，致尧谓："子之诗工矣，而其音犹哑。"虚己惘然，退而精思，得沈休文浮声切响之说，遂再缀数篇示曾，曾乃骇然

① 谢旻：《江西通志》（雍正）卷一百二十三，清文渊阁《四库全书》本。
② 楼钥：《集英殿修撰致仕赠光禄大夫曾公神道碑》，见《攻媿集》卷九十七，清武英殿聚珍版丛书本。
③ 陈鹄：《耆旧续闻》卷八，清知不足斋丛书本。
④ 陆游：《老学庵笔记》卷五，明津逮秘书本。

叹曰："得之矣！"予谓此数语，诗家大机括也。工而哑，不如不必工而响。潘邠老以句中眼为响字；吕居仁又有"字字响、句句响"之说；朱文公又以"二人晚年诗不皆响"责备焉。学者当先去其哑可也。亦在乎抑扬顿挫之间，以意为脉，以格为骨，以字为眼，则尽之。①

方五代之际，儒学既摈，是时公虽少，所学已皆治乱、得失、兴坏之理，其为文闳深隽美，而长于讽谕，今类次乐府以下是也云云，以此知致尧之能诗也。②

曾致尧不仅懂诗，而且能写诗，其诗作亦为人所称道和引述。以下是曾致尧现存诗作及诗句：

沙鹭窥吟榻，风蝉入坐隅。（曾致尧《六咏·芙蓉阁诗》）

云昏迷候馆，树缺辨江湖。（曾致尧《六咏·望京楼》）

更无尘土当轩起，只有松罗绕槛生。（曾致尧《六咏·清风楼》）

境土连江徼，人家匝海隅。（曾致尧《望京楼》诗云："望京楼上望，望久思踟蹰。境土连江徼，人家匝海隅。隔山川隐映，近郭水萦纡。雨过风腥槛，潮来岸浸芦。"）③

题刘居士江楼

刘八江楼雅，诗家不易言。
春风花对岸，夜月水当轩。
帘卷青山入，牕开白浪翻。
画来须妙手，梦去亦清魂。
吟称云初满，登宜雪正繁。

① 方回：《瀛奎律髓》卷四十二寄赠类，清文渊阁《四库全书》补配清文津阁《四库全书》本。
② 裘君弘：《西江诗话》卷二，清康熙刻本。
③ 王象之：《舆地纪胜》卷第四十，清影宋钞本。

鱼龙惯灯火，鸥鹭识琴樽。
波动檐摇影，潮回砌露痕。
势雄邻碧落，景好怕黄昏。
未许凡踪到，宁教俗态存。
主人凭槛处，寥廓共谁论。

题军山徐秀才居

买断军峰不计钱，屋前屋后水潺潺。
青春花发帘帷外，白日云浮栋宇间。
金鼎欲成红气溢，玉芝初种紫苗悭。
未知桃熟先生醉，鹤驭何人得往还？

崇觉寺

水深花影地莓苔，春色烘人若不开。
走报鸰原无别事，速将歌管酒壶来。[①]

题义门胡氏华林书院

华林书院集群英，讲诵兴来里巷荣。
宾友尽为文苑客，子孙多是帝门生。
九重下诏亲旌义，四相留诗自著名。
致使举家在霄汉，更将忠孝答皇朝。[②]

2. 曾易简（生卒年不详）

曾易简，曾致尧的第四子，自幼才思敏捷出众，十三岁就被国子监举荐至礼部。礼部以《清明日赐新火诗》为题对他进行测试，曾易简一气呵成，在当时传为美谈。后来又向朝廷进献《唐臣事绩》《两汉谏论》等文章，被召入舍人院考试。不久死于开封。

① 以上四首见曾燠《江西诗征》卷五宋，清嘉庆九年刻本。
② 傅璇琮等：《全宋诗》，北京大学出版社 1991 年版。

曾易简有诗一首，题为《清明日赐新火》，其云：

令节传龙蜡，君恩赐近臣。
乍燃烟尚短，初出焰犹新。
照耀王侯第，欢呼里巷民。
谁知蓬荜下，还有聚萤人。

易简，南丰人，致尧子。有隽才。真宗初年十三，以神童荐，召试舍人院，后卒于京师。《清明日赐新火》（国子监举送礼部，试此诗，援笔立就。）令节传龙蜡，君恩赐近臣。乍燃烟尚短，初出焰犹新。照耀王侯第，欢呼里巷民。谁知蓬荜下，还有聚萤人。[①]

3. 曾易占（979—1047）

曾易占，字不疑。曾致尧第五子，曾巩之父。天圣二年（1024）进士，曾在如皋、玉山等地任职，累官太常博士，赠光禄卿，后因子追赠为鲁国公。著有《时议》十卷，不传。

戊子，太常博士曾易占，除名配广南衙前编管，坐前知玉山县受贿事发，监察御史里行张宗谊按其罪，法当死，特贷之。易占致尧子也。[②]

公讳易占，字不疑，姓曾氏。建昌南丰人。其世出有公之考赠谏议大夫致尧之碑，大夫当太宗、真宗世，为名臣。公少以荫补太庙斋郎，为抚州宜黄、临川二县尉。举三司法，中进士第，改镇东节度推官。还，改武胜节度掌书记、崇州军事判官，皆不往。用举者监真州装卸米仓、迁太子中允、太常丞、博士知泰州之如皋、信州之玉山二县。知信州钱仙芝者，有所丐于玉山，公不与，即诬公，吏治之，得所以诬公者，仙芝则请出御史。当是时，

① 曾燠：《江西诗征》卷五宋，清嘉庆九年刻本。
② 李焘：《续资治通鉴长编》卷一百二十，清文渊阁《四库全书》本。

仙芝盖有所挟，故虽坐诬公抵罪，而公亦卒失博士，归不仕者十二年。复如京师，至南京病，遂卒……始公以文章有名，及试于事，又愈以有名……为文章十余万言，而《时议》十卷尤行于世。《时议》者，惩已事，忧来者，不以一身之穷，而遗天下之忧。以为“其志不见于事，则欲发之于文；其文不施于世，则欲以传于后，后世有行吾言者，而吾岂穷也哉？”盖公之所为作之意也。①

曾子固之父曾易占，南丰人，知信州玉山县，坐法失官。闲居十余年，执政怜之，讽令至京师，行次至洪州樵舍僧寺，题诗屋壁云：“今朝才是雪泥干，日薄云移又作寒。家山千里何时到？溪上梅花正好看。”是时庆历七年六月二十日也。人怪其写景不侔，既而行次睢阳而卒。其子子固载柩还乡，复过樵舍，乃腊中雪日梅放，然此诗乃蔡君谟诗，易占偶书之耳。②

曾鲁公，讳易占，字不疑。欧阳文忠识其碑曰：“少有大志，知名江南。”为文忠所称如此，则其人固可想矣。③

曾易占现存诗1首：

题洪州僧寺

今朝才见雪泥干，日薄云低又作寒。
家山千里何时到？溪上梅花正好看。④

4. 曾布（1036—1107）

曾布，字子宣，曾易占之子，曾巩之弟，他是王安石变法的重要支持者，

① 王安石：《太常博士曾公墓志铭》，见《临川先生文集》卷第九十三，《四部丛刊》影明嘉靖本。

② 吴曾：《能改斋漫录》卷十八神仙鬼怪“曾易占诗谶”，清文渊阁《四库全书》本。

③ 王明清：《挥麈后录》卷之六，《四部丛刊》影宋钞本。

④ 曾易占这首诗又见蔡襄《端明集》卷第四（宋刻本），题为《正月四日》诗：“今朝才见雪泥干，日薄云低又作寒。家山千里何时到？溪上梅花正好看。”然而《宋诗纪事》、《江西诗征》均以《题洪州僧寺》为诗名存其诗。

在王安石变法期间，曾布任集贤校理、判司农寺、检正中书五房、起居注、知制诰、翰林学士、三司使等职。建中靖国年任右相，翌年罢相。不几年，于流放地润州去世。

曾布，字子宣，南丰人也。幼孤，学于其兄巩，举进士。熙宁初，王安石执政荐之，因上书召见，论事合意，遂除崇政殿说书，迁集贤校理检正中书五房公事。新法青苗助役，皆布与吕惠卿建议。安石尝曰："法之初行，异论纷纷，始终以为可行者，吕惠卿、曾布也；始终以为不可行者，司马光也；余人则一出焉、一入焉。"尔擢修起居注，知制诰拜翰林学士兼三司使……哲宗亲政，复入翰林，迁承旨兼侍读，擢拜同知枢密院事进知院事，时章惇为相，斥逐元佑臣僚，士心不附，布诡情辟致名士如陈瓘、张庭坚，悉罗致之。会哲宗升遐，钦圣宪肃皇后，召宰执问："谁可当立？"惇有异议，布奏惟太后令。惇由是得罪。一日，中使召蔡京锁院，拜韩忠彦左仆射，京欲刺探徽宗之意，徐奏请曰："麻词未审合作专任一相，或作分命两相之意。"徽宗曰："专任一相。"翌日，京出宣言曰："子宣不复相矣已！"责授贺州别驾，又责廉州司户参军、移舒州，复大中大夫，提举崇福宫以卒。赠观文殿大学士，谥曰"文肃"。①

熙丰以来之小人，如吕惠卿、章惇、曾布及卞兄弟，咸能以文采自见，而亦或传致经义，以文其邪说，所以能惑世听，而自结于人主也。②

曾布现存诗歌作品16首，如：

二月

二月春华已半归，江天况值雨垂垂。
山梅倏忽花经眼，园杏须臾子满枝。③

---

① 王称：《东都事略》卷九十五列传七十八，清文渊阁《四库全书》本。
② 郑方坤：《全闽诗话》卷三，清乾隆诗话轩刻本。
③ 刘克庄：《千家诗选》卷一时令门，清嘉庆宛委别藏本。

题江楼

军山流泉初滥觞，缭绕东出为盱江。
峰峦隐映渊源长，地灵物秀雄吾邦。
麻源三谷神仙乡，高林远岫长相望。
岿然飞观临沧浪，凝岚净练罗轩窗。
太师起家兰省郎，声名籍甚倾四方。
剖符持节辞未央，江边往往维归艎。
醉酒翰墨留篇章，文字星斗垂光芒。
曾孙力学志自强，得此遗构思肯堂。
探讨古今练缣缃，徙倚不复论行藏。
一枝敛翼聊回翔，扶摇有路终骞扬。
吾衰两鬓成秋霜，坐视迅景驰飞黄。
龙池故原幽径荒，手栽松柏今苍苍。
乞身行欲委轩裳，画舸南驶乘风樯。
扫洒茔域开康庄，投闲趣静百忧忘。
杖履登眺情相将，归与此乐何相当。①

五州山：在府城西三十里，相传山顶望见五州。宋曾布诗“天际林峦压寿丘，夹江旁瞰两三州”，又云“海门西北起崇丘，极目参差见五州”。②

灵泉：在金溪县南一十里，即五星泉，水自石眼喷出，如撒珠状。宋曾

① 《南丰二源曾氏族谱》，光绪本。祝穆《方舆胜览》卷二十一（清文渊阁《四库全书》本）载：“石虎潭：去南城半里地，钤有石虎潭填出宰相之语。绍兴中，潭填，曾鲁公布正拜。曾布诗：“军山流泉初滥觞，缭绕东出为盱江。峰峦隐映渊源长，地灵物秀雄吾邦。”夏良胜《（正德）建昌府志》卷十一（明正德刻本）亦载：“军山流泉初滥觞，缭绕东出为盱江。峰峦隐映渊源长，地灵物秀雄吾邦。麻源三谷神仙乡，高林远岫长相望。岿然飞观临沧浪，凝岚净练罗轩窗。”

② 陈仁锡：《无梦园初集》乾集四，明崇祯六年刻本。

布诗“一掬寒泉照眼明，冰霜凛凛坐中清”。[①]

蒲涧寺：在菖蒲涧侧。宋曾布诗：“路入青松十里深，涧蒲春水洗尘心。欲寻九节和金鼎，更上千岑听玉音。”[②]

石仙观：在县西五都，旧名冲寂观。宋曾布诗：“古木苍苔翠雨颜，仙崖咫尺近乡关。人随天上玉棺去，云掩洞中丹灶闲。禄养不容乌反哺，君恩何似雀衔环？此山猿鹤真君侣，盍卜幽栖谢往还。”[③]

5. 曾宰（1022—1068）

曾宰，字子翊，曾巩弟。嘉祐六年（1061）进士。历舒州司户参军、湘潭主簿。善文章，通六经百子，旁究法制度数、声音训诂等。

曾宰，字子翊，南丰人。尚书户部郎中直史馆致尧之孙也。嘉祐六年进士。历舒州司户参军、迁湘潭主簿，其居官理，其去人思之。宰少力学，无不通，且老未尝易意。其为文，驰骋反复，能传其学。为人质直孝弟，抑畏小心。熙宁元年四月卒于湘潭，年四十七。兄巩志其墓，称其书连榻累笥不能容，造物立器声音训诂之说，悉委曲贯通云。[④]

曾宰现存诗1首：

舒州寄王介甫

官居隐几望潜山，不似茅檐旧日闲。
顾我尘沙添白发，怜君道路失朱颜。

① 李贤：《明一统志》卷五十四，清文渊阁《四库全书》本。
② 李贤：《明一统志》卷七十九，清文渊阁《四库全书》本。
③ 夏良胜：《建昌府志》卷十八，明正德刻本。
④ 王闿运：《湘潭县志》（光绪）卷五，清光绪十五年刻本。

江涵秋老鲈鱼美，岸入春风荻笋斑。
此味纵佳吾不乐，惟思一马返乡关。①

6. 曾肇（1047—1107）

曾肇，字子开，号曲阜先生。曾易占之子，曾巩的异母弟弟。曾肇是北宋政治家、诗人。为官四十年，历英、神、哲、徽四朝，担任过礼部、吏部、户部、刑部侍郎及中书舍人，在十四个州、府任过地方官时，颇有政绩，为人所称颂。后因曾布被蔡京列为“元祐奸党”，曾肇也受牵连，贬知和州等地，直至去世。

肇，字子开，举进士，调黄岩簿，稍迁国史院编修官，进吏部郎中，又迁右司郎中。元祐初，擢起居舍人，拜中书舍人实录院修撰……元祐士大夫再被降黜，肇请与俱贬，言者继之，遂落职谪知和州，徙知岳州，贬濮州团练副使汀州安置，移台州，卒年六十二。②

曾肇在北宋文坛亦有名声，如他的制文就很有特色：

散文当以西汉诏为根本，次则王岐公、荆公、曾子开诏熟观，然后约以今时格式，不然，则似今时文策题矣。③

其制诰亦尔雅典则，得训词之体，虽深厚不及其兄巩，而渊懿温纯，犹能不失家法。惜其全本已亡，掇拾多有未尽，如《进元丰九域志表》为肇所撰，见于王应麟《玉海》，而集中亦无之，则其佳文之散失者固不少矣。④

---

① 厉鹗：《宋诗纪事》卷二十二（清文渊阁《四库全书》本）载：“宰，字子翊，巩第五弟。嘉祐六年进士。官舒州司户参军、湘潭县主簿。《舒州寄王介甫》‘官居隐几望潜山，不似茅檐旧日闲。顾我尘沙添白发，怜君道路失朱颜。江涵秋老鲈鱼美，岸入春风荻笋斑。此味总佳吾不乐，惟思一马返乡关。’李壁《王荆文公诗注》：‘予居抚州，访遗文于其孙极止得此诗。’”

② 王称：《东都事略》卷四十八列传三十一，清文渊阁《四库全书》本。

③ 潘昂霄：《金石例》卷九，清文渊阁《四库全书》本。

④ 永瑢：《四库全书总目》卷一百五十三集部六“《曲阜集》四卷”，清乾隆武英殿刻本。

曾肇既有文，同时也能写诗：

项斯未闻达时，因以卷谒江西杨敬之，杨苦爱之，赠诗曰："几度见诗诗尽好，及观标格过于诗。平生不解藏人善，到处逢人说项斯。"陈无己《见曾子开》诗云"今朝有客传何尹，到处逢人说项斯"虽全用古人两句，而属辞切当，上下意混成，真脱胎法也。[①]

《名胜志》：茶仙亭，在滁州琅琊山。宋时寺僧为刺史曾肇建，盖取杜牧《池州茶山病不饮酒诗》"谁知病太守，犹得作茶仙"之句。子开诗云："山僧独好事，为我结茆茨。茶仙榜草圣，颇宗樊川诗。"盖绍圣二年肇知是州也。[②]

曾肇现存诗50首，如：

海陵春雨日

公事无多使客稀，雨时衙退吏人归。
沉烟一炷春阴重，画角三声晚照微。
桑雉未驯惭报政，海鸥相近信忘机。
只将宴坐收心念，懒向人间问是非。

南郭隐居

南郭萧条居士家，断垣荒堑翳蓬麻。
筼筜映水千竿直，略彴当门一径斜。
老有图书忘世累，贫无杯酌送生涯。
傥来轩冕何須贵，未胜牛衣驾鹿车。

① 吴炯：《五总志》，清知不足斋丛书本。全诗见方回《瀛奎律髓》卷四十二寄赠类（清文渊阁《四库全书》补配清文津阁《四库全书》本），《寄秦州曾侍郎》："八年门第故违离，千里河山费梦思。淮海风涛真有道，麒麟图画岂无时。今朝有客传何尹，是处逢人说项斯。三径未成心已具，世间惟有白鸥知。"

② 陆廷灿：《续茶经》卷下之三，清文渊阁《四库全书》本。

次后山陈师道见寄韵

故人南北叹乖离，忽把清诗慰所思。
松茂雪霜无改色，鸡鸣风雨不愆时。
著书子已通蝌蚪，窃食吾方逐鸒斯。
便欲去为林下友，懒随年少乐新知。

京口甘露寺

屈曲危楼倚半空，诗情无限景无穷。
江声逆顺潮来往，山色有无烟淡浓。
风月满楼供一览，乾坤万里豁双瞳。
片云回逐斜阳去，知落淮山第几重。①

南昌绣谷山幽谷亭

行尽车马尘，踏见水石环。
谁为千家县，正在清华间。

滁州琅琊山茶仙亭

山僧独好事，为我结茅茨。
茶仙榜亭中，颇宗樊川诗。

7. 曾纮（生卒年不详）

曾纮，字伯容，号临汉居士，建昌军南丰（今江西南丰）人，后迁家于襄阳。曾阜长子，曾阜与曾巩为从兄弟。宣和六年（1124）特奏名进士。累官文林郎致仕。撰有《临汉居士集》。

《临汉居士集》七卷：南丰曾纮伯容撰。其父阜，子山于子固为从兄弟。

① 此诗曾肇《曲阜集》卷三（清文渊阁《四库全书》本），题为《京口甘露寺》；张莱《京口三山志》卷三集诗一（明正德七年刻本），题为《多景楼》；厉鹗《宋诗纪事》卷二十三（清文渊阁《四库全书》本）、曾燠《江西诗征》卷十宋（清嘉庆九年刻本题），题为《题多景楼》。

《怀岘居士集》六卷：曾思显道撰，纮之子也。阜尝将漕湖南，后家襄阳。纮父子皆有官，而皆高亢不仕。杨诚斋序其诗以附诗派之后。[①]

曾纮能诗，且对诗歌创作也有自己独特的见解，如他评陶渊明的诗，就很特异："余尝评陶公诗，语造平淡而寓意深远，外若枯槁，中实敷腴，真诗人之冠冕也。平生酷爱此作，每以世无善本为恨，顷因《读山海经》诗云'形夭无千岁，猛志固常在'，疑上下文义不相贯，遂取《山海经》参校，经中有云'刑天，兽名也，口中好衔干戚而舞'，乃知此句是'刑天舞干戚'，故与'猛志固常在'相应，五字皆讹，盖字画相近，无足怪者。因思宋宣献言校书如拂几上尘，旋拂旋生，岂欺我哉！"曾纮的诗，深得杨万里的赞许：

南丰先生之族子有二，诗人焉。曰"临汉居士"伯容者，南丰从兄弟，曰子山名阜之子也。曰"怀岘居士"显道者，伯容之子也。子山尝位于朝，出漕湖南，后家于襄阳，遂为襄阳人。伯容一世豪俊而能文，其诗源委山谷先生，然以不肯伈伣于世，有官而终身不就，列显道得其父之句法，亦以气节高简，尝宰祁阳，小不可其意，即弃去，隐于衡之常宁者三十年，此君子之一不幸也。伯容放浪江湖间，与夏均父诸诗人游从唱和，其题与韵见于均父集中者三十有二篇。予每诵均父之诗云曾侯第一，又云五言类玄度，又云秀句无一尘想，见其诗而恨不见也。行天下五十年，每见士大夫必问伯容父子诗，皆无能传之者，此又君子之一不幸也。兹非所谓生既不用于时，没又不传于后，不幸之不幸者欤！今日忽得故人尚书郎江西漕使雷公朝宗书寄予，以二曾诗集二编属予序之，欣然盥手披读三过，蔚乎若玉井之莲，敷月露之下也；沛乎若雪山之水，池滟濒而东也；琅乎若岐山之凤鸣梧竹之风也。望山谷之宫庭，盖排闼而入历陛而升者欤。[②]

---

① 陈振孙：《直斋书录解题》卷二十，清武英殿聚珍版丛书本。
② 杨万里：《江西续派二曾居士诗集序》，见《诚斋集》卷第八十三，《四部丛刊》影宋写本。

从以上文字可以了解这样一个事实，这就是在南宋中期，曾纮及其儿子曾思的诗，都曾结集刊行，可惜均已亡佚。然其诗名却为历代所流传：

曾纮，字伯容，其先南丰人。父阜，字子山，徙家襄阳。纮负高才，善吟咏。杨万里叙岘集曰：蔚乎若玉井之莲，敷月露之下也；沛乎若雪山之水，舄滟滪而东也；琅乎若岐山之凤，鸣梧竹之和也。望山谷之宫庭，盖排闼而历阶矣。子思，字显道，亦有诗名。①

今《全宋诗订补》仅存其诗 1 首，题为《题蔡昌期梅斋》，其诗如下：

岁寒心事见吾徒，庭种江梅聊自娱。
息国夫人静无语，吴宫西子未施朱。
红酥缀萼承香靥，白玉团枝莹血肤。
寄谢后来桃李辈，谁能同汝作荣枯？

8. 曾统（1076—1142）

曾统，字符中，建昌南丰（今江西南丰）人。曾肇之子，以荫入官，累除提举福建常平。高宗驻跸扬州，召为工部员外郎。建炎四年（1130）官广南东路提刑。绍兴间，为殿中侍御史。绍兴二年（1132），以左司员外郎赐进士出身。按宋陈骙《南宋馆阁录》载其为绍兴二年（1132）十一月赐进士出身，宋留正《皇宋中兴两朝圣政》亦作绍兴二年（1132）赐进士出身，雍正《江西通志》作绍兴五年（1135）汪应辰榜进士，当误。绍兴三年（1133），为起居郎，寻罢为秘阁修撰，知秀州、饶州。绍兴九年（1139），守太常少卿，为殿中侍御史。后试左谏议大夫，为徽猷阁待制，知婺州。与谏官徐俯联姻。绍兴间曾重修国史。

① 廖道南：《楚纪》卷四十七“阐幽外纪前篇”，明嘉靖二十五年何城李桂刻本。

曾统：南丰人，肇之子。建炎四年广南东路提刑，《系年要录》：后官左朝请郎充秘阁修撰权徽州，终谏议大夫。[①]

清人陆心源《宋诗纪事补遗》卷四十（清光绪刻本），存曾统《建炎丞相成国吕忠穆公退老堂诗》二首：

其一

黄阁重来迹已陈，东山高卧趣还新。
尘埃偪仄人间世，风月虚间物外身。
得意渔樵方共乐，忘机鸥鸟自相亲。
聊将玉铉调元手，散作郊园万木春。

其二

退老堂前花木深，功名摆落事幽寻。
烟霞啸傲平生计，风雨帡幪四海心。
岁晚松筠无改色，春归桃李旧成阴。
行瞻衮绣回东路，蕙帐空余夜鹤音。

9. 曾惇（生卒年不详）

曾惇，字竑父，一作宏父，建昌军南丰（今江西南丰）人，布孙，纡子。绍兴八年（1139）特科进士。绍兴中尝为湖州司录。绍兴三年（1133），为右通直郎，官太府寺丞，绍兴十二年（1142）知黄州。绍兴十四年（1144），因献诗及寿词谀秦桧，称之为圣相，出知台州，与洪适不相能。绍兴十八年（1148），以右朝散郎知镇江府，绍兴二十六年（1156），知广州。

---

① 陆心源：《宋诗纪事补遗》卷四十，清光绪刻本。

曾惇，字宏父，布之孙，纡之子也。绍兴中尝为湖州司录，历知台州。[①]

曾惇，字竑父，南丰人，右仆射布之孙也。两题皆绍兴丁卯则，十七年惇知台州，与洪文惠不相能，而文惠罢去。时也惇尝上诗秦桧，称为圣相，故有台州之命。[②]

曾惇诗词皆工，《直斋书录解题》卷二十著录有《曾竑父诗词》一卷，称皆在台州所作录，今不传。《宋史》卷二百八十著录“《曾惇诗》一卷”。

临海使君南丰曾侯惇，字竑父，以故相孙习知台合。工为文辞，年踰二十当全盛时，官中都，诸公贵人一口称荐，王邸戚里，名胜豪侠莫不愿交，而竑父亦善与人交，笑言藿靡，各适其意，名声一日满京师。酒酣耳热遗簪堕珥之前，滑稽放肆之词，播在乐府，下至流传平康诸曲，皆习歌之，以是乐府尤著。[③]

清人曾燠在《江西诗征》中录曾惇诗 3 题 4 首：

献秦益公

黄泥坂下雪犹深，赤壁矶头江欲平。
驿吏西来闻好语，番人已出蔡州城。
和戎诏下破群疑，无复旄头彗紫微。
屈指销兵宜有报，先看长乐板舆归。

题东湖

三年领客醉东湖，欲去犹携竹里厨。
谁解挽留狂太守，风荷十顷翠相扶。

---

① 董斯张：《吴兴备志》（崇祯）卷六，清文渊阁《四库全书》本。
② 汪砢玉：《珊瑚网》卷二十八名画题跋四，清文渊阁《四库全书》本。
③ 谢伋：《曾使君新词序》见林表民《赤城集》卷十七，明弘治十年谢铎刻本。

龙溪新亭

怀玉知名寺，诸峰翠插天。
凌云飞略彴，照水舞蜿蜒。
午日孤穿履，新凉定着鞭。
更须烦惠远，小立虎溪边。①

《全宋诗》录其诗 39 首，残句 5。如：

东湖怀洪景伯

东湖径昃半苍苔，问讯红蕖几许开。
渺渺波光侵坐席，霏霏荷气着尊罍。
片云正为诗情起，好雨更将凉意来。
别乘朝来知健否，颇思剧饮拗莲台。

栖霞会饮诸僚

月近中秋好，风因小雨清。
山眉烟外远，江练夜深横。
我病自不饮，君诗俱有声。
放歌能取醉，不必唤嘉荣。

10. 曾协（1102—1173）②

曾协，字同季，号云庄，建昌军南丰人，徙家浙江湖州之德清（今浙江德清），曾肇孙，曾纁子，曾慥堂弟。绍兴八年（1138）特科进士。初为长兴县丞，迁嵊县丞，擢镇江府通判，又为临安通判。历知吉州、抚州、永州。乾道九年（1173）卒。诗文词皆工，有《云庄集》二十卷，为其子曾炎所编，

① 曾燠：《江西诗征》卷十四宋，清嘉庆九年刻本。

② 据楼钥：《集英殿修撰致仕赠光禄大夫曾公神道碑》（见《攻媿集》卷九十七，清武英殿聚珍版丛书本）载："诏以通奉大夫仍本职致仕，越数日薨矣，寔正月二十日甲辰也，享年七十有一。"由此推算，曾协当生于崇宁元年（1102），卒于乾道九年（1173）。

已佚。《全宋文》第二一九册卷四八五〇—四八五四录其文 55 篇；《全宋词》第二册辑得其词 14 首。《全宋诗》第三七册卷二〇四七录其诗 209 首。

今掇拾《永乐大典》所载，以类编次，尚待五卷，又得传伯寿序一篇，亦并录入。序称其古诗多效选体，然合诸作观之，大抵源出苏轼、陈与义。故同沈正卿作仇池石诗用轼韵、陈晞贤过零陵赠诗亦用与义韵，而绝不及于他家，知其唱和讲求在二家旧格也。[①]

《江西诗征》收曾协诗 16 首：

拟古

濯濯春月柳，低映金张宅。
风光到飞絮，枝头少颜色。
荣华岂不好，岁晚负赏识。
坚贞自中心，君看松与柏。

幽窗射明月，寂寞闲素琴。
朱弦不改调，抚弄无好音。
文衣袭绿绮，明徽钿黄金。
君恩一朝异，对此千恨心。

忆昨初离别，羞容不成歌。
长袖未曾舞，尘埃生绮罗。
君恩一言足，岁月岂在多。
泽国多悲风，江湖易涛波。
游子久行役，岁寞今若何？

---

① 永瑢：《四库全书总目》卷一百五十八集部十一，清乾隆武英殿刻本。

迢迢朱楼夜，数起瞻明河。
不如长江月，素影长相过。

迢迢千尺松，下有绿发龟。
流膏穿厚地，配此凌云姿。
隐见虽若殊，雪霜俱不移。
置身苟得地，共保千岁期。

孤峰郁嵯峨，千古常峻峙。
下有回环水，流浪无定止。
如何深远意，尽寄七弦里。
妾意极高山，君心甚流水。

日月无时停，飘忽成隆冬。
烟云惨不舒，暮云陵飙风。
永怀皲瘃忧，借此夜禂重。
蛰虫逐微暖，地底度岁穷。
饮啄却外物，一气常自充。
人貌肖天地，不能保微躬。

和唐使君秬古风

宦游非所安，举足常徊徨。
官事似马曹，自谓真漫郎。
犹惭上官前，簪裳久低昂。
归辄痛扫溉，草木有幽香。
但令眼中青，不问眉间黄。
何期逢故侯，一见心清凉。
扬袂指乡国，矫翼西南翔。

危言气峥嵘，高怀涕淋浪。
更怜凡草木，欲置桃李场。
作诗借光辉，此意宁可忘。

章季子携所作乐府来以诗谢之

平生尚幽僻，尘务百不省。
屡从松竹游，身闲爱官冷。
何知事大缪，穷日厌鞭骋。
抽身对佳客，屣倒冠不整。
吏徒环顾人，为我忍俄顷。
匆匆上马揖，语略意已领。
新诗满怀袖，璀璨吐光景。
归来坐明月，万象入清境。
风林起惊鹊，闲窗散花影。
吟哦不成寐，尽此良夜永。

饮沈氏园得僻字

会心足胜侣，暇日访春色。
慵寻剡溪棹，厌曳永嘉屐。
名园可徘徊，胜概在咫尺。
峰峦起平地，村落堕城壁。
梅横前岭峻，柳列长堤直。
最爱临水亭，欲背依山石。
沉沉想潜鳞，铮铮听仙奕。
初无杖屦劳，具享山林适。
一尊供笑语，四座列豪逸。
规摹西洛旧，仿佛香山昔。
爱酒太白狂，耽诗少陵僻。
始静姑纵谈，中喧或争席。

残钟咽林际，新月挂檐隙。
饮散兴未厌，人归境愈寂。
何必计昔游，虚空了无迹。

次翁士秀喜雪长咏士秀名擢

阴阳持权或赢缩，运气循环更剥复。
忽惊寒凛袭重裘，元是祥霙散平陆。
登山不觉屐齿折，索酒仍催葛巾漉。
萧条贫居马为二，瑟缩冻坐龟藏六。
挥毫谩诧句中眼，对案常逢食无肉。
未谋南亩五百弓，浪说朱轮三十辐。
且欣膏润入郊原，为拯黔黎出沟渎。
敢将固陋测帝心，概想生灵皆子育。
将春欲放草木叶，成岁先须天地肃。
伊余平生贪静胜，有此一廛从穆卜。
应怜此地久憔悴，端向吾庐增煜煜。
巧随高下缀琪树，任逐横斜落云屋。
尘缘顿觉一羽轻，诗句但惊翻水速。
坐令欢意荡愁思，仍遣时寒破常燠。
嵇康醉状耸危石，卫玠羸姿立修竹。
排来一一尽连璧，环立诜诜皆冠玉。
晚风徐韵仍佩环，枯木无心亦冠服。
晓连青女增粲粲，夜映金波兼穆穆。
遮藏春色失斓斑，漏泄梅花有芬馥。
掀髯一笑万事空，细读君诗倒醽醁。

暮春

隔岸连平野，邻家背短城。
海风无日息，楚水照人清。

有子能干禄，全家可代耕。
饭余无一事，更觉胜平生。

裘父见和复次韵

郢质由来迥不同，曾当巧匠运斤风。
肯过异县寻痴叔，聊遣高谈慰病翁。
肮脏吾甘老苕霅，飞腾君合上昆蓬。
秖今已恨成名晚，好把文章问化工。

芭蕉

炎蒸谁解换清凉，扇影摇摇上竹窗。
准拟小轩添睡美，梦成风雨夜翻江。

和史侍郎游澹岩韵

九重温诏下江边，应览甘泉旧奏篇。
却背烟岚理归棹，晓猿夜鹤总凄然。

和韩子文

谁人解遣醉时醒，园变鸣禽第一声。
似向幽人催蜡屐，水边沙际看春生。

春至无梅追用前韵

为觅梢头一点酸，缥枝红萼谩阑干。
东君已误当时约，犹敛幽芳待岁寒。①

11. 曾渊子（生卒年不详）

曾渊子，字广征，一作广微，一字留远，建昌军南丰人，一作金溪人，曾宰六世孙，曾铚之子，李芾门生。与胞兄曾鸿子同登淳祐十年（1250）方逢辰榜进士。曾任知新昌县、右正言、监察御史、昭文馆大学士，权户

① 曾燠：《江西诗征》卷十四宋，清嘉庆九年刻本。

部尚书、知隆兴府兼江西安抚使并临安府尹、知枢密院事、两浙安抚制置大使兼知临安府、参知政事，广西宣谕使等。宋亡，渊子赴水，为其下所援，不死，后奔安南，陈日烜礼遇之。至元二十一年（1284）冬大兵入安南，渊子归服，后不知所终。善以诗抒怀，正德《瑞州府志》卷七称其“有诗声，且优于政”，其诗如《漳南示义军寄邑人谭野臣》，悲歌慷慨，令人扼腕。

文天祥曾集杜诗赞曾渊子：

曾渊子，元贬雷州，御舟南巡，复与政事，厓山之败，曾欲赴水，为苏父子所留，同得脱。其家竟没虏，后还五羊，有人见其子雷郎者焉，哀哉。

子负经济才（别唐十五）

郁陶抱长策（贻华阳吕少府）

安得万里风（夏夜叹）

南图回羽翮（送严公入朝）[1]

《全宋诗》第六五册卷三四四六录曾渊子诗 4 首，此引录 2 首：

疏山

草径蜿蜒十里间，云间若在画图看。
万松密翠地无影，一水长清空自寒。

客安南见进奉使回口占

安南莫道是天涯，岁岁人从蓟北回。
江北江南亲故满，三年不寄一书来。

12. 曾子良（1224—？）

曾子良，字仲材，字号平山，学者称平山先生，抚州金溪人，曾巩族裔，

① 文天祥：《曾渊子第四十四》，见《文山先生全集》卷之十六别集，四部丛刊景明本。

伯父容安。咸淳四年（1268）陈文龙榜进士。授兴安县尉，迁淳安令。入元，程巨夫荐为宪佥，不赴，扁其室曰“节居”。有《易杂说》《中庸大学语孟解》《圣宋颂》《百行冠冕诗》《续言行录》《诗广崇类稿》《咸淳类稿》等，今均不传。

金溪曾子良，自号平山，南丰族裔也。以能赋擢咸淳戊辰第。累任至建德府淳安令，甫三月，国事变，归隐山中，鬻文以自给。辛卯秋予访之，年六十有八矣。盖别二十年而复会，欣然道旧。明年以予所作水云村吟稿往请教焉，辱为序曰：宋初南丰儒家望族二：曰江楼刘氏，曰密国曾氏。我密公迨江楼公相好，于时我远祖十五公犹在丰也，其后十五公既来宅于金溪，自是与江楼公家子孙远矣。[①]

曾子良，金溪人，三岁不言，伯父容安教之诵诗，则点首应语。一夕，见月忽能成诵。及长，笃志性理之学，登咸淳第，奉母归养。入元，程巨夫以遗逸荐，不赴，扁“节居”二字于堂，以示志。学者称平山先生，所著有《易杂说》《中庸大学语孟解》《圣宋颂》《百行冠冕诗》《续言行录》《诗广崇类稿》《咸淳类稿》。[②]

《全宋诗》第六六册卷三四七六录其诗6首。元人赵景良《忠义集》卷六录其诗4首：

挽知临安府兼浙西制置使曾公渊子

德佑思良弼，江西出大臣。
报忠昭汉议，靖献有殷仁。
皦日五朝老，清风百世人。
几时归衮绣，秋草卧麒麟。

① 刘壎：《隐居通议》隐居通议卷十五文章三“曾平山序水云村诗”，清海山仙馆丛书本。
② 谢旻：《江西通志》（雍正）卷八十，清文渊阁《四库全书》本。

永绍传贤启，慈元拱女尧。
鳌山犹赑屃，鹏海极扶摇。
宫殿春旗晓，帘帷社饭朝。
龙髯攀不及，鸾驭去何遥。

立海终风黑，洗光双日红。
余波溅渤澥，仙丈岌崆峒。
宗庙神灵在，公师礼数崇。
平生精履屐，尚觉小臣忠。

返輤荣归寝，帷堂哭设衣。
神情如梦叶，沧海怅心违。
百世功言立，千年城郭非。
任安犹未死，哀泪不堪挥。[①]

题高远楼

独行三十六峰头，飞过东华百尺楼。
今日中原前日梦，天人极乐世人愁。
后千载续后千载，外九州环外九州。
此处名烦君著眼，区区复记又何求。

---

① 赵景良:《忠义集》卷六,清文渊阁《四库全书》本。在选诗之后有注云:“公字广微,自号留远,亦南丰派也,析居金溪。淳祐庚戌黄甲及第,德祐乙亥同知枢密院事,知临安府兼浙西制置使。国事急,贾似道得罪,陈丞相宜中当国,公遁归里,被劾,窜雷州。临安失守,景炎祥兴建朝于南中,起公参知政事,已而,北兵逼行朝,公走安南而卒。族侄平山公作诗四章遥挽之。岁久,始有负其遗骸归者。哀哉!”

附录二

何焯《义门读书记·曾巩诗》

何焯（1660—1722），字润千，因早年丧母，改字屺瞻，号义门、无勇、茶仙，晚年多用茶仙，江苏长洲（今苏州）人，寄籍崇明，为官后迁回长洲。“先世曾以义门旌学者，因称为义门先生”。[①]

何焯出身于书香门第，曾祖思佐、祖父应登、父亲何栋都是县学生。何焯于康熙四十二年（1703），登癸未科第二甲第三名进士。他曾为皇八子胤禩伴读，《清史稿》载言：仍直南书房，授皇八子读，兼武英殿纂修。何焯是清代著名学者、书法家。在当时以学问渊博，通经史百家之学，长于考订而享有盛名。何焯在考据学上造诣很深，对当时坊间出版图书中的错误都一一校勘订正。何焯藏书数万卷，得宋、元旧椠，必手加雠校，粲然盈帙。何焯与笪重光、姜宸英、汪士鋐并称为康熙年间“帖学四大家”。

作为一位著名的学者，何焯的著作很多，《义门读书记》其中便是其中之一。这部著作凝聚了他一生心血，是其学术思想的结晶。《义门读书记》主要体现了何焯在注释学、校勘学和考证学方面的思考及成就。学界一般认为，《义门读书记》的注释，主要运用校注的形式，即把错误订正以后，再进行注释，把注释和校勘合为一体。何焯注释的范围很广，包括字音词义、篇章结构、时间地点、人物事迹、事物名称、典故、引文出处等等。校勘，

① 全祖望：《翰林院编修赠学士长洲何公墓碑铭》，见全祖望《鲒埼亭集》卷十七。

主要从校勘实践和校勘原则两方面进行分析：校勘实践分为校脱文、衍文、倒文和讹误；校勘原则又分为对校法、本校法、他校法和理校法。何焯不仅对原文进行校勘，同时还对笺、注、传中的错误进行校勘。《义门读书记》被认为是清代学术笔记的典范之作，并成为在何焯之后许多学者纷纷效仿的典范。

何焯在《义门读书记》中，专列一卷谈曾巩诗。在这一卷中，他不仅对曾巩相关诗篇作了校勘和辩误，而且还发表了自己对曾巩诗作及诗歌创作的看法，如：

《冬望》，学韩亦兼有似太白处。

《寄孙之翰》，甫尝因地震极论后宫，又劾宰相陈执中，豪杰诗若此复何味？

《写怀》二首，第二首言身虽局促，意则空阔也。

《雪咏》，亦终不出前人范围。

《喜寒》，此等诗正嫌其有造作之劳，欧阳公谓孟、韩文虽佳，不必效之，取其自然耳。学诗何独不然？此是闽中所作，但发端不醒。

《答石秀才月下》，结处意弱。

《尹师鲁》，一本上有“哭”字，观此则师鲁尚当在欧公之右，南丰先生固不妄许与人也。

《庭木》，此篇所指岂陈执中之流欤，篇中颇有似昌黎病。

《明妃曲》二首，二篇却参以齐梁风调，此拟老杜负薪最能，大抵南丰诗不能细润，只缘直以李、杜、韩三家为法，六朝略不留意故耳。

《送任达度支监嵩山崇福宫》……长篇诗稳切有气，后山辈正不能到。

《阅武堂》，方是太平之阅武，诗意极高。

《环波亭》，不减元九。

…………

现将清·何焯《义门读书记·曾巩诗》（清乾隆刻本）第一卷附录于下：

《冬望》，学韩亦兼有似太白处。“入见奥作何雄魁”，“作”作“阼”。

《宿尊胜院》:“蔽衣盖苦短”，“蔽”作“敝”;“向来雪云端，叶下百仞隍”，一本作“向来云端叶，下飞百仞隍”。

《苦雨》:“应有白鬓添数茎。”“鬓”作“须”，此句收苦字。

《南源庄》，发端独妙。

《论交》，孙仲益云：“此诗指吕惠卿。”恐不然。

《兵间》，孙云：“此诗指徐禧。”

《寄孙之翰》，甫尝因地震极论后宫，又劾宰相陈执中。

《豪杰》，诗若此，复何味?

《黄金》:“道旁白日忽再去。”“去”作“出”；“不是九鼎输西邻”，“西”作“诸”。

《山槛小饮》，造句极似韩。

《上翁岭》:“时见崖下雨，多从衣上云。”十字王、孟不过也；“濯足行上侧”，“上”作“尚”。

《杂诗》四首，第二首似指王元泽。

《冬暮感怀》:“奈至一岁除。”“至”作“此”。

《寄舍弟》:“我意生侧侧。”“侧侧”作“恻恻”；“已期采芝药”，“药”作“乐”。

《至荷湖》二首:“林林路南山。”“路”作“露;“犹疑拔山秋”，“拔”作“沃”，“秋”作“湫”。

《送徐竑著作知康州》，“竑”作“纮”。衍裕;“咄嗟令人谋”，“人”作“心”。

《写怀》二首，第二首言身虽局促，意则空阔也。

《茅亭闲坐》:“鸟语遍乔林。”“遍”作“变”；“岂谁智所拙”，“谁”作“惟”。

《靖安幽谷亭》，“靖安”下有“县”字；“地气方以洁”，“方”作“芳”；“悟悟谋谟消，汩汩气象孱”，二语可痛。

《青云亭闲坐》，“坐”作“望”；“趋荣众所便”，“荣”作“营”。

《寄子进弟》，一本作“牟弟”，牟，子进名也；“颇测隐与微”，“隐”作“幽”；“常若去左右”，“若”作“苦”；“我眼日以眯”，“眯”作“睎”。

《喜寒》，此等诗，正嫌其有造作之劳，欧阳公谓孟、韩文虽佳，不必效之，取其自然耳。学诗何独不然？此是闽中所作，但发端不醒。“乾离力还恲”，“恲”作“并”；“愦愦若酣醟”，醟于命切酗也，凶酒曰酗醟。

《咏史》二首，“子龙独幽远”，申屠蟠，字子龙。“用心岂必殊”，此语好，理固如此，不专为子云护短，论人惟平乃允也。

《江湖》：“论迹异惊众。”“论”作“沦”。

《咏雪》：“蛟龙岌起抱峦岗，江海横奔控阡陌。”语奇而意微暗。“自驾疲牛理烧塉”，“烧”作“硗”。

《答裴煜》二首：“相期在觍诲。”，“觍”作“规”；“相持非郁盎”，“持”作“迟”。

《寄王介甫》，宜兴本作“介卿”，荆公旧字也。“甫”字谬改，元板已作“甫”。“甫”仍宜作“卿”。“如酝冒炎暑”，“酝”作“酲”；“每进意愈塞”，“塞”作“寂”；“亦可洗珠壁”，“壁”作“璧”；“遇惬每同蛰”，“同蛰”，未详。疑作欶，笑声也，宋本“欶”；“更得蟾蜍戾”，“得”作“待”；“昧者尊恶石”，“石”，宋本作“砳”，检《集韵》不见此字；“万窍动谪傲”，“傲”作“激”；“烨烨多吏从”，“吏”作“隶”；“良已馈藜盬”，“馈”作“匮”；“栗密缕机织”，“栗”作“粟”；“卷书劳来翰”，“翰”作“干”，干，仆也；“寸懐良士怿”，“士”作“自”；“金绦引柳荑”，“绦”作“缩”。

《上人》，昌黎足三及宰相之门，南丰亦有此等诗在集中，可叹。“坐上一言寒口暖”，“口”作“可”。

《初夏有感》：“愁勤未老鬓先白。”，“愁勤”作“穷愁”。

《送人移知贺州》，拟送区宏，兼用其韵。“风露气严花草绯”，“绯”作“腓”。

《南丰道上寄介甫》“雨露施土悭”，“土”作“尚”，一作“何”。

《谢章伯益惠砚》，太迂远。“始独俯仰吾坤干”，“吾”作“模”。

《送刘医博》：“马蹄所至病历屈。”，“历”作“魔”；“委曲衰旺肺与脾”，“旺”作“王”；“始免未老为枯骸”，“骸”作“骴”；“真人四难真可患”，“真人”作“贵人”；“去此足以为时规”，“去此”作“去去”。

《送陈商学士》：“生新之语，杂子瞻集中，不能辨其为两手”。

《送钱生》:“叩言忽言归”,“叩言”作“叩门”。

《雪咏》,亦终不出前人范围。“谁能比众作,小去笔墨畦”,“谁”作“薛”,按薛太拙有《闲居新雪八韵》,禁体之祖也。“或溺久宛转”,“溺”作“弱”;“屋角初渐班”,“班”作“斑”;“坳窪一已满”,“窪”作“洼”;“厨烟或中镵,里表仍孤擎”,极搜剔。“阳春谢纂筝”,“纂”作“秦”;“苍苍不可问,转笔好”。“万物去复冐”四句,极似韩,“复”作“覆”。

《送僧晚容》,“晚”作“晓”。“飞光无停芳岁闲”,“闲”作“阑”。

《送叔延判官》:“物物当前若图屏。”“物物”作“物色”。

《山茶花》,终是没意思。“欲攀更惜长依依”,“攀”作“搴”;“五月雾露空芳菲”,“露”作“雨”。

《丁亥三月十五日》,“丁”作“辛”,按,丁亥乃庆历七年,是时公尚少,恐笔力未能至是。若大观元年之丁亥,则公没已久矣。“玩末”二句,似指熙宁用事之人,意者作于熙宁四年辛亥,讹“辛”为“丁”也。又按,王介甫《曾易占墓志》:易占以庆历丁亥卒于南京,时公方侍疾。而诗中云“临川城中三月雨”,则丁亥之为误尤明矣。此诗前半亦水深雪雰之意。

《舍弟南源刈稻》:“新堂置嵓幽。”,“嵓”作“岩”;“余滋折丹榴”,“折”作“析”;“夜工督春揄”,“揄”作“牏”;“送子固自起”,“固”作“因”。

《奉和滁州九咏九首》并序,此九首及《游麻姑山》诸诗,其中兼有近体。

《琅琊泉石篆》:“初流泉涯俗谁顾。”,“流”作“留”。

《游琅琊山》,后半无味。“殷勤羞瓮醅”,一作“勤修瓮中醅”。

《琅琊溪》:“可忍閧时不出游。”“閧”疑作“闲”。

《庶子亭》,“亭”作“泉”。“风翻日炎夏潦尽”,“炎”作“炙”。

《慧觉方丈》,恶诗。

《游麻姑山九首》:“穲稏百顷黄参差”,“参差”作“差参”;“天风冷冷吹我襟”,“冷冷”作“泠泠”。

《半山亭》:“半台亭榭午犹寒。”“台”作“崖”。

《颜碑》:“碑意少缺谁能镌。”,“少”作“小”,观此句,则此碑自公时已断缺。

《秋怀》,太讦直。“我有愁轮行我觞”,“觞”作“腸”;

《一昼千万思》:“故人远为县，海边句践州。”此必介甫在鄞县时作。“安能望高邱”，“高”作“嵩”。

《菊花》，孤淡。

《答石秀才月下》，结处意弱。“更送城笳夜声起”，“声”作“深”。

《冬晓书怀》:“今日病减真无蝇。”“真”下疑脱一行，宋本同。

《代书寄赵宏》:“日倚东风愁同调。”“愁”作“想”;“局西明月过簾白”，“局”作“屋”。

《东津归催吴秀才寄酒》:“若洗新妆竟妖脸。”“竟”作“竞”;“已冷洒屋铺风篁”，“冷”作“令”。

《高松》:“嫕嫕倚翠纛。”“嫕嫕”作“偃偃”。

《青青间青青》:“草蓐阴可藉。”“蓐”作“缛”。

《尹师鲁》，一本上有“哭”字，观此则师鲁尚当在欧公之右，南丰先生固不妄许与人也。

《发松门寄介甫》“况闻肥遯须山在”，句疑有讹。

《庭木》，此篇所指岂陈执中之流欤，篇中颇有似昌黎病鸱诗。

《降龙》:“文旛列戟照私第。”“旛”宋本作“幡”;“橐鍼樸艾恬以愉”,“樸”作“襆”。

《湘冠》:“伧人操兵快如鹘。”“快”宋本作“决”;“月费空已逾千金”,“月”作“日”;“捷如马援不得志”，“捷”作“健”。

《边将》，何减永贞丰陵。

《多雨》:“霖倾潦雨那复止。”“雨”作“汹”。

《山水屏》:“尘氛见荒林。”“林”作“村”;“图屏特自慰”,“特”作“持”;“寤寐心思逐”，作“心逐逐”，以上三字从声画集本改正，盘石空原，暗用吕、傅事，无迹，即为溪岩耕钓伏脉。

《追租》:“试起望遗材。”“材”作“村”。

《桐树》:“泫擢乱繁条。”“泫”作“低”。

《九月九日》，句句可人，但只有一层耳。“丑怪荐麕修”，“麕”蛤属。此句亦暗用爵入大水为蛤。

《听鹊寄家人》:“秋风粲粲正可爱。”“风”作“花”;“春风千树变颜色”,“风”作“枫”。

《读书》,亦云《辛卯岁读书》,是岁仁宗皇祐三年。“荏苒岁云暮”,“暮”作“幾。

《杂诗》五首,第二首,“贫士任固小”,“士”作“仕”;第三首,“韩公缀文辞”,“公”宋本作“於”。按《唐文粹》多有不录全篇者,此录“至未负风义厚”可也;第四首,“相去幾年今与古”,按,宋本此首在《少年》一首后。“二子引身高不起”,作“二子引身蒿下起”。

《送宣州杜都官》:“篇什高吟凤凰下。”此句乃用牧之“天外凤凰谁得髓”也。

《麻姑山送南城尉罗君》,不减《庐山高》。“空槎枵然卧道边”,所谓老树半空腹。

《东轩小饮呈坐中》:“气酣落日解醉镮。”“醉”作“带”。

《明妃曲》二首,二篇却参以齐梁风调,此拟老杜负薪最能,大抵南丰诗不能细润,只缘直以李、杜、韩三家为法,六朝略不留意故耳。“皎皎丹心欲语谁”,句不类。一句之坏,尤在“丹”字;“黄云塞路乡国远”二句,十八拍中所少;“几成新曲无人听”,“几”作“度”;“蛾眉绝世不可寻首,直自比久弃外郡耳”按曾子固诗过于古直,此篇乃殊委婉曲折。

《七月十四日韩持国直庐同观山海经》,此篇亦简兮,诗人之意,而尤蕴藉。

《秋声》,乔柯与长谷,“长谷”人不解用。

《秋夜露坐偶作》:“白雪飞向低。”“雪”作“云”。

《韩玉汝使归》:“光华友原隰。”“友”作“及”,宋本又作“反”。

《过介甫归偶成》,熙宁初。

《合酱作》,观此篇,即今之所谓酱与礼异矣。脍食句亦是相沿用之,盖食鱼脍用芥酱,恐非此酱也。大约古人所谓盐豉,即今之食酱。调浇遵古书,“浇”作“挠”。

《送章婺州》:“幽寻足豁山。”“豁”作“溪”。

《游金山寺作》:“远挹蜀浪来”四语,四面做到,方是金山。

《南湖行》二首,变调。

《芙蓉台》，尖新之句，直似李长吉。

《秋怀》一首，“复示仓箱盈”，“示”作“尔”

《送李撰赴举》：“莘堂昨夜读书客。”“莘”作“华”；“风铓拂尘见飞影”，“风”作“锋”。

《送韩玉汝》：“名园分杂英。”“分”作“纷”。

《送丰稷》：“之君飘泊动归思。”“之”作“夫”。

《高阳池》，公之远谤如此。

《游鹿门不果》：“鹿门最发秀。”“发秀”作“秀发”。

《汉广亭》：“北城最频高。”“高”作“登”；“局促皆旷逸”，“皆”作“谐”。

《刘景升祠》，此叹时相不知收公为助也。

《蔡州》，“州”作“洲”；“万山缥缈出烟云”，“云”疑作“霄”，上已有氛霭句也。

《题张伯常汉上茅屋》，“屋”作“堂”。

《移守江西先寄潘延之节推》：“我系一官尚局促。”“尚”作“常”；“早衰瞻气自然薄”，“瞻”作“胆”；“旧学抢攘期反覆”，“覆”作“复”。

《酬王正仲登岳麓寺阁见寄》，王正仲下补太常学士四字。

《晓出》：“卫青异日须天幸。”“天幸”本王摩诘诗，非误使也。

《和贡甫送元考不至》，“不至”上叠“元考”二字。“一时惊豪健”，“健”作“捷”。

按公古诗止第五卷，此卷中五言，顿有优柔之韵，盖初年止于学韩，至此颇窥小谢之藩也。

《郊祀庆成诗》：“欲知精意答。”此句转。“浮阳上绮圜”，“圜”作“闉”。

《送陈郎中还京兼过九江新宅》：“舣舟金碧照溪沙。”“舣”作“鷁”；

《楚泽》：“经纶空建与谁论。”“建”作“健”。“盗贼恐多从此始，经纶空健与谁论”二语，言民方救死不赡，奈何又纷然其扰也。

《照影亭》，不欺毫髪，公虽有二语，得比兴之意。

《晚望》“郑袖风流今已尽”二语，叹神宗不迩声色，励精图治，而所任非贤，身遭放弃也。

《简翁都官》:“况得君宾同壮节。”未详。

《胡太傅挽词》二首，前篇虽刘、白何以过？第二首“远路参基命”，“远路”疑作“远略”。

《闲行》:“风出青山送水声。”佳句。

《送觉祖明上人》，“觉祖”下有“院”字。“丰堂环殿起崔嵬”，“环”作“瓌”；“钟随秋势金声壮”，“随”作“乘”。

《送抚州钱郎中》:“名郎元是足风流。”“名郎”作“贤侯”,“是”作“自”；“得郡东南地更幽”，“幽”作“优”；“应与谢公资健笔”，“应”作“只”。

《送玉汝使两浙》，作“韩玉汝”。

《丁元珍挽词》二首，“神情玉气温”，“情”作“清”。

《送李莘太傅》，“傅”作“博”。“冰雪映征事”，“映”宋本“缺”。

《游天章寺》，寺即王右军旧宅。“监与朝出踏轻尘”，“监”作“篮”;“南湖空解照人行”，“人行”作“行人”。

《送关远赴江西》，作“关彦远”。

《西园席上》:“海峤经寒酒熟迟。”“峤”作“聚”，里聚也；“满足尘埃更有诗”，“足”作“面”。

《送郑州邵资政》:“咳唾落琼瑰。”此句宜点勘。

《会稽绝句三首送赵资政》，宋本无“送赵资政”四字为是，此知越州时寄兴之作也，成化以前刻皆无。

《送任达度支监嵩山崇福宫》，“达”作“逵”。长篇诗稳切有气，后山辈正不能到。“地绝分琳馆”,“地绝”作“北绝”;“碧落见鸱驯”,“落”作“洛”；“反席正逢辰”，“反”作“仄”。

《送赵资政》:“青覞遇更隆。”“覞”作“规”；“开幕斗牛中”，指虔；“阶庭讼䂵空”，“䂵”音“项”；“吏治连城肃”，指河北转运；“锦官清镇俗”，指成都;“钧衡求儁望”，指参政;“股肱康事力”，或疑“事”作“帝”，非也。庶事康哉，兼用《左传》臣力。“昼锦过江东”，指杭;“保民追吕尚”，指青；“岂独是倥侗”，“倥侗”作“崆峒”。

《送沈諌议》:“九霄应已梦仪形。”“形”作“刑”。

《酬王徽之汴中见寄》，“徽”作“微”。

《寄郓州邵资政》，题下原注，蒙郓州知府安抚资政书言，入秋以来，甚有游观之兴，而少行乐之地。因问敝邑山水之景，见索新诗。某荒废文字久矣，惟重意之辱不能自已，谨吟二百字上寄。俗本删节不完，今依宋本改正。

《和孔教授》：“敢将颜色在蜚鸿”，虽切孔君，然亦太腐。

《喜雪》第二首，“英华倾月窟，光气泻天潢”，名句。

《郡斋即事》第一首：“瞷氏宿奸投海外，伏生新学始山东。”恰使济南两故事。上句注云：“时大奸月高投海岛”，一本作“周高”，为是。第二首“总是济南为郡乐”，“济南”作“疏顽”。

《寄致仕欧阳少师》，作“寄致政观文欧阳少师”。原注有“固辞宠禄，归就休闲，进退之宜，四方所仰”十六字。“乐善意谆谆”，“谆谆”作“循循”；“龙卧倾时望”四句，语有体，通幅似刘、白。

《冬夜即事》：“月淡千门雺凇寒。”“雺”音“梦”，“凇”音“送”。此句非亲见不知其佳，予在保阳，盖屡见之。土人谓之“树挂”，其“树”“稼”之讹乎？

《西湖》二首，第二首“明河槎上更微芒”，“芒”作“茫”。

《席上》，一本下有“舞六幺”三字。“两衙散雪夜深时”，作“散后雪深时”。

《和陈郎中》：“明月幾人非按剑。”直率无味。

《雪后》，五六指吉甫与介甫。

《舜泉》：“更应此水无休歇。”“此水”作“如此”；“余泽人间世世传”，作“流泽长令后世传”。

《阅武堂》，方是太平之阅武，诗意极高。“汉家常隶羽林兵”，“隶”作“肄”。

《环波亭》，不减元九。

《芍药厅》：“恐逐风飞饰室仙。”疑有讹。

《仁风厅》，此种今人苦不能到。“朱紘鼓舞逢千载”，“紘”作“弦”。二句切仁风。

《阅武堂下新渠》：“不忧待月供诗笔。”“供”一作“乾”，“乾”字佳，方是新渠诗也。二语似张文昌。

《凝香斋》，三四仍带感慨而无迹。“沉烟细细临黄卷”，一作“两衙放罢闲铃索”。

《北渚亭》：“常碣风连草木薰。”此密州之常山。

《百花台》，第四，醒出夹岸皆花，自妙。

《次道子中书问归期》：“窃食东州岁未期。”一作“疎懒为州岁未期”。

《霤凇》：“霤凇花开处处同。”“花开”，宋本作“开花”，为是。盖惟真花方可云花开也。

《咏柳》，此必指熙宁少年喜事之徒。

《喜雨》：“会见瓯窭果满篝。”“篝”宋本作“篝”。

《次李秀才得鱼字韵》：“十年方喜梦维鱼。”“十”作“卜”。

《孔教授张法曹以曾论荐特示长笺》，三四一切孔，一切张。

《高台闲燕》，属佳篇。“台”作“斋”

《酬强幾圣》：“寄声裴令樽前客。”强在魏公幕府。

《人情》，此亦为介甫而发。

《戏书》，次连仅胜“农夫背上书军号，贾客船头插战旗”矣，收处语太质。宋本此下有《水西亭书事》一首：“一番雨熟林间杏，四面风开水上花。岸尽龙鳞蟠翠筱，溪深鳌背露晴沙。陇头刈麦催行馌，桑下缫丝急转车。总是白头官长事，莫嫌粗俗向人夸。”一结妙。

《送赵资政》，此再知成都府。

《趵突泉》：“曾城齐鲁封疆会。”“城”作“成”。句拙。

《金线泉》：“云依美藻争成缕。”线字刻画。“界破冰霜一片天”，“霜”作“绡”。

《北池小会》：“银簧相合鸟声新。”“合”作“答”，答字胜。

《送韩廷评》，一作延年。

《寄孙莘老墨妙亭》：“壮字碑丰亦易忘。”“碑丰”作“丰碑”；“忘”作“亡”。

《鹊山》，第三用上池水注。

《华不注山》注：“青峰岭望点黛。”按，宋本作“青崖翠岭望”同点黛。“虎牙千仞立巉巉”，“巉巉”作“巉巉”。

《灵岩寺兼柬重元长老二刘居士》，此是长清灵岩寺。

《和孔仲平》，作“平仲”。

《鲍山》：“山中那得叔牙城。”“中”作“前”。

《庭桧呈蒋颖叔》，蒋堂所植，其侄蒋之奇复为转运，乞此诗。

《甘露寺多景楼》，三四语自佳。

《彭城道中》，彭越未尝至，彭城，项羽既破灌婴攻下之耳。“韩彭遗壁冠荒墟”，吕梁洪上有云梦，梁王二城，其旁之人以为云梦，即韩信城，梁王即彭越城是也。原注。

《送程殿丞还朝》，次连未为佳句，而当年喜之。

《康定军使高秘丞自襄阳司农勾业寺丞自光化相继》云云，“业”作“叶”；“更有南阳坐啸名”，“更”作“便”。

《雨中王驾部席上》：“鸠鸣连日始成阴。”“鸣”作“呼”。

《赠张伯常之郢》云云，更味阳春白雪篇，语切故不嫌陈。

《和郑微之》：“地秀偏宜竹。”“秀宜”二字可作亭子名。

《和张伯常自郢中》云云，三四平语自佳。

《岘山亭置酒》：“春归野路梅初白。”“初”作“争”。

《韩魏公挽歌词》，第二首“御笔新诗在新陇”，“新诗”作“丰碑”。

《酬吴仲庶龙图岁春感怀》，“春”作“暮”。

《陈君式恭轩》，次连不如腹连佳。

《以白山茶寄吴仲庶见贶佳篇依韵和酬》：“筠笼封题摘尚新。”“摘”作“色”；“玉蕊萧条迹更尘”，“尘”作“陈”；“欲分芳种更无因”，“更”作“恨”。落句用梅事，须点破为佳。

《酬江西运使蒋颖叔》，颖叔亦嘉祐三年进士，故欧公有“未干荐祢之墨，已弯射羿之弓”云云。

《刁景纯挽歌词》：“文章十秩更传谁。”“秩”作“帙”；“一点青灯照蕙帷”，“蕙”作“繐”。

《游东山示客》：“柳黄微破日边风。”“日边风”三字有化工。

《升山灵岩寺》：“独窥金版惊人语。”一作“独窥金版”。公作《游佛寺》诗，皆以仙山事发之，非独不信奉其法，亦缘本谓之金仙，不是杜撰作此语也。

《上元》:“人近朱阑送目劳。”“近”《律髓》作“倚”。子固亦为是语耶。“自笑伭心逐年少”，“伭”作“低”。

《酬柳国博》:“须知别后山城寺。”“寺”作“守”。

《闰正月十一日吕殿丞寄新茶》:“千金一跨过溪来。”“跨”作“胯”。

《新旧书报京师盛闻治声》，“新”作“亲。

《蹇磻翁寄新茶》二首，“肯分方跨醒衰思”，“跨”作“胯”。

《城南》二首，第二首自诉穷途也。

《夜出过利涉门》:“红纱笼竹过斜桥。”“竹”作“烛”;“过”作“照”。

《王虞部惠佳篇叙述》云云,“更悟知他友最贤”,“知”作“之”,似用《孟子》尹公佗取友语，可谓拙矣。

《北归》三首，颇似梦得。

《过灵壁张氏园》三首，“灵”当作“零”,《宋史·地理志》云：元祐元年，始割虹之零壁镇为县，其改为灵璧则在政和七年。曾之作诗，苏之作记，皆在未为县之时。不但“零”之为“灵”未改也。

《雪》(亳州)，有为言之。水深雪雰为小人，故韩、曾皆作风刺体。“繁英飞面旋”,面疑便然前古诗中已有用“面旋者”。“远冰落涧泉”,“远”作“还”。

《集贤殿春燕呈诸同舍》，“贤”作“英”。

《上巳日瑞圣园锡燕呈诸同舍》“流者浮金凿落”，作“流渚酒浮金凿落”，失一“酒”字，误一“渚”字。

《池上即席送况之赴宣城》，况字上有“梁”字;“趣驾追鏲自有期”，“鏲”作“锋”。

参考文献

1. 曾巩撰，陈杏珍、晁继周点校：《曾巩集》，中华书局 1984 年版。

2. 江西省文学艺术研究所：《曾巩研究论文集》，江西人民出版社 1986 年版。

3. 江西省社联、抚州地区社联、南丰县纪念曾巩办公室等合编：《曾巩纪念集》，1987 年版。

4. 祝尚书：《曾巩诗文选译》，巴蜀书社 1990 年版。

5. 夏汉宁：《曾巩》，中华书局 1993 年版。

6. 李震：《曾巩年谱》，苏州大学出版社 1997 年版。

7. 王琦珍：《曾巩传》，吉林文史出版社 1998 年版。

8. 洪本健：《宋文六大家活动编年》，华东师范大学出版社 1999 年版。

9. 脱脱等：《宋史》，中华书局 2000 年版，简体字本。

10. 王琦珍：《曾巩评传》，江西高校出版社 2000 年版。

11. 宋友贤：《曾巩传》，广东高等教育出版社 2000 年版。

12. 李焘：《续资治通鉴长编》，中华书局 2004 年版。

13. 李震：《曾巩资料汇编》，中华书局 2009 年版。

14. 李俊标：《曾巩集》，中州出版社 2010 年版。

15. 李俊标：《曾巩研究》，中国社会科学出版社 2011 年版。

16. 罗伽禄：《曾巩家族》，江西人民出版社 2014 年版。

17. 喻进芳：《温厚平和 含蓄深沉——曾巩诗歌论》，中国社会科学出版社 2016 年版。

18. 王水照主编：《王安石全集》，复旦大学出版社 2016 年版。

19. 刘成国：《王安石年谱长编》，中华书局 2018 年版。

后 记

《曾巩诗歌研究》一书的作者为三人，除了本人外，另外两位作者分别是：钟志翔、王胜奇。钟志翔、王胜奇二位作者，是后来参与进来的，选题申报时只申报了我一人，由于不熟悉流程，出版时间紧，所以署名只能以“等”字代替。谢谢并委屈钟志翔、王胜奇二位老弟了！

1983年，刚刚20出头的我，与时任南丰县社联主席的陈圣先生（陈圣先生英年早逝，惜哉！痛哉！），出行一个多月，前往上海、山东、河北、北京、陕西、四川等地邀请专家，能在1983年11月出席在南丰县举办的“纪念曾巩逝世九百周年学术讨论会”。此次会议如期举办，会议之后，形成了几个成果，一是江西人民出版社出版了会议论文集，二是几家主办单位联合编辑出版了《曾巩纪念集》，三是本人有幸成为中华书局出版的《曾巩》一书的作者。当然，从1983年那次讨论会之后，曾巩研究渐成全国学术界的热点。

转眼间36年过去了，今年正值曾巩诞辰1000周年，南丰县准备举办隆重的纪念活动及学术研讨会。36年后的今天，社会经济的发展，学术界对曾巩研究的成果等等，已远远超过了1983年，相信今年的活动和研讨会一定能够圆满成功！

《曾巩诗歌研究》即将出版，值此之际，既期待，又忐忑，用句“粗糙”的话说，“丑媳妇总要见公婆”。此书定有不少错讹之处，企盼方家不吝指教！

夏汉宁

2019年6月